사회해방과 국가의 재발명

사회해방과 국가의 재발명
Pensar el Estado y la Sociedad

지은이	보아벤투라 드 소우자 산투스
옮긴이	안태환
펴낸이	조정환
책임운영	신은주
편집	김정연
디자인	조문영
홍보	김하은
프리뷰	강정석·김치현·박서연
초판 인쇄	2022년 11월 11일
초판 발행	2022년 11월 18일
종이	타라유통
인쇄	예원프린팅
라미네이팅	금성산업
제본	바다제책
ISBN	978-89-6195-309-2 03300
도서분류	1. 사회 2. 국가 3. 사회운동 4. 사회과학 5. 복수국민국가 6. 대학 7. 사회변화 8. 사회해방 9. 라틴아메리카 9. 볼리비아
값	20,000원
펴낸곳	도서출판 갈무리
등록일	1994. 3. 3.
등록번호	제17-0161호
주소	서울 마포구 동교로18길 9-13 2층
전화	02-325-1485
팩스	070-4275-0674
웹사이트	www.galmuri.co.kr
이메일	galmuri94@gmail.com

이 책의 한국어판은 저자 보아벤투라 드 소우자 산투스와의
협의에 따라 출간되었습니다.

일러두기

1. 이 책은 Boaventura de Sousa Santos, *Pensar el Estado y la Sociedad: Desafíos actuales*, Buenos Aires, Waldhuter Editores, 2009를 완역한 것이다.
2. 인명과 지명은 내용 이해를 위해서 꼭 필요한 경우에만 본문에 원어를 병기했다.
3. 인명과 지명은 가능한 한 표준적인 외래어 표기법을 따랐다. 한국에 잘 알려지지 않은 인명과 지명은 현지 발음을 존중했다.
4. 단행본은 『』, 논문 또는 글은 「」로 표시했다.
5. 단체 또는 정당은 < >로 표시했다.
6. 내용 이해를 돕기 위해 옮긴이가 첨가한 내용은 [ ] 속에 넣었다.
7. 주석에는 지은이 주석, 한국어판 옮긴이 주석, 스페인어판 편집자 주석 등 세 가지가 있으며 같은 일련번호를 가진다. 한국어판 옮긴이 주는 [옮긴이]로 표시하였고, 스페인어판 편집자 주는 [스페인어판 편집자]로 표시하였다.
8. 이 책은 2007년에 보아벤투라 드 소우자 산투스가 볼리비아에서 행한 학술대회 발표와 대담을 그대로 옮겨 놓은 것이기에 현장성을 살리기 위해 어미를 경어체로 표현했다.

차례

1980년대 이후, 세계는 현재의 사회에 대한 대안은 없다는 생각에 사로잡혀 있었다. 우리는 사회가 조직된 현재의 방식에 대해서 대안이 없다고, 사회가 자주 외로움과 혐오의 감정을 불러일으키는 데 대해서도 대안이 없다고 생각해왔다. 우리의 삶에 대해, 우리의 일 또는 우리가 일이 없는 것에 대해, 우리의 소비 습관 또는 소비하고자 하는 욕망에 대해, 우리의 시간 또는 우리가 시간이 없는 것에 대해, 그리고 우리의 사회생활에 대해서 대안이 없다고 생각했다. 어느 순간 일자리를 가졌다가 바로 다음 순간 실업자가 되는 불안정성에 대해, 삶이 더욱 나빠질지 모른다는 긴급성 속에서 살아가면서도 더 나은 삶을 위한 투쟁을 포기하는 것에 대해 대안이 없다고 생각했다.

이렇게 대안이 막혀있다는 생각은 진보가 충분히 달성되었다는 생각과 병행하는 것이었다. 즉 우리 뒤에 놓인 것은 분명히 더 나빴고 우리 앞에 올 것도 더 나쁘지 않다면 기껏해야 지금과 마찬가지이지 않겠냐고 생각하곤 한다. 미래는 그렇게 이미 우리 눈앞에 주어졌다. 우리가 포기하지 않고 다른 곳에서 미래를 찾고자 한다면 불쾌한 경험을 하게 될 것이다. 영원한 현재의 경직성은 과거와 단절되었고 미래에는 현재가 지속될 뿐 다른 것은 아무것도 없을 것이다. 나는 이런 시대적 징후를 '현재주의'presentism라고 부른다. 이는 역사주의와 미래주의를 동시에 근본적으로 거부하는 것이다. 그러나 이런 영원한 현재를 유지해온 세계는 도대체 어떤 종류의 세계인가? '진보'하면 할수록 세계 주민의 대다수는 점점 더 견디기가 어렵고 거주가 불가능하다고 느끼게 되는 그런 세계이다. 가능성들이 왜곡되어 있고 모든 해방적 가능성을 희생시키고 있는 그런 세계이다. 가능성들이 해방의 이름으로 주장되고 행동으로 옮겨지고 있지만 실제로는 그 가능성을 무효로 만드는 방식으로 진행되고 있다. 희생의 광란이다.

이런 왜곡된 가능성의 일부를 보도록 하자. 고대 그리스 이래로 민주주의는 다수의 이익을 위해 다수에 의한 정부를 가지는 것으로 이해되어 왔다. 오늘날 거의 모든 곳에서 정부는 소수의 이익을 위한, 소수에 의한 것이 되었다. 법과 법적 제도는 본래 강자의 은밀한 권력으로부터 약자를 보호하기 위해 기획되었다. 그러나 오늘날 많은 나라들에서 힘센 자들은 억압받는 사람들을 짓누르는 또 하나의 도구로 법과 법 제도를 사용한다. 심지어는 대표자회의(의회)가 군사 매뉴얼을 따라 소송전lawfare이라 불리는 것을 실행하는 관습이 정착되어 정치적 또는 경제적 적[경쟁자]을 파괴하거나 중립화시키기 위한 반민주적 도구로 사용되고 있다.

(냉전의 이익을 지키며 독재에 대항해서 싸운다는 두 가지

목표에 복무해온) 애매한 계보에도 불구하고, 인권은 인간 존엄성의 담론으로 등장했다. 그리고 소위 "개발 원조"와 국제 조약의 조건부가 되었다. 가장 최근에는 인권은 조건부가 되기를 그쳤고 일단의 극우 그룹에 의해 노골적인 금기가 아니라면 어떤 부적절한 장벽으로 여겨지게 되었다. 이들 극우 그룹은 미디어를 통해 좌파 정치가들을 "인권운동가들"이라고 부른다. 이 말은 그들에 대한 가장 효과적인 모욕으로 간주된다.

발전의 개념은 한때, 다수의 사람들에게 더 나은 삶의 조건을 약속하는 것이었다. 그것은 아마도 비어있는 약속이었을 것이다. 그러나 엄청나게 믿음이 가는 약속이었다. 그 믿음은 세계의 나라들과 지역들 사이에서 점점 커져가는 불평등과 급박한 생태적 파국의 결과로 마침내 상실되었다. 끝으로 소셜네트워크와 인터넷은 한때 더 민주적인 사회적·정치적 삶을 가져다줄 크고 믿음직한 약속 같아 보였다. 그러나 지금은 감시자본주의의 주요 도구이자 민주적 의지를 파괴하는 주요 도구로 기능하고 있다.

이러한 왜곡된 가능성들은 현재의 글로벌 세계에 정치적, 이데올로기적 번아웃과 폐허 속에 살고 있다는 감정을 주입했다. 기초가 무너지는 광경 속에 살고 있다는 실존적 경험이다. 여기서 지배적인 감정은 모든 것이 무너지고 있다는 느낌이다. 보수적인 사고는 아무런 답을 주지 못한다. 정반대로 그것은 극우정치적, 종교적 힘의 성장에 기름을 붓는다. 그리하여 우리 사회는 점점 더 양극화되고 있고, 폭력과 증오의 문화가 만들어지고 있다. 나는 진보적이고 진정으로 민주적인 지식에 주어진 중요한 도전과제는 우리의 이론적, 인식적 전제들을 다시 발명하는 것이라고 생각한다. 이 책에서 나는 역사적인 이 '막다른 궁지'를 극복하기 위한 전제조건으로 자본주의와 식민주의 근대성의 기초가 되는 이론들과 제도들을 재발명하는 것이 반드시 필요하다고 주장한다. 나는 특히 사회해방, 대학, 근대과학의 인식적 독점, 근대 민족-국가에 대한 생각에 초점을 맞출 것이다.

2022년 1월

보아벤투라 드 소우자 산투스

2007년 3월 산안드레스 국립 대학교^{UMSA}의 발전학 대학원^{CIDES}과 〈꼬무나 그룹〉[1], 〈시민들의 유럽을 위한 재단〉이 모여 '국가와 사회를 다시 생각한다 : 현재의 도전들'[2]이라는 제목으로 학문적 숙고의 시간을 가졌다. 그 결과를 라틴아메리카 사회과학원[3]의 검토를 거쳐 출판한 것이 이 책이다. 이 자리에는 탁월한 지식인들[4]이 참여했다. 특히 보아벤투라 드 소우자

---

1. [옮긴이] 꼬무나(comuna)는 자본주의 체제를 넘어서려는 라틴아메리카의 독특한 좌파 공동체 운동을 가리키는 용어다. 유럽의 '코뮌'과는 달리 라틴아메리카의 원주민 문화에서 기원한다. 공동소유, 공동생산, 공동분배를 특징으로 하기에 근대적 자본주의 모델과는 거리가 멀다. 꼬무나의 사례로는 잉카 시대의 '아이유'(Ayllu) 공동체 운동을 들 수 있고, 이 운동이 가장 활성화되어 있는 나라가 볼리비아다. 즉 현재도 이 운동은 살아있다. 멕시코의 경우에는 '에히도'(Ejido)라고 불린다. 꼬무나는 이데올로기적으로 마르크스주의와 친연성을 가지지 않는다.

2. [옮긴이] 이 학술 토론 행사의 제목인 Pensar el Estado y la sociedad: desafíos actuales가 이 책의 원제이다. 이 책에서 desafío는 문맥에 따라 도전, 과제, 도전과제 등으로 번역한다.

3. [옮긴이] Consejo Latinoamericano de Ciencias Sociales, CLACSO. 1967년 유네스코의 주도로 51개의 라틴아메리카, 카리브, 미국, 아프리카, 유럽 국가들이 모여 설립한 전문 강의, 연구 기관으로 사회과학과 인문학에 대한 비판적 시각을 갖춘 대학원 과정을 제공한다. 본부는 부에노스아이레스에 있다. 특히 라틴아메리카의 사회운동에 대한 높은 연구 수준을 자랑한다.

4. 참여한 외국 지식인으로는 에미르 사데르(Emir Sader), 보아벤투라 드 소우자 산투스, 환 카를로스 모네데로(Juan Carlos Monedero), 펠릭스 따베

산투스의 참여가 빛난다. 이 책의 목차에서 그의 연구의 강력한 성과가 제시되고 있고 현재의 변혁 과제들에 대한 그의 깊고 혁신적인 성찰이 드러난다. 따라서 이 책은 인간적-학문적 공동체의 능력, 힘, 관심을 결합한 성과를 구체화한다. 이 책은 이 나라 볼리비아가 겪고 있는 변화, 즉 정치적 변화 과정 그리고 현재의 문제들에 대한 해법을 제시하는 사회과학의 성과들과 공립대학의 과제 등 성찰적 도전과제들을 직접적으로 논의하고 있으며 볼리비아와 라틴아메리카 전역에 이런 성찰을 확산할 방법을 모색한다.

이 책은 복잡한 볼리비아 사회를 국가적으로 재통합할 필요성을 강조하는 도전과제들에 응답하고 있다. 또 현재 적극적으로 전개되고 있는 탈식민적[5], 제헌적 과정의 틀 안에서 국가

르나(Felix Taberna), 빠블로 다발로스(Pablo Dávalos), 마리스테야 스밤빠(Maristella Svampa), 아나 마리아 라레아(Ana María Larrea), 젬마 갈돈(Gemma Galdón) 등이 있다. 볼리비아 지식인으로는 호세 미르텐바움(José Mirtenbaum), 구스타보 로드리게스(Gustavo Rodriguez), 페르난도 마요르가(Fernando Mayorga), 세실리아 살라사르(Cecilia Salazar), 루이스 타피아(Luis Tapia), 글로리아 아르다야(Gloria Ardaya), 로저 까르바할(Roger Carvajal), 라울 쁘라다(Raúl Prada), 곤살로 로하스(Gonzalo Rojas) 등이 참여했다. 또한, 볼리비아 국내의 정치 사회 리더 중에서 로만 로아이사(Roman Loayza), 이사벨 도밍게스(Isabel Dominguez), 라사로 따꾸(Lázaro Tacoo) 등이 함께했다.

5. [옮긴이] 여기서 '탈식민적'의 스페인어는 'descolonizador'이다. 일반적으로 한국어에서 '탈식민주의'는 'postcolonialism'의 번역어이다. 얼핏 보면 둘은 맥락이 비슷한 것 같지만 서로 다르다. 'descolonizador'은 라틴아메리카 학자들의 시각이고 'postcolonialism'은 미국, 유럽 학자들의 시각이다. 전자를 대표하

와 사회 간 관계의 민주적 확장이라는 과제에 어떻게 착수할
것인가를 논한다. 복수국민국가[6]와 사회국가에 대한 열망으로

는 학자로는 페루의 사회학자인 아니발 끼하노가 있고, 산투스를 포함한 일군
의 라틴아메리카 출신학자들(월터 미뇰로, 엔리케 두셀, 아르뚜로 에스코바르
등)이 그의 입장에 동의한다. 후자를 대표하는 학자로는 인도 출신의 미국 학
자 가야트리 스피박이 있다. 두 입장 모두 식민주의를 비판한다는 점에서는
유사해 보이지만, 전자의 입장은 근대성과 자본주의의 기원을 비판하는 데 있
어서 17세기 데카르트 이후 유럽의 철학 및 인식론이 유럽문화와 비유럽문화
의 위계 서열과 합리주의를 전면에 내세워 역사적 현상을 마치 자연현상인 것
처럼 유럽인과 비유럽인을 설득한다고 주장하는 특징이 있다. 자세한 내용은
아니발 끼하노의 1992년 논문 「식민성과 근대성–합리성」을 참조하라. 한국
학계는 대부분 후자의 주장을 받아들인다. 그러나 근대성과 자본주의에 깃
들어 있는 유럽중심주의를 거부하고 유럽문화와 비유럽문화 사이의 위계 서
열을 더 날카롭게 비판하는 입장은 전자의 것이다. 오늘날 전 세계에 인종, 성,
소득과 부는 물론이고 생태위기에서 드러나는 인간과 자연 간의 구별 등 다
양한 불평등과 위계 서열이 만연해 있다. 이런 상황에서 사회 비판의 선봉에
서는 라틴아메리카의 탈식민성 담론은 세계사적 의미를 띤다.

6. [옮긴이] 2009년 볼리비아 신헌법은 볼리비아를 'Estado plurinacional'로 선포
했다. 한국 외교부가 사용하는 공식 명칭은 '볼리비아다민족국'이다. 국내 라
틴아메리카 연구자들은 '다국민국가'라는 번역어도 사용한다. 이 책에서 '복
수국민국가'라는 명칭을 사용한 이유는 첫째, 'plurinacional'은 "복수의 국민
이 인정되는 국가 모델"이기 때문이다. 예컨대, "다국민국가는 동일한 정치 공
간(통치권)에서 여러 개의 국민공동체가 공존하는 국가모델로서 언어적·문
화적·종교적 측면에서 뿐만 아니라 법률적·정치적·경제적 측면에 기초한 복
수주권에 따라 국민을 규정하는 국가모델이다."(김달관, 「볼리비아의 탈식민
적 국가개혁 : 다문화성에서 다국민성으로」, 『중남미연구』, 제34권 2호, 2015
년, 95쪽). 둘째, '다국민' 대신 '복수국민'으로 한 것은 '복수국민국가' 이념이 하
나의 것을 중심 또는 상위에 놓고 다른 것을 관용한다는 위계 서열적 뉘앙스
를 가진 '다문화주의'를 극복하고자 하기 때문이다. 현재 라틴아메리카에서 헌
법에 복수국민국가(Estado plurinacional)를 명시하고 있는 나라는 에콰도르
와 볼리비아 두 곳이다. 에콰도르는 2008년 헌법에 명문화했다. 복수국민국
가는 원주민 문화에 뿌리를 둔 '공동적인 것'의 가치를 높이 평가하며 이를 '좋
은 삶'(Buen Vivir)으로 호명하고, 서구 근대문화에서 기원하는 '개인주의적인

표현되고 있는 이러한 필요성은 경제적 모순만이 아니라 가부장적, 식민적, 정치적 억압과 권력관계의 복잡한 모순에 포획되어있는 우리와 같은 자본주의 사회에서는 쉽게 접근하기 어려운 주제이다. 위에서 언급된 전망들에 이런 관계들의 혼합과 유동성이 더해져 자칫 미래에 대해 불안과 거품만 커질 수도 있다. 왜냐하면, 그 전망들이 어떤 모습을 띠게 될지를 상상하는 과정 자체에 사회 문화적 복잡성이 가득하기 때문이다.

따라서 볼리비아만이 아니라 라틴아메리카 전체가 겪고 있는 제헌적 과정의 정치적·제도적·사회적 변화의 성격과 연루된 과제들을 인식하는 것이 핵심적이다. 특히 사회과학과 대학이 직면한 현재의 과제들이 중요하다. 둘 다 오늘날 혁신이 필요하다. 복잡성의 지식을 흡수하고 정치, 경제, 문화 문제들의 해결과 이해에 기여할 지식을 생산해야 하기 때문이다. 특히 과거에 배제되었던 사람들이 주도하고 있는 현재의 과정들이 우리에게 강력한 도전과제들을 제기하고 있다. 부정의를 생산하고 재생산하는 제도 및 지식, 구조의 제거 또한 우리에게 과제로 주어져 있다. 부정의는 여러 경제적·식민적·가부장적 요인들과 함께 배제와 불평등을 만들고 우리를 억압하고 있다.

우리는 도전과제들에 대해 말할 필요가 있다. 위에서 지적

것'과 원주민 문화에서 유래된 '공동적인 것'이 위계 서열 없이 수평적으로 공존해야 한다고 주장하는 유토피아적 선언이다.

했듯이 우리를 억누르는 권력관계와 구조에 대한 해법이 필요하다. 세계는 현재 출구 없는 과도기에 갇혀 있다. 하지만 가능한 역사적 대안 중에서 깊고 넓고 엄격한 방식으로 출구를 만드는 것이 불가피하고 너무나 중요하다. 특히 사회적, 정치적 행위자들은 가장 바람직하고 정통성 있는 대안을 선택하지 않으면 안 된다.

보아벤투라 드 소우자 산투스가 말한 대로 이런 도전에 있어서 확실한 것은 없다. 현실 운동의 미래적 전망을 견인하는 신뢰할 만한 희망을 선택할 수밖에 없다. 제도적(상호문화성에 근거한 민주주의와 국가의 재구성, 법률적 복수주의, 개인적·집단적 권리의 조화), 영토적(분권화 그리고 자치autonomía 7를 구성하는 것, 영토와 영토성의 개념들을 둘러싼 새로운 지리학과 형식), 사회성(상호문화성과 연대의 재발명)의 용어들에 주목해야 한다. 이런 도전과제들은 이매뉴얼 월러스틴도 지적한 바 있다. 이것들은 탐구해야 할 진리라기보다는 정치적 실천을 위해 반드시 성찰이 필요한 것이다. 우리의 신념, 이론, 약속 들은 재검증되어야 한다.

다시 말해, 우리가 현재 직면한 도전과제들은 변화 과정의 시작이지 그 끝이 아니다. 새로운 헌법을 제정하는 이 과정(제

---

7. [옮긴이] 이 책에서 autonomía는 추상적인 개념을 나타내기도 하고, 실제 현실에 존재하는 정치 단위를 표현하는 말이기도 하다. 따라서 맥락에 맞게 자율성, 자율, 자치, 자치체, 자치권 등의 번역어를 선택했다.

헌의회)[8]에서는 한 가지를 해결하고 나면 우리는 반드시 또 다른 도전과제 앞에 서게 될 것이다. 따라서 최대한 구체적인 방식으로 정치적 기획 및 지평의 목표나 도착지를 해석하고 가시화하는 것이 필요하다. 한편에서 그 도전과제들은 정치적, 사회적 행위자들과 사회운동이 현실적 과정과 역사적 대안으로 제시되는 변혁과 변화의 성격을 잘 이해하고 내면화해야 할 필요 및 의무와 관계가 깊다. 다른 한편 지식인들이 그 과정의 의미를 해석할 지식, 개념, 범주 등을 생산하여 그 이해를 돕는 것과도 관계가 깊다. 보편적인 것과 특수적인 것을 어떻게 분석할 것인지를 배우는 데서 출발하여 기존의 전제와 개념 들을 사용하

---

8. [옮긴이] 21세기 볼리비아의 정치 사회적 위기는 2000년 코차밤바시에서 일어난 '물 전쟁'을 시작으로 본격화되었다. 이후 정부의 정책을 둘러싸고 원주민, 농민, 시민의 시위가 계속되었고, 볼리비아는 한 치 앞을 가늠할 수 없는 정치적 위기로 돌입했다. 2003년 10월 산체스 데 로사다 대통령은 사임했고 2005년 로드리게스 벨체 대법원장이 임시 과도 정부의 수반이 되면서 전면적인 헌법 개정, 즉 제헌의회(Asamblea Constituyente) 구성을 위한 법률안을 2005년 7월 통과시키고 2006년 1월 대선을 열기로 한다. 이 대선에서 에보 모랄레스가 당선되어 2019년 11월 쿠데타로 물러날 때까지 집권하였다. 제헌의회 의원 선거는 2006년 7월에 열렸고 총 255석 중 모랄레스의 정당이 137석을 차지했으나 새 헌법 의결정족수인 3분의 2에 미달하여 정치적 불안정은 지속되었다. 제헌의회는 2006년 8월에 개시되었고 2007년 12월에 새로운 헌법안을 통과시킨 후 국민투표에 붙여 통과되어 2009년 2월에 새로운 헌법이 발효되었다. 이 책 『사회해방과 국가의 재발명』은 2009년 9월에 출판되었지만, 그 주된 내용은 2007년의 상황과 관련된 것이며 따라서 제헌의회의 격렬한 과정을 담고 있다. 제헌의회 당시 제헌의원 외에 일반 시민도 헌법 심의에 참여하여 새로운 헌법에 대한 제안을 할 수 있었다. 볼리비아의 경우 극심한 정치적 위기 상황에서도 중요한 고비마다 여야 정당이 합의를 통해 새로운 법률안을 통과시켜 위기를 극복해왔음을 알 수 있다.

지 않고도 가능한 이론적 범주의 '창고'에서 무언가를 찾으려는 노력이 긴요하다.

이는 대학이, 특히 공립대학이 현실에 대한 문화적 해석에서의 그리고 학술 세계의 일상에서의 커다란 혁신과 변화라는 미룰 수 없는 과제를 수행해야 한다는 것을 의미한다. 특히 진지하고 복수적이며 책임 있는 자아 성찰을 바탕으로 하는 자기 혁신이 동반되어야 하며 그로써 변화의 과정에서 문화적 중재를 실천할 수 있어야 한다. 대학이 복잡하고 다양한 변화 과정의 한가운데 위치한 중요한 구성요소이기 때문에 그렇다.

그러므로 이 책이 담고 있는 성찰은 볼리비아와 라틴아메리카의 과도기적 해방 과정이 요구하는, 지식과 경험 간의, 이론과 실천 간의 관계 회복에 기여할 것이다. 보아벤투라가 강조하듯이, 이는 필연적으로 미래적 처방이 분명하게 제시되지 않는 불안한 상황이 요구하는 고유의 '실험주의' 틀 안에서 움직이는 것을 수반한다. 그럴수록 분열과 전복이라는 위험을 피할 수 있으려면 민주주의적 숙고의 형식을 다양하게 찾는 유연성이 요구된다.

우리는 이 책에 담긴 성찰에 대해서 보아벤투라에게 감사를 표하고자 한다. 우리에게 가장 절실히 필요한 것은 해방의 새로운 길을 상상하는 것이다. 오늘날 거대 담론은 현실과 극심한 '불일치'를 보인다. 또 현실에서 모순은 쉼 없이 출현하고 있고 해방 과정이 필요로 하는 실천과 행위자 들은 부재하다. 민주주의를 민주화하자는 급진적 확장을 추진하는 세력 중 일부는 오히려 그들 자신이 문제를 드러내고 있다. 또는 보아벤투라가 말하듯이 그들은 몰지각한 모습을 보인다. "자국의 급진적 민주주의를 위해 투쟁하면서도 거주하는 도시에서는 민주적 문화가 없이 살고 있다." 또는 미래, 즉 "다른 종류의 자본주의" 또는는 "자본주의 이후"에 대한 분명한 역사적 인식을 결여하고 있다. 이는 아마도 변화의 긴급성과 권력 변혁의 장기적인 전망 사이의 긴장 때문일 것이다.

또한, 이런 성찰은 현재 사회과학이 현실을 인식하고 역사적 가능성을 탐구할 때 활용하는 이론 및 전제들과 맺는 관계에서 직면한 도전과제들이 무엇인지를 시사한다. 보아벤투라는 이런 도전과제들을 윤리적, 인식론적, 정치적 관점에서 성찰한다. 그는 눈에 잘 보이는 것들만이 아니라 이제 막 싹을 틔우고 있는 작은 가능성들, 그리고 억압받고 착취당하거나 비가시화되고 배제된, 식민화된 주체들의 관점에서, 탈식민화의 필요성을 기초로 하여, 도전과제들과 대면해야 한다고 강조한다. 즉 변혁의 가능성을 찾고 서로 다른 지식을 절합할 지식 생태학의 길을 통해 지식의 단일문화주의를 깨트릴 필요가 있다. 그리하여 그는 이성과 상상의 결합을 강조한다. 왜냐하면, 아는 것은 또한 삶과 의식의 형식들을 상상하는 것이기 때문이다.

저자의 표현에 따르면, 이런 도전과제는 다음과 같은 것이다. 그것은, 결과를 책임질 수 있는 건설적 지식을 구성하거나 여러 수준들을 횡단하는 과정을 거침으로써, 타자를 인정하고 연대를 표현하는 상호문화성[9]을 내면화하는 것이다. 특히 억압을 지속시키는 이론이 만들어내는 불편함과 맞설 용기가 필요하다. 이것이 바로 보아벤투라의 도전이다. 지식인이 현실에 대한 이해를 돕고 현실 변혁이 가능해지도록 기여할 유일한 실천 방법이기 때문이다. 그리하여 보아벤투라는 현실 과정의 의미를 해석할 개념, 지식, 범주 들을 생산하고 있다. 나아가 그는 자본주의가 야기한 인간적 고통의 다양한 형식을 전복하려는 사회해방의 재발명을 중시하는 학자다.

이상의 것들을 비롯하여 많은 생각들이, 대학의 도전과제들에 대한 성찰과 함께 이 책에 들어있다. 여러분이 이 책을 읽고 새로운 이론을, 새로운 해석을, 볼리비아가 처한 정치적 과정의 문제를 해결할 영감을 우리에게 주기를 기대한다. 우리가 상상하고 만들어낼 새로운 이론과 기존의 비판이론을 통해서 이 이행 과정의 복잡성과 직면해야 한다는 도전과제를 제대로 감

---

9. [옮긴이] 상호문화성은 신자유주의(자본주의)와 근대성에 대한 태도에 있어서 다문화주의와 문제의식이 다르다. 다문화주의는 유럽중심적 헤게모니를 비판하면서도 상당한 정도로 인정한다. 그 대신 비주류, 소수자 문화에 대해서 포용적이고 관용적인 태도를 보인다. 이는 자본주의 너머를 상상하지 못하기 때문이다. 이에 비해 상호문화성은 1990년대 이후 라틴아메리카의 새로운 사회운동의 주장과 맥락을 같이하면서 다양한 수준에서 '위계 서열적 차별성'(식민성)을 근대성의 핵심으로 인식한다. 상호문화성은 이러한 근대성으로부터의 단절적 전환을 요구하며 개인주의적인 것과 공동적인 것이 서로의 다른 문화를 인정하는 수평적 대화를 할 것을 주장한다.

당해내지 못한다면, 분열과 파편화의 위험이 곧 닥쳐올 것임이 분명하다.

2008년 10월, 라빠스에서
산안드레스 대학교 발전학 대학원CIDES-UMSA 연구소장
이본느 파라

1장

사회해방을
재발명하기

알리앙스 프랑세즈

2007년 3월 26일

보아벤투라 드 소우자 산투스의 발표

여기 볼리비아에 처음으로 오게 되어 너무나 기쁩니다. 최근 우리는 정치적 문제의 해결을 위해 더 넓은 범주의 토론, 즉 지식, 인식론, 이론 자체에 대한 토론을 전개해야 하는 시대에 살고 있습니다.

오늘 나는 정치적 측면에 집중하려 합니다. 우리 시대는 역설적인 상황입니다. 한편으로 지금 당장 행동이 필요한 긴급 상황이라는 느낌이 있습니다. 왜냐하면, 세계적 수준에서 사회적 부정의(양극화)와 생태적 붕괴를 더는 방치할 수 없기 때문입니다. 그리고 분쟁을 해결하는 가장 좋은 방식인 것처럼 보이는 전쟁이 존재합니다. 마르크스는 자본주의가 파괴적 능력이 있다고 했는데 현재 우리는 창의성보다는 파괴를 더 많이 경험하고 있습니다. 그러나 다른 한편으로, 정반대의 감정이 존재합니다. 우리가 직면한 문제들이 너무 광범위하기 때문에 우리는 매우 복잡하고 폭넓은 변화가, 즉 문명 자체의 변화가 필요하다고 느끼고 있습니다. 다시 말해, 지금까지와는 다른 문명이 필요합니다. 이제는 권력을 잡는 것이 중요하지 않습니다. 권력을 변화시켜야 하고 사회를 변화시켜야 합니다.

아무튼 이제 우리는 전환점에 도달했습니다. 사회해방을 이루기 위해 만들어진 도구들이 정반대의 사악한 결과를 낳고 있기 때문입니다. 오늘날 우리는 분명히 인권을 보호하기 위해 만들어진 것들이 오히려 인권을 침해하고 있음을 알고 있습니다. 민주주의를 지키기 위해 만들어진 것들이 민주주의를 파괴하고 있고, 생명을 지키기 위해 만들어진 것들이 생명을 파괴하고 있습니다(최근 4년 동안 이라크에서 약 1백만 명이 사망했습니다). 또한, 아주 강한 모순이 존재합니다. 만약 오늘날에도 혁명이라는 개념이 용인될 수 있다면 마르크스의 개념이 아니라 아마도 발터 벤야민이 말한 의미로 이해해야 할 것입니다.

발터 벤야민에게 혁명은 역사의 동력이 아니었습니다. 벼랑앞의 멈춤이었습니다.[1] 다시 말해, 우리는 심연에 떨어지지 않기위해 혁명을 만들어내야 합니다. 이것이 오늘날 벌어지고 있는

---

1. [옮긴이] 벤야민은 『역사의 개념에 대하여』(1940 [길, 2009])에서 "파시즘이 승산이 있는 이유는 무엇보다 그 적들이 역사적 규범으로서의 진보의 이름으로 그 파시즘에 대처하기 때문이다."(337쪽)고 썼다. 파울 클레의 그림 속 천사는 "우리들 앞에서 일련의 사건들이 전개되고 있는 바로 그곳에서…파국만을 본다…천사는 머물고 싶어 한다. 그러나 천국에서 폭풍이 불어오고 있고…이 폭풍은…세차게 불어오고 있기 때문에 천사는 날개를 접을 수도 없다. 이 폭풍은…미래 쪽을 향하여 그를 떠밀고 있으며…우리가 진보라고 일컫는 것은 바로 이러한 폭풍을 두고 하는 말이다."(339)라고 하였다. 현재의 서구 근대성과 자본주의의 위기 상황은 다시 마르크스를 호출하는 것이 아니라 벤야민을 호출한다고 생각한다. 왜냐하면 기독교와 마르크스주의는 종교적 신념과 이론의 과학성, 필연성으로 인해 역사가 진보를 계속한다는 믿음에 기초하는데 이 믿음이 오히려 현재의 위기 상황에서 성찰을 깊게 하는 것을 방해한다고 생각한다. 과거 독일에서 히틀러와 파시즘이 출현할 때도 독일 노동자들은 히틀러를 지지했지만 역사는 파국을 맞이했다. 현재는 국가권력이 아니라 사회 자체가 파시즘화되고 있으므로 이에 근거한 파시즘적 정치 세력의 집권은 과거보다 더 위험하다고 본다. 따라서 보아벤투라가 강조하듯이 아주 깊은 성찰을 하려면 벤야민식 '멈춤'이 소중하다.

일인 것 같습니다. 이런 시대에 대한 생각과 함께 많은 혼란이 있습니다. 단기적 사고와 장기적 사고가 혼동되고 있습니다. 왜냐하면, 한편으로는 이질적인 세력들 사이에서 제한된 동맹을 만들어낼 전술이 긴급하게 주어질 필요가 있고, 다른 한편으로는 미래와 '다른' 사회의 이데올로기적 개념에 대한 전략 구상이 긴급하기 때문입니다. 결국, 장기적이고 단기적인 개념들 사이에 불안정이 존재하고 또한 개혁과 혁명 사이에 불안정성 또는 혼란이 존재합니다. 여러분 모두 아시다시피, 개혁은 항상 선거를 통한 변혁과정을 뜻합니다.

우리는 오늘날 혁명적인 것처럼 보이는 개혁 과정을 지켜보고 있습니다. 아마도 볼리비아와 베네수엘라의 경우가 그럴 것입니다. 다른 한편, 우리는 치아빠스의 사빠띠스따 운동 같은, 개혁적인 것처럼 보이는 혁명적 과정을 지켜보고 있습니다. 그리고 우리는 약간의 농담을 섞어 말하자면, 브라질의 룰라Lula와 같은, 결코 개혁적이지 않아 보이는 인물의 개혁적 과정을 지켜보고 있습니다. 결국 모든 것이 사회해방을 재구성해야 할 필요를 보여줍니다.

이론과 실천 사이의 관계에서도, 우리 시대를 특징짓는 또 다른 요소가 있습니다. 오늘날과 같이 해방에 대한 정치이론 및 비판이론과 해방의 실천 사이에 커다란 괴리와 모순이 있었던 적이 없습니다. 왜 그럴까요? 내 생각에는 첫째, 아마도 비판이론의 대부분이 지구의 '북'에서, 즉 북대서양 국가들에서 발전되었기 때문입니다. 반면, 사회변혁의 놀라운 실천은 지구의 '남'에서 일어나고 있기 때문입니다. 결국 양자 사이에 상호적인 비가시성이 존재합니다. 이론이 미처 따라가지 못하는 실천이 있고 실천에 대한 해석에서 뛰어나지 못한 이론이 있습니다. 이론과 실천 사이에 괴리가 있습니다.

둘째, 최근 30년 동안 새로운 행위자, 새로운 주체, 새로운 사회적·정치적 투쟁, 새로운 행동 양식들이 나타났지만, 비판 이론에 의해 충분히 이론화되지 못했습니다. 예를 들어, 원주민 운동, 여성운동, 게이, 레즈비언 운동 등이 그렇습니다. 결국, 이같은 불일치는 이론과 실천 사이에 거의 덫과 같은 관계를 만들었습니다. 이론에 실천은 유령이고 실천에 이론 또한 유령이 되었으며 둘 사이에 바람직한 관계가 없습니다. 따라서 나는 대안이 불필요하다는 것이 아니라 대안에 대한 대안적 사고가 필요하다고 주장하고 싶습니다. 왜냐하면, 오늘날 많은 대안이 있습니다. 그러나 대안으로서 그다지 인정을 받고 있지 못합니다. 소외되거나 배제되거나 무시되거나 낭비되고 있습니다. 따라서 나는 우리가 취해야 할 조치가 무엇인지 정확하게 평가하기 위해서는 진단에서부터 출발해야 한다고 생각합니다.

첫 번째 단계는 '남'으로부터 배우는 것입니다. 나는 '"남"의 인식론'이라고 부르는 작업을 열심히 하고 있습니다. 이는 서구(유럽)적 이해가 우리에게 주는 것보다 훨씬 더 넓은 이해를 줍니다. 그리고 갈수록 더 분명해지고 있지만, 우리가 현재 가지고 있는 이론적, 정치적 문제의 해결과 관련해서 남의 인식론이 아직 주목받지 못하고 있습니다. 따라서 최근 수십 년 동안 지구의 '남'에서 솟아오른 실천적, 이론적 풍부함을 배워야 합니다. 이를 위해서는 세계의 다양성에는 끝이 없다는 것을 인식할 필요가 있습니다. 전 세계의 모든 다양성을 한꺼번에 설명해주는 보편 이론은 없습니다. 우리가 사회해방을 재구성해야 한다고 말할 때 그 단어를 사회해방'들'로, 복수로 사용해야 할 것입니다. 다른 한편, 다양성에 대한 생각과 함께 상호문화성의 문제가 출현합니다. 상호문화성은 그것이 문화적 차원에 머무는 것이 아니라 정치적 함의를 띤다는 점에서 중요합니다. 동시에 국가와 민주주의라는 두 차원에서 바라보아야 합니다. 이 문제들은 이후 더 자세히 살펴보겠습니다.

두 번째 단계는 자본주의 사회의 모순들에 대한 광범위한 독해입니다. 오직 자본과 노동 사이의 모순만을 이야기하는 것이 아닙니다. 물론 이것이 중요하긴 하지만, 자본과 자연, 개인과 문화적 정체성, 식민자와 피식민자 사이의 모순에 대해서도 생각해야 합니다.

오늘 나는 자본주의가 단 한 순간도 식민주의 없이 존재한 적이 없음을 강조합니다. 현재의 우리 사회를 제대로 이해하기 위해서는 그것이 자본주의 사회일 뿐 아니라 동시에 식민적 사회임을 생각하는 데서 출발해야 합니다. 다시 말해 식민주의는 독립과 함께 끝나지 않았고 새로운 또는 오래된 메커니즘에 의해 계속되어왔습니다. 이 점에 대해서는 다시 언급할 것입니다.

세 번째 단계는 억압적 권력에 대한 매우 광범한 개념을 가져야 한다는 것입니다. 권력은 다양한 얼굴을 가지고 있습니다. 나는 다음과 같이 정리합니다. 착취(자본-노동), 가부장제(남성-여성), 상품 물신주의, 불평등한 정체성의 차별 등입니다. 이것들은 성차별, 인종주의, 인종청소 등을 만들어냅니다. 이론적으로는 동등한 정치 주체이지만 실제로는 그렇지 않고 불평등한 관계에 놓이게 되는 것은 권력의 비대칭성 때문입니다. 그리하여 특히 가장 약한 자를 억압하는 아주 다양한 방식의 권력관계가 존재함을 알 수 있습니다. 권력관계에는 억압자와 피억압자, 즉 강자와 약자가 있습니다. 그러나 약자를 억압하는 방식은 다양합니다. 예를 들어, 열등하다고, 무식하다고, 뒤처지거나 잉여라고, 로칼local하다고, 특이하다고, 비생산적이라고, 게으르다고, 불모라고 말하곤 합니다. 이런 다양한 형식을 통해 권력의 메커니즘은 가장 약한 자를 억압합니다. 권력의 다양한 형식은 이 같은 다양한 억압을 어떻게 조직하느냐에 달려있습니다. 다양한 차별이 존재하는 것입니다.

네 번째 단계는 내 생각에, 현대 자본주의 사회에서 무슨 일이 일어나고 있는지를 아주 잘 인식하는 것입니다. 우리는 계속해서 자본주의 사회에 살고 있다고 말할 수 있습니다. 심오한 변화가 일어나고 있습니다. 가장 중요한 변화는 무엇인가요? 내 생각에 첫 번째 변화는 자본이 과거에 국가와 사회정책을 연결함으로써 가졌던 정치적 연계로부터 해방되고 있습니다. 프롤레타리아화와 동시에 탈프롤레타리아화의 과정이 강하게 일어나고 있습니다. 그 결과 강도 높은 계급적 파편화가 일어나고 있습니다. 농민과 원주민 그리고 로칼local 생산 구조의 소유 박탈을 수반하는 새로운 정치가 벌어지고 있습니다. 국가 폭력이 증가하고 있고 다른 한편 민영화를 통한 공공 자산과 공공서비스의 파괴가 일어나고 있습니다. 공공 자산은 국가의 저금이고 투자입니다. 저금과 투자가 민영화되면 그것은 파괴됩니다.

그리고 시간이 갈수록 군사화가 심화되고 있습니다. 특히 라틴아메리카 대륙에서, 그리고 아마존 지역에서 그렇습니다. 나는 다른 어떤 것보다 이것이 가장 위험한 신호라고 생각합니다. 안데스 지역도 이 같은 군사화의 과정에 곧 편입될 것으로 생각합니다. 다른 한편, 사회운동의 범죄화가 있습니다. 여러분도 아시다시피, 유엔 안전보장이사회의 결의에 따라, 새로운 반테러법이 국가들에 적용되도록 강제되었습니다. 나는 페루와 칠레에서 오는 길인데 그곳에서는 800명의 원주민 지도자들이 상기의 법률에 따라 기소되었습니다. 즉 테러리스트로 간주되었습니다. 어째서일까요? 도로를 점거했기 때문입니다. 칠레와 페루에서 도로를 점거하는 것은 테러리스트적 행동이 됩니다. 다른 한편, 마지막으로 대단히 산업화된 대중문화가 있습니다. 이는 '다른 사회'를 위해 저항하기를 거부하는 '체념'의 문화를 만들어내고 있습니다.

마지막 단계는 내가 '출현의 사회학'이라고 부르는 것인데 새로운 사물의 기호에 민감하게 반응하는 것을 말합니다. 새로운 저항, 즉 현재로서는 로칼local의 투쟁에 머물러 있으며 크게 발전하지는 않았지만 무언가 싹을 품고 있는 그것 스스로가 새로운 사회를 향한 열망을 가져오는 저항을 의미합니다. 새로운 형식, 새로운 주체의 행동입니다. 이리하여 '다른' 투쟁의 급진성이 만들어지고 있습니다. 나는 이를 인정하는 것이 중요하다고 생각합니다. 투쟁의 급진성은 오늘날 사용되는 수단(예를 들면, 선거)에 의해서가 아니라 자본주의에 영향을 끼치는 방식에 의해 결정됩니다. 자본주의에 영향을 미치는 사례를 들어본다면, 석유회사, 광산회사 등에 대한 급진적 투쟁이 있습니다.

오늘날 라틴아메리카 대륙에서 펼쳐지고 있는 저항의 전략적 특징을 살펴봅시다.

첫째, 다른 언어, 새로운 담론, 새롭고 다른 사회에 대한 '다른' 꿈, 문제에 대한 새로운 상상력과 해결에 대한 새로운 상상력이 있습니다.

둘째, 새로운 행위자와 새로운 변혁적 실천, 새로운 형식의 조직이 있습니다. 예를 들어, 〈아메리카 대륙 자유무역협정〉ALCA에 대한 라틴아메리카 대륙의 투쟁과 그 성공을 보십시오. 나는 꾸스꼬에서 있었던 〈안데스 원주민 조직 연합체〉Coordinadora Andina de las Organizaciones Indígenas 창설의 증인 중 한 명입니다.

셋째, 새로운 영토성이 있습니다. 이에 대해서는 아래에서 다시 언급할 것입니다. 사회 속에 자본주의 자체에 대한 대안적 사회, 자율적 사회를 만들어내는 자율적 영토의 형식들이 있음이 드러나고 있습니다. 그동안 원주민의 영토화가 좋은 예가 되어왔습니다. 우리는 진정으로 새로운 영토성을 보여준 멕시코 사빠띠스따의 〈좋은 정부위원회〉Juntas de Buen Gobierno, 아르헨티나의 피케테로스Piqueteros 운동, 볼리비아의 엘알토El Alto, 아르헨티나의 부에노스아이레스, 멕시코 오아하까Oaxaca의 도시 봉기를 언급할 수 있습니다. 몇몇은 일시적이기는 했지만, 대안의 가능성을 보여주었습니다.

넷째, 합법성과 불법성의 경계에 놓인 새로운 정치가 있습니다. 새로운 저항은 매우 실용적입니다. 가능한 한 합법성을 띠려고 합니다. 그러나 또한 불법적 수단도 사용합니다. 완전히 평화적이되 공식적 법률의 틀 안에 없는 불법성을 사용하는 방식도 있습니다.

다섯째, 저항이 삶의 비상품화를 지향하고 있습니다. 즉, 조합, 대중 경제조직, 공동체 조직 같은 새로운 공공서비스 형태들이 교환가치가 아닌 사용가치를 생산하고 있습니다. 나는 이것이 매우 중요한 특징이라고 봅니다.

여섯째, 인간과 자연 사이에[2] 새로운 관계가 만들어지고 있

---

2. [옮긴이] 볼리비아와 에콰도르의 좌파정부는 2000년대 후반에 "좋은 삶" 철학을 주장하는데, 그 내용이 바로 인간과 자연 사이의 새로운 (생태적) 관계를 만드는 것이다. 대지를 "빠차마마"로 부르면서 어머니 대지로서 존경한다.

습니다. 여기 생태주의자들과 농민 및 원주민 사이에서 거대한 동맹의 관계망이 만들어질 가능성이 있습니다. 왜냐하면, 모두가 자연과 인간의 새로운 관계를 열망하고 있기 때문입니다. 이동맹을 통해 유전자조작 반대 운동[3]에서도 생태주의자들과 농민이 힘을 합칠 수 있습니다. 예를 들어, 브라질의 파라나주는 '유전자조작이 없는 주'를 선포했습니다. 왜냐하면, 이 나라에서는 특히 콩[4]이 모두 유전자조작으로 생산되고 있기 때문입니다. 산타끄루스주[5]의 콩 생산자들이 그곳을 유전자조작이 없는 주로 선포한다면 볼리비아에 얼마나 중요한 일이 될지 한번 상상해보시길 바랍니다.

일곱째, 평등을 위한 투쟁이 또한 차이를 인정하는 투쟁이 됨을 인식하는 것이 매우 중요합니다.

마지막으로 새로운 목표는 현재 매우 흥미로운 방식으로 유토피아적인 것과 효율적인 것을 결합하고 있습니다. 나는 오늘날 이 모든 것이 새로운 기본권을 만들어내는 과정이라고 생

---

3. [옮긴이] 이를 통해 도시의 중간계급과 농촌의 대중계급이 연대하게 된다.

4. [옮긴이] 콩의 대량 재배와 수출은 중국의 경제부상으로 인한 수요의 급증으로 브라질과 아르헨티나 등 국가들의 주력 경제모델이다. 이로 인해 브라질은 아마존을 황폐하게 만들고 있다.

5. [옮긴이] 산타끄루스주에 위치한 도시 산타끄루스(Santa Cruz)는 볼리비아의 제2의 도시로 극우 보수 세력의 거점 도시다. 산타끄루스는 이 책에서 자주 언급되는, 농촌에서 수도인 라빠스 변두리로 이주한 원주민과 농민이 많이 사는 도시인 엘알토와 대비를 이루는 곳이다. 산타끄루스를 기반으로 하는 극우세력이 2019년 에보 정권을 몰아내는 쿠데타를 실행했다.

각합니다. 물, 토지, 에너지, 생물다양성, 자연자원에 대한 권리 말입니다. 이보다 더 근본적인 것은 없습니다. 인간의 생존이 여기에 달려있기 때문입니다. 내 생각에 아주 중요한 점이라고 봅니다.

그리고 아마도 마지막으로 (더 길게 이야기할 수 없습니다) '대중교육'에 대한 강조입니다. 과거에도 사람들이 운동에 참여했습니다. 그러나 지도자들이 사람들이 무엇을 해야 할지를 알았고 아래의 대중은 무조건 그 지도자들을 따랐습니다. 오늘날 사람들은 갈수록 더, 스스로 움직여야 할 이유를 알고 싶어 합니다. 그리하여 다른 방식의 대중교육이 요구됩니다.

이 모든 저항은 네 가지 결과를 낳고 있는데 그중 두 가지에 관해 말해 볼 생각입니다.

신자유주의는 경제 문제에 대해 대안이 없다고 합니다. 그러나 경제적 대안이 떠오르고 있습니다. 또한 근대국가와 민주주의에 대한 대안도 나타나고 있습니다. 나는 국가와 민주주의에 대해 언급하겠습니다. 첫째, 우리는 근본적으로 '창설'의 시기를 살고 있습니다. 다시 말해서, 이 대륙에서 우리가 겪고 있는 많은 과정에서 새로운 민주주의, 새로운 국가가 창설되고 있다는 느낌이 있습니다.

모든 창설적 행동은 다음의 특징을 가지고 있습니다. 근본적이고 따라서 미완성이고 혼란스럽습니다. 왜 혼란스러운가 하면 이를 이끄는 사람들은 반쯤은 앞이 안 보이고 거기에 반대하는 사람들도 혼란스럽기 때문입니다. 이렇게 반쯤은 비가 시적이고 반쯤은 앞이 보이지 않는 상황이 결합하여 과도기적 과정의 고유한 혼란을 만들어냅니다. 물론, 이런 과정은 분석적 성찰을 요구합니다. 어려움은 여기에 있습니다. 분석적 성찰이 필요할수록, 그것의 실천은 더 어려워지기 때문입니다. 이런 점 이 과도기적이고 창설적인 과정에서 나타나는 독특한 현상입 니다. 우리 앞에 놓인 도전과제들이 구체적으로 무엇인가요?

첫째, 어떻게 문화적 정체성을 평등한 상호문화성과 연계시 킬 것인가? 그리고 국가의 정치적 개혁, 새로운 민주주의와 어 떻게 이를 연계시킬 것인가? 창설적 순간에는 모든 것이 문제 가 됩니다. 예를 들어, 기본적 개념들을 둘러싸고 매우 치열한 논쟁이 벌어지게 됩니다. 공동선, 국가의 정체성, 국민적 연대, 영토의 계속성, 이 모든 것에 대해서 의문이 제기됩니다.

둘째, 우리가 처한 이 과도기에 아직 지배적인 역할을 계속 하고 있는 제도의 틀 안에서, 어떻게 조직과 동원의 고유한 형 식을 정치 참여와 절합시킬 것인가라는 도전과제입니다.

세 번째 도전과제는 통합의 열망이 다양성에 대한 열망 못 지않게 강할 때 어떻게 내부의 분열을 극복할 것인가입니다.

넷째, 원주민 종족을 위해 로컬local, 지역regional, 국가 수준 에서 어떻게 정치, 경제, 문화적 자결권을 위한 투쟁의 다양한 형식을 절합시킬 것인가입니다. 특별한 도전과제는 '원주민의 수천 년간의 경험이 축적한 에너지를 어떻게 야심 찬 정치 전략으로 변화시킬 것인가?'입니다. 이 에너지는 지금 여기 사는 사람들의 삶에 긍정적인 영향을 주어야 합니다. 그렇지 않으면 불신을 받을 것이기 때문입니다. 어떻게 정치적 성과들을 공고히 하고 불가역적으로 만들 것인가? 어떻게 다음 두 가지 조건을 충족시키는 동맹을 만들 것인가? 즉 어떻게 각각의 투쟁들의 성격을 유지하면서 생산의 문제들에 집중할 수 있는가? 많은 경우, 이런 창설의 시기에는 가장 드러나지 않는 투쟁이 가장 어려운 투쟁입니다. 상징적 지배에 맞선 투쟁이면서 실제로 근본적인 것을 결정하지 않는 투쟁들이 가장 어렵습니다. 이것이 창설적이고 과도기적인 과정을 특징짓는 혼란입니다.

이런 문제를 아시아, 아프리카와는 다른 라틴아메리카 대륙의 맥락에서 우리가 어떻게 논의해야 하는지를 보기로 합시다. 나는 현재의 맥락이 두 가지 특징을 함축하고 있다고 생각합니다. 상호문화성과 탈식민성입니다. 볼리비아에서 그리고 이 대륙에서는 일반적으로 복수국민적, 복수문화적, 상호문화적 성격이 많이 논의되어왔습니다. 그러나 탈식민적인 문제들에 대해서는 그렇지 못했습니다. 내 생각에 이 둘은 모두 중요합니다. 상호문화성의 문제는 즉각적 어려움을 가지고 있음이 분명합니다. 공통의 문화를 미리 전제해야 합니다. 그렇지 않다면 상호문화성은 존재할 수 없을 것이기 때문입니다. 그렇다면 그 공통의 문화는 무엇인가요? 사회가 자신의 상호문화성을 살아가고 조직하는 특별한 방식입니다. 이것이 공통의 문화입니다.

탈식민적 측면에 관해서는 현재 볼리비아, 에콰도르 또는 브라질에서 무슨 일이 일어나고 있는지를 이해하는 것이 중요합니다. 그 점이 볼리비아에서의 상호문화성과 벨기에에서의 상호문화성의 차이, 또는 북아일랜드의 상호문화성과 볼리비아의 상호문화성이 캐나다의 것과 다른 점이 무엇인지를 설명해 줄 것입니다. 나에게 '탈식민적인 것'이란 식민주의가 독립과 함께 끝나지 않았음을 의미합니다. 오히려 지속되고 있습니다. 그리하여 이 대륙의 나라들은 이중의 역사적 과정을 겪고 있습니다. 독립의 과정과 독립 이후의 과정을 말입니다. 현재 이 나라들은 두 번째 과정이라고 할 수 있는 '탈식민성'의 과정에 진입하는 중입니다.

어떻게 브라질이 역사상 처음으로 인종주의 국가임을 시인하였는지를 보십시오. 독립 이후 거의 200년이 지난 후, 흑인 아프리카계 공동체 주민에 대해 '긍정적 차별'[사회적 약자 우대 정책]과 적극적 조치[6]가 필요하다고 시인하는 것을 보십시오. 다시 말해, 최근 여러 국가가 자신의 식민적 과거를 인정하고 있습니다. 나는 알바로 가르시아 리네라[7]가 그의 책에서 복수국민

---

6. [옮긴이] '적극적 조치'(affirmative action)의 사례로는 미국 대학의 입학 사정에서 아프리카계 학생들을 우대하는 조치를 들 수 있다.
7. [옮긴이] Alvaro Garcia Linera. 에보 모랄레스 재임기에 부통령을 지낸 유명한 마르크스주의 학자이다. 2019년에 극우 쿠데타에 의해 사임했고 젊은 시절에 원주민 게릴라 운동에 참여하여 투옥되기도 했다. 볼리비아의 '아이유'(Ayllu) 원주민 공동체 운동의 현재화를 위한 구체적 전략과 사상(공동체적 사회주

국가의 탈식민성을 잘 인정하고 있다고 생각합니다. 이 같은 인정은 또한 정치적으로 복잡한 어떤 것을 의미하게 될 것입니다. 그러나 단순하게 분석한다면, 과도기에 역사적 부정의를 해결하기 위해서 적극적 조치와 긍정적 차별이 필요할 것입니다. 탈식민주의는 역사적 부채가 있으며 문제를 해결하기 위해 미래를 생각하는 것만으로는 충분치 않음을 인정하는 것입니다. 과거와의 만남이 필요하고 이 만남은 아주 고통스러울 것입니다. 단지 말로 환원되는 것이 아니라 정치의 문제이기 때문입니다.

이것은 매우 중요한 것을 가리키는 데 나는 그것을 국가들의 '가변 기하학'이라고 부르고 싶습니다. 다시 말해, 모든 나라에 똑같은 개념과 똑같은 기준을 적용할 수 없습니다. 예를 들어, 탈식민성의 생각을 받아들인다면, 자치의 개념은 크리오요 Criollo 주민과 원주민에게 똑같은 방식으로 적용될 수 없습니다. 항상 이중적인 상호문화적, 탈식민적 맥락을 고려하는 것이 중요한 것 같습니다. 탈식민적, 복수국민적, 복수문화적 국가를 건설하기 위해 모든 곳에 동일한 방식이 적용될 수 없습니다. 통합이 동일성을 의미하지 않는다는 것이 원칙입니다. 다시 말해, 동일하지 않게 통합될 수 있습니다. 이것은 상호문화성, 식민성, 탈식민성 사이의 절합의 다양한 수준에서 논의되어야 합

의)의 전문가로 많은 책을 저술했다. 에보 정부의 거시적 정책 방향을 이끈 인물이다.

니다. 나는 그것을 국가 제도와 영토성의 수준에서 논의하려 합니다. 그리고 참여와 대표의 방식에 대해서 민주주의의 수준에서 논의하려 합니다.

그러나 이런 상호문화성과 탈식민성의 절합은 역사적 부정의뿐 아니라 다른 것도 인정하게 할 것입니다. 앞으로 만들어질 해결방안 또는 합의는 결코 거짓되거나 참되거나 한 것이 아니고 합리적이거나 또는 비합리적인 것도 아닐 것입니다. 여기에 보편적 진리의 개념은 없습니다. 다양한 논리를 둘러싸고 합의가 만들어진다는 이성이 있을 뿐입니다.

다른 한편, 이 절합은 이 순간에 모든 해결방안이 ─ 그것이 창설적인 것이건 과도기적인 것이건 ─ 잠정적이고 실험적일 것을 요구합니다. 예를 들어, 나는 새로운 볼리비아 헌법은 오직 2년 동안만 유효할 것을 주장합니다. 더 길게는 안 되고 2년이 지난 뒤에 다시 평가되어야 합니다. 창설의 순간에 일어날 모든 가능성과 예상되는 모든 갈등에 대해 의식하는 것은 불가능합니다. 일탈의 가능성은 매우 큽니다. 어떻게 그럴 수 있는지 조금 뒤에 밝혀보겠습니다. 여기서 중요한 것은 상호문화성과 탈식민성 사이의 절합이 무언가 다른 것을 요구함을 아는 것입니다. 즉, 역사적으로 새로운 블록이 등장하는 것입니다. 원주민들이 새롭게 주인공 역할을 맡게 될 것입니다. 이는 새로운 현상으로 특히, 볼리비아와 에콰도르에서 그러합니다. 역사적 블록의 의미는 고립은 없다는 것을 의미합니다. 중심적 그룹이 있다면 그 그룹은 다른 사회그룹과 절합해야 합니다. 자기 자신에게서 떠날 줄 알아야 하고 상당히 이질적인 사회그룹과 대화할 줄 알아야 합니다. 이렇게 처음부터 역사적 블록에 과제가 주어집니다.

원주민은 국가에 대해서 신의lealtades를 보일 뿐 아니라 무엇보다 로칼local적이고 초국가적인 신의를 품고 활동합니다. 지금 대륙 전체의 신의는 꾸스꼬에서처럼 그리고 정상회담들에서처럼 아주 강력히 성장하고 있습니다. 이것은 원주민들이 더는 타협이 불가능한 최소 수준의 프로그램을 모든 국가에 그리고 많은 나라에서 로칼 또는 국가적 수준의 모든 입후보자에게 제안하고 있음을 의미합니다. 이것이 지금 일어나고 있는 현실이며 당연히 역사적 블록의 구성은 쉽지 않을 것입니다. 이런 어려움을 극복하기 위해 내부 분열을 극복할 필요가 있다고 생각합니다. 매우 위험한 악은 극단적인 정체성주의입니다. 예를 들어, 원주민을 가장 잘 대표하는 종족은 누구인가 같은 질문 말입니다. 그런 식으로 논의를 전개하는 것은 불행으로의 초대입니다. 내부 분열, 분파주의, 고립주의에 대항하여 싸워야 합니다. 두 번째로, 창설적 운동 안에서 상호문화적 번역이 필요합니다. 단지 원주민과 유럽중심적 주민 사이에서만이 아니라 원주민 운동 안에서도 그렇습니다. 무언가를 반대하기 위한 대화, 그리고 무언가를 지키려고 하거나 제안하는 대화는 서로 다릅니다. 이런 창설적 순간에는 반대에서 제안으로 움직이게 됩니다. 이 둘은 서로 다른 대화의 방식입니다. 이 두 가지는 리더십을 강화하기 위한 새로운 정치적 교육을 요구하는 서로 매우 다른 유형의 능력들입니다.

이제 나는 민주주의와 국가라는 중요한 두 주제에 대해서 논의를 시작하겠습니다. 자유민주주의는 여러 가지 이유에서 매우 낮은 수준의 민주주의라고 말하고 싶습니다. 자유민주주의는 정치적 평등의 조건을 보장하지 못하고 참여를 투표행위로만 위축시킵니다. 다시 말해 정치참여를 취약하게 하고 개인 외에 다른 정체성을 인정하지 않습니다. 그러나 동시에 모순적인 의미도 가집니다. 상층부(기득권층)의 권력을 해체하는 데 유용할 수 있고 실제로 유용하다는 점 때문에 모순적입니다. 이런 일이 베네수엘라에서 일어났고 볼리비아에서 일어나고 있습니다. 하지만 새로운 정치적 합의를 만들어낼 수 없습니다.

다시 말해, 자유민주주의의 원칙들을 거부하지 않으면서 민주주의의 새로운 형식을 발명해야만 합니다. 두 개의 축을 가지는 더 넓은 개념 안에 이 원칙을 통합시켜야 합니다. 첫 번째는 대의민주주의의 반헤게모니적 사용입니다. 즉, 선거민주주의를 훼손함이 없이 더 넓은(깊은) 민주주의를 위해 투쟁함을 말합니다. 이것이 중남미 대륙의 최근 투쟁의 교훈입니다. 두 번째는 상호문화적 민주주의를 창조하기 위해 참여민주주의의 새로운 형식을 발전시키는 것입니다. 상호문화적 민주주의에서는 논쟁과 결정의 규칙이 다문화적입니다. 단일문화적 논쟁과 결정의 과정에서는 상호문화적 민주주의가 존재하지 않을 것입니다.

볼리비아에서 제헌의회를 위한 정치적 합의가 투표와 '사용과 관습'[8]에 의한 이중의 대의를 폐지했을 때, 그것이 실제로는 상호문화적 문제를 해결하는 '단일문화적' 방식이었다고 이야기해야겠습니다. 이는 상호문화적 과정에 대단히 나쁜 원칙을 적용한 사례입니다. 상호문화적 민주주의는 포용의 형식이 곧 배제의 형식일 수 있다는 생각에서 출발합니다. 예를 들어, 투표를 긍정적인 방식으로 행사할 조건 속에 있지 못한 사람이 투표를 하게 하는 것이 그러한 사례입니다. 그렇다면 언제든지 논쟁의 규칙이 정의되지 못할 때는 포용의 형식이 배제의 형식이 될 수 있습니다. 예를 들어, 만일 과도기적 기간의 과정에서 적극적 조치와 긍정적 차별의 체계가 작동하지 않는다면 상호문화적이고 탈식민적인 민주주의는 없습니다. 따라서 상호문화적 민주주의는 민주적 다양성을 획득하는 것을 의미합니다.

민주주의의 형식에는 거대한 다양성이 있습니다. 그 다양성을 현재 잃어 가고 있는 중입니다. 예를 들어, 1960년대에는 유럽중심적 세계에도 대중민주주의, 대의민주주의, 참여민주주의, 직접민주주의가 있었습니다. 30년 동안에 모든 것이 사라졌습니다. 그리고 우리는 오직 대의민주주의에 대해서만 이야기하

---

8. usos y costumbres. 이 책에서 '사용과 관습' 또는 '관습과 사용'이라는 표현은 라틴아메리카 원주민의 관습법을 의미한다.

고 있습니다. 민주적 다양성을 잃었습니다. 그것을 재정복해야 합니다. 어떻게 가능할까요? 항상 상호문화성과 탈식민성의 이 중 원칙을 절합하면 됩니다.

첫째, 정치적 재현[대표]의 다양한 기준을 찾아야 합니다. 재현은 투표가 담지하는 양적인 것에 불과하지 않습니다. 물론 양적인 것이 중요합니다. 그래서 무시할 수 없습니다. 그러나 사람들의 질적인 깨우침에서, 그리고 관습과 역사에서 나오는 질적인 재현의 다른 형식들이 있습니다. 예를 들어, 사회운동은 조직하기 힘든 질적인 재현입니다. 왜냐하면, 그 재현이 새롭기 때문입니다. 그러나 질적인 재현이 현재 출현하고 있기 때문에 우리는 그 질적인 재현에 대해서 생각해야만 합니다. 매우 복잡하더라도, 거기에 정치적 형식을 부여해야 합니다. 그런데 질적인 재현이 양적 요소를 포함할 수도 있습니다. 어느 지방, 어떤 자치체, 또는 어떤 공동체에 대한 재현은 구성원의 크기 또는 영토적 분산에 따라 크거나 작을 수 있습니다. 질적인 것과 양적인 것 사이에 절합 과정이 있습니다. 이 과정이 고려되어야 합니다. 그것을 위해 정당과 사회운동 사이에 다른 절합이 또한 필요할 것입니다.

그리하여 우리는 우려스러운 마음으로 베네수엘라에서 벌어지고 있는 일을 바라보고 있습니다. 베네수엘라에서 일어나고 있는 일에 주목하기 위해서는 환 카를로스 모네데로[9]의 연구가 중요합니다. 항상 복수 정당제도가 있어야 한다고 그는 주장합니다. 왜냐하면 정당들에 문제가 있더라도 유일 정당의 결함을 가지지 않는다는 점이 매우 커다란 장점이 되기 때문입니다. 사회운동과 절합되기를 원한다면 정당들은 사회운동들을 존중하기 위해 내부적으로 변혁되어야 합니다. 두 번째, 유럽에서 유래한 참여의 형식들은 아주 큰 장점을 가집니다. 참여예산제, 주민투표, 국민투표, 국민제안, 사회적 회계감사제 등, 이 모든 것이 이미 실천되고 있는 형식입니다. 매우 다양한 방식으로 집행되고 적용될 수 있습니다. 예를 들어, 브라질 또는 포르투갈의 주민투표와 멕시코 치아빠스의 그것을 비교해보면, 두 경우는 매우 다를 것입니다. 그러나 분명히 주민투표임이 틀림없고 참여의 매우 광범한 형식임이 틀림없습니다. 따라서 유럽 중심적 형식이 있고 원주민 중심적인 민주적 참여 형식이 있습니다. 이 둘이 서로 어떻게 풍요롭게 조화를 이루는지 보기 시작해야 합니다. 상호적 풍요의 가능성은 진보적 상호문화성의 특징입니다.

상호문화적 민주주의는 다른 특징도 가지고 있습니다. 매우 광범한 공공 공간의 개념을 가지고 있고, 공공 공간에서는 모든 권리가 근본적입니다. 토지, 물, 식량 주권을 위한 투쟁은 시

---

9. [옮긴이] Juan Carlos Monedero. 1990년대 이후 라틴아메리카의 새로운 좌파적 변혁(예를 들어, 차베스 혁명)에 직접 참여하였고 보아벤투라의 정치적 생각을 이해하는 데 도움을 주는 사람이다. 스페인의 새로운 좌파 정당인 〈포데모스〉의 2인자로 활동하고 있으며 마드리드 꼼쁠루텐세 대학교의 정치학 교수이다.

간이 갈수록 중요해지고 있습니다. 자원, 숲, 전통적 지식을 위한 투쟁은 민주적이어야 합니다.

기원을 볼 때 자유주의 국가라는 개념은 봉건적이고 전근대적인 권력의 사용과 관습에 대항해서 싸우기 위한 부르주아의 조직 개념이었습니다. 따라서 민주주의, 국가, 근대적 입헌주의는, 봉건적 권력의 사용과 관습에 대항해서 싸우는 투쟁이라는 점에서 동질적입니다. 근대사회와 함께 위와 같은 [봉건적] 권력의 사용과 관습이 사라지리라 보는 다른 관점들도 있었지만, 우리가 알다시피 그런 일은 일어나지 않았습니다. 왜 근대국가들이 민주주의에서 독재로 전환되면서도 종종 행정 제도에 있어서는 전혀 바뀌지 않는지 여러분은 아주 잘 이해하고 있을 것입니다. 그 이유는 독재는 국가 그 자체와 동거 관계에 있기 때문입니다.

여러분과 나누고 싶은 첫 번째 생각은 국가의 '실험적' 성격에 대한 것입니다. 우리는 오늘날 상호문화적이고 탈식민적인 국가를 통치할 분명하고 완전한 기획을 준비하기 위한 조건을 가지고 있지 않습니다. 따라서 실험적일 수밖에 없습니다. 이 실험은 두 수준에서 움직여야 합니다. 즉, 국가의 제도성의 수준과 국가의 영토성의 수준에서 움직여야 합니다. 이것은 새로운 입헌주의를 의미합니다. 왜냐하면 내가 말했듯이, 근대 입헌주의는 상호문화적이고 탈식민적인 입헌주의와는 상충하는 '동일성의 제국'이기 때문입니다.

이 시점에서 모든 형식을 갖출 수는 없습니다. 왜냐하면 더군다나 많은 경우 혼합 형식, 즉 통치성, 제도성, 영토성의 혼종적 형식이 될 것이기 때문입니다. 이것은 무엇보다 많은 질문이 열려있다는 것을 의미하며, 그 이유는 한순간에 전부 해결될 수 없기 때문입니다.

우리는 남아프리카공화국에서, 1990년대의 남아프리카공화국 헌법에서 좋은 예를 찾을 수 있습니다. 그 당시 모든 것이 해결될 수 없고 많은 질문을 헌법재판소에 보내기로 결정한다는 결론에 도달했습니다. 그것을 그대로 여기서 적용한다는 것은 아닙니다. 볼리비아의 현재 조건에 그대로 적용될 수 없습니다. 나는 이런 종류의 헌법적 과정을 위한 절차 중의 하나가, 상호문화성과 탈식민성을 실제로 감당할 수 있는 적절하고 진보적인 '헌법재판소'를 하루빨리 고안해내는 것이라고 봅니다.

우리가 이 대륙에서 찾을 수 있는 가장 분명한 사례는 콜롬비아에서 헌법제정의 초기 국면에 나타난 헌법재판소입니다. 그것은 어떤 점에서 모순적이었습니다. 매우 개방적인 새로운 제도성을 창출하기 위한 흥미로운 사례였고 실험적이었습니다.

포르투갈에서 있었던 실험주의의 사례를 들어본다면, 사회주의 정부는 기본소득이라 불리는 것을 창설하기로 결정했습니다. 그것은 노동자건 실업자건 모든 사람이 가져야만 할 돈의 양으로 구성됩니다. 그러나 매우 복잡한 해결책이었습니다. 그래서 1년 동안 약 3천 5백 가구에 대해 실험적 방식으로 적용했습니다. 그리고 1년 뒤에 평가를 했습니다. 그리고 전국에 적용했습니다. 실험적 방식으로 정책이 도입된 사례입니다.

내 생각에는 이 과정이 두 개의 이유 때문에 장점을 갖는 것 같습니다. 하나는 정치 세력들이 평생 또는 30년간이 아니라 3~4년간 결정할 수 있다는 것을 잘 알게 됩니다. 다른 하나는 제헌권력이 계속 살아있게 만드는 장점이 있습니다. 왜냐하면, 헌법은 한번 제정이 되면 제헌권력이 제정권력으로 변화되고 제헌권력으로서의 특징을 상실하게 되기 때문입니다. 그러므로 그 과정, 제헌권력을 유지하는 것이 매우 중요합니다.

이제 제도성의 범주로 들어갑시다. 나는 법다원주의el plural-ismo jurídico 또는 원주민의 자율적 사법에 집중하겠습니다. 나는 이 범주에 있어서 법다원주의가 탈식민성과 상호문화성의 상황에서 매우 중요하다고 생각합니다. 왜냐하면, 법다원주의가 통합성과 다양성 각각이 지닌 한계를 보여주면서 양자를 절합하는 가장 좋은 방법이자 아마도 가장 분명한 방법이기 때문입니다. 여기서 원주민적 정의, 유럽중심적 정의 이런 식으로 완전히 구별되는 정의는 없습니다. 왜냐하면, 그럴 경우 국가가 가져야 할 최소한의 통합성이 파괴되기 때문입니다. 절합이 있어야 하고 그것이 결정적입니다. 예를 들어, 형법의 영역에서 절합이 있을 수 있습니다. 첫 번째 원칙은, 헌법재판소에 대한 적절한 공소 제기가 가능할 때 원주민적 사법의 자율성이 파괴되지 않고 손상되지 않을 것이라는 점입니다. 헌법재판소는 헌법상의 다양성을 가집니다. 즉, 헌법재판소는 상호문화성과 탈식민성의 원칙에 의거하여 법률을 해석할 것이 요구됩니다. 이런 예는 많이 있지만 콜롬비아의 예를 들어봅시다. 사람들이 원주민 시의회에 판결을 요구했지만, 원주민 재판정의 결정에 불만을 가진 일부 사람들이 헌법재판소에 소를 제기하기로 했습니다. 원주민 재판정의 결정에 대한 불만의 이유는 사람들이 변호사에 의해 대표되지 않았기에 정당한 재판이 아니라는 것이었습니다. 헌법재판소의 재판관들은 변호사가 없었다고 할지라도 정당한 재판이 행해졌다고 결정했습니다. 왜일까요? 재판에 동행한 가족들이 있었기 때문입니다. 사회학자들이 지적하듯이, 동행 가족들이 변호사에 상응하는 기능을 가지기 때문입니다. 이런 조건에서는 정당한 재판을 상호문화적 방식으로 이해하였던 것입니다.

두 번째 원칙은, 최소한의 복잡성을 가진 공동체들조차도 내부에 소수자가 존재한다는 점입니다. 크리오요 소수자일 수도 있고 다른 종족 또는 다른 언어 집단일 수도 있습니다. 나는 좀 더 복잡한 사법적 영역들에는 유럽중심적 사법과 원주민적 사법이라는 두 개의 사법이 존재한다고 생각합니다. 여기서 해결해야 할 문제가 있습니다. 예를 들어, 원주민 사법이 아니라 유럽중심적 사법 또는 공식적 사법에 따라 처리하기를 원하는 원주민이 있을 수 있습니다. 그때는 그 사람이 자신의 선택이 가져올 결과를 받아들이고 직접 선택하도록 해야 합니다. 원주민적 사법을 받아들이기를 거부하는 그 원주민은 아마 원주민 공동체로부터 추방될 가능성이 크다는 것을 알고 있을 것입니다. 원주민공동체는 법적 권리의 공동체이기만 한 것이 아니라 의무의 공동체이기도 하기 때문입니다. 이렇게 국가의 복수문화적, 탈식민적 제도성이 매우 중요합니다.

영토성과 관련하여 각각의 복수문화적 사회는 자신의 역사를 갖고 있고 서로 다른 고유의 정치적 해결책을 찾아야만 합니다. 우리는 단일성을 다양성과 결합하는 것이 필요함을 알고 있습니다. 그리고 우리는 영토의 동질성이 항상 허구였고 오직 군부만이 이를 진지하게 고려해왔다는 것을 알고 있습니다. 그러므로 이질성이 있는 그대로 인정되어야 하는데, 현재 시점에는 이질성이 정치적 형식을 가지고 있지 않습니다. 앞으로 나아가기 위해 우리는 무엇을 할 수 있을까요? 나는 한 가지 생각을 제출하겠습니다. 첫째로 자치autonomía와 자결autodeterminación의 형식을 구별해야 합니다. 자치는 행정 분권화의 과정과 연관됩니다. 자결은 아주 강한 정치적, 문화적 구성요소를 가집니다. 탈식민성의 다양한 기하학은 비원주민 주민에게는 자결성이 없어야 하고 오직 원주민 주민만이 자결성을 가질 수 있다고 봅니다. 그러므로 우리에게는 두 가지 자치의 형식이 있습니다. 행정적 자치의 형식과 자결성의 자치의 형식[10]입니다.

---

10. [옮긴이] 행정적 자치의 형식과 자결성의 자치의 형식은 서로 다르다. 전자의 경

이 다양한 기하학은 상호문화성과 탈식민성을 결합해 줍니다. 영토적 해결은 모든 형태의 공동체와 모든 지방에 동일하게 적용될 수 없습니다. '적극적 조치'와 '긍정적 차별'을 요구하는 탈식민성의 원칙에 반하게 될 것이기 때문입니다. 자치는 서로 다른 수준에서 존재할 수 있습니다. 더 넓은 면적의 자치체가 다른 작은 자치체를 내부에 포함하는 것도 생각할 수 있습니다. 따라서 자치는 부분적으로도 적용될 수 있는 관점이라고 생각합니다. 새 헌법은 실험적으로 하나의 공동체, 하나의 지방, 하나의 지역에 2년간 새로운 자주 결정의 형식을 적용할 수 있습니다. 그리고 어떤 일이 일어나는지 보는 것입니다. 왜냐하면, 아무도 확실한 처방을 갖고 있지 않기 때문입니다. 특히 정치가들은 아래로부터의 국가에 대한 지식을 가지고 있지 않습니다. 정치 엘리트와 시민 사이의 심원한 균열은 정말 큰 문제입니다.

사회운동은 노력하고 있습니다. 사회운동은 위로부터의 시각과 아래로부터의 시각 사이에서 충돌이 벌어지는 곳에 위치합니다. 공동체는 서로 섞여 있고 동질적이지 않습니다. 이미 언급했듯이 상호문화성을 기초로 설립된 각각의 공동체, 각각의 자율 조직은 상호문화성을 그들의 핵심부에서 적용해야 합니

우는 과테말라 등에서 볼 수 있는 것으로 원주민의 자치권을 행정적으로는 보장하나 실제로 원주민의 자주적 결정권을 인정하지 않는 경우이다. 즉 중앙 정부와 원주민의 자치 정부 사이에 위계 서열이 분명한 것이다. 이에 비해 볼리비아의 경우 양자 사이에 수평적 관계를 설정한다. 이런 비전이 바로 상호문화성이다.

다. 상호문화적 구성체로 인정된 만큼 단일문화적이어서는 안 됩니다. 다른 한편, 탈식민성의 원칙은 영토 내의 모든 소수자를 동등하게 대우할 것을 요구하고 있습니다. 그러나 일부는 '적극적 조치'의 대상이 되어야 합니다.

마지막으로 나는 새로운 영토성과 연대의 문제를 언급하겠습니다. 특히 탈식민적 원칙은 무엇보다도 우리가 과거 국민적 연대의 거친 잘못을 인정하게 합니다. 첫 번째, 자연자원이 제공하는 수익과 혜택의 배분에서 역사적 부정의가 있었음을 인정해야 합니다. 두 번째, 탈식민적 시각은 수익과 혜택의 배분에 있어서 국민적 연대가 어떤 '긍정적 차별'을 할 것을 요구합니다. 이것은 여기 볼리비아와 나이지리아에서 현재 적용되고 있습니다. 특히 나이지리아는 매우 뚜렷한 사례입니다. 그러나 어떤 것도 국민적 연대를 해치지 않습니다. 내가 많이 접촉한 원주민 운동 참여자들의 경우, 그들이 결코 국민적 연대라는 생각을 거부하지 않았다는 점이 흥미롭습니다. 그들은 결코 긍정적 차별의 가능성을 거부하는 것이 아닙니다. 위로부터의 협상되지 않은 그리고 역사적 부정의를 인정하지 않는 국민적 연대를 그들은 거부합니다.

결론적으로 다양하다는 것이 통약불가능성을 의미하지 않습니다. 그리고 통합된다는 것이 단일하게 됨을 의미하는 것도 아닙니다. 또한 평등은 동일과 같지 않습니다. 불평등한 것이 반드시 불공정한 것도 아닙니다. 차이로 인해 우리가 열등하게 취급될 때 우리는 평등을 주장할 권리가 있습니다. 그리고 평등이 우리의 대륙적 특성을 빼앗아 갈 때 우리는 차이를 주장할 권리가 있습니다. 오늘날 국가 정체성은 초국적, 대륙적, 로칼^{local} 정체성 없이 분석될 수 없습니다. 복잡성은 주어진 한 문화의 구성원이 다른 문화를 인정할 준비가 되어 있을 때 자신의 문화도 존중받을 수 있다고 느끼는 것과 관련이 있습니다. 원주민 문화와 백인 크리오요 문화의 관계를 예로 들 수 있겠습니다.

상호 인정은 과거의 상호 불인정을 고려해야 합니다. 그리고 내가 항상 이야기하듯이 역사적 부정의에 대한 불인정도 고려해야 합니다.

이것은 지속적인 과제입니다. 그러나 한 가지 분명한 것은 근대국가와 민주주의는 최소한의 정치적 안정조차 만들지 못한다는 것입니다. 우리는 이중성 또는 이분법의 상황에 놓여있습니다. 고도의 상호문화성 및 탈식민성을 장착한 민주주의를 택할 것인가 아니면 야만을 택할 것인가의 이분법 말입니다. 우리는 복수문화적, 탈식민적 국가를 발명해야 합니다. 그렇지 않으면 오늘날보다 더 나쁜 최악의 상황을 마주하게 될 것입니다. 따라서 우리는 모두 차이를 간직한 채 연대감을 가지고 투쟁해야만 합니다. 위대한 목표는 파편화를 피하는 것이기 때문입니다. 우리의 차이가 분열을 가져온다면 우리는 취약해질 것이고 야만으로 진입할 것입니다. 이것은 우리가 견딜 수 없는 것입니다. 그리하여 우리는 여기에 모여 있습니다. 대단히 감사합니다.

토론

질문   선생님께서는 상호문화적 민주주의를 말씀하십니다. 그런데 이것을 쿠바에 있는 단일정당과 연결 짓고 베네수엘라에도 적용하는 것입니까? 또한 야만과 문명의 관계에 대해서도 그 관점을 확장하는 것인지요?

질문   저의 첫 번째 지적은 다음과 같습니다. 볼리비아의 경우와 아르헨티나와 같은 다른 나라에 실험주의라는 생각은 적용될 수 없다고 봅니다. 이들 나라의 시민사회는 안정을 원하는 것이 분명한데, 에보 모랄레스 집권 1년을 돌이켜보면, 예를 들어 석유 정책 등의 실험적인 정책들은 분명한 안정성이 없는 것으로 시민사회에 의해 비판받고 있습니다. 두 번째, 원주민 자치를 생각할 수 없다고 봅니다. 물론 통계에 의하면 인구의 다수는 원주민이 차지하고 있습니다. 그리고 메스티소[11]도 많

11. [옮긴이] Mestizo. 라틴아메리카 문화를 이해하기 위해서는 메스티소에 대해서 아는 것이 필수적이다. 메스티소는 정복자인 스페인계 아버지와 피정복자인 원주민계 어머니를 둔 혼혈인인데 라틴아메리카인의 대부분을 차지한다. 이로부터 두 가지 인문학적 아이디어가 파생된다. 하나는 경계인의 의미이고 또 하나는 문화적 혼종성으로, 생물학적이고 유전적인 의미에서만 혼혈인 것이 아니라 문화도 섞여서 제3의 독특한 정체성을 라틴아메리카인이 형성했다는 것이다. 이는 '우월한' 유럽문화가 원주민 문화를 완전히 복속시킨 것이 아니라 표면적으로는 그렇게 하였지만, 심층적으로는 원주민 문화가 생생하게 살아있어 공동체성이 강한 이유를 설명해준다. 기계적으로 원주민 문화를 계승하는 것도 아니다. 유럽문화의 강점인 비판적 이성을 자기 것으로 만들어

습니다. 어떻게 그리고 누가 자치의 방식을 제기하고 추진할 수 있습니까?

질문 저는 두 가지 지적을 하고 싶습니다. 하나는 다문화성이라는 주제를 다루는 방식에 대해서입니다. 왜냐하면, 이 용어는 원주민 운동이 제기한 해방의 내용을 삭제하는 쪽으로 우리를 이끌어갈 수 있는 정치적 함의를 가진다고 보기 때문입니다. 저는 약간 위험한 방식으로 이야기하려 합니다. 원주민들이 현재 펼치고 있는 주장을 전유하려는 낡은 행위자들이 재등장할 수도 있다고 봅니다. 다른 하나는 이런 종류의 논의 과정을 전진시킬 수 있는 정치적 수단의 문제입니다. 물론 저는 우리가 제기하는 모든 것이 아직은 유동적인 모래판 위에 있다는 선생님의 의견에 동의합니다. 왜냐하면 선생님께서도 말씀하셨듯이, 이런 종류의 국가는 오직 실험적일 수밖에 없기 때문입니다. 좀 더 깊이 숙고해야 할 것입니다. 감사합니다.

보아벤투라 드 소우자 산투스 질문과 의견에 대해 답변하겠습니다. 첫 번째 질문에 대해, 야만은 본원적 축적[12]의 원칙들을

유럽문화와 다른 독특함을 유지하는 것이다.

12. [옮긴이] 마르크스가 『자본론』 1권(하)(김수행 옮김, 비봉출판사, 2015)에서 지적한 자본의 소위 '시초축적'과정을 말한다. 자본주의의 인종주의적, 식민주의적 성격을 보여주는 역사적 과정으로, 유럽이 라틴아메리카에서 야만적으로 약탈하여 축적한 과정이 포함된다.

기술적으로 부르는 용어라고 봅니다. 다시 말해, 가치들의 전유가 최소한의 규범도 없이 이루어지고 최강자의 권력이 항상 모든 나머지 사람 위에 군림하는 것이 야만이지요. 바로 정치적 연대가 없는 근대국가와 민주주의 제도성의 형식입니다.

나는 근대사회와 자본주의가 원래부터 아주 강한 야만적 속성과 매우 큰 파괴적 속성을 가지고 있다고 생각합니다. 다만 이것이 사회적 투쟁을 거치면서 조금 순화된 것뿐입니다. 자세히 이야기할 시간은 없지만 자유로운 국가와 자유민주주의는 서로 모순되는 개념입니다. 국가와 민주주의에서 오늘날의 투쟁과 같이 우리가 참여하는 투쟁 과정에 의해 많은 것이 이루어집니다. 신자유주의는 자본으로부터 (민족주의적인) 정치적 연관성을 제거하려 합니다.

우리는 다국적 기업이 가지고 있는 것 같은 정치적 연결을 가지고 있지 못합니다. 물론, 국제법이 있습니다. 그러나 그것은 매우 약합니다. 그 예를 아프가니스탄에서, 이라크에서 보았습니다. 매번 더 강력하게 정치적 연결 고리를 파괴하는 것이 바로 야만입니다. 왜냐하면 정치적 연결이 최강자의 권력을 여하간 견제하기 때문입니다. 최강자의 권력이 견제받지 않을 때 우리는 야만을 마주합니다. 내가 지금 이야기하는 것은 예를 들어, 물과 같은 공공서비스가 민영화[13]될 때 야만의 형식이 만들어

---

13. [옮긴이] 물이라는 공공서비스의 민영화 문제는 바로 2000년 상반기 볼리비

진다는 것입니다. 오늘날 남아프리카공화국에서 매우 심각한 상황을 목격하고 있습니다. 이 나라는 물을 민영화하기로 했습니다. 그런데 사람들은 물값을 지불할 돈이 없습니다. 그런데 물 없이는 살 수 없습니다. 그래서 국가가 개입했습니다. 하지만 물을 국유화하지 않을 것입니다. 왜냐하면 남아프리카공화국은 신자유주의 국가이고 이들은 결코 민영화를 원상복귀하지 않을 것이기 때문입니다. 그러면 이 문제를 어떻게 해결할 수 있을까요? 야만은 예를 들어, 물을 통제하는 회사처럼 최강자의 권력이 아래와 같이 이야기할 때입니다. "만일 네가 돈을 못 내면, 나는 서비스를 끊는다. 물을 주지 않을 것이고 너는 죽을 것이다." 기업가와 노동자 사이에 노동계약만 있고 노동자를 보호할 노동법이 제대로 갖춰져 있지 않다면 그것은 야만적 상황입니다. 나는 이 야만적 상황을 '사회적 파시즘'[14]이라고 부릅니다.

아의 코차밤바가 너무 고통스럽게 겪었고, 코차밤바의 다중은 이에 대한 투쟁을 성공시켰다. 이 투쟁을 "물 전쟁"이라고 부른다. 민영화 시도는 다음과 같이 진행되었다. 세계은행과 다국적 기업인 벡텔사가 주도하여 당시 볼리비아 대통령과 계약을 체결하고, 미국, 스페인 회사와 볼리비아 회사가 참여한 컨소시엄이 만들어졌다. 그러자 갑작스러운 수도요금 상승에 분노한 볼리비아 대중이 자녀들의 등교를 거부하고 병원 진료를 거부하는 등의 저항운동에 돌입했다. 계엄령이 발동되고 탄압으로 유혈 희생자가 생겼지만, 저항은 계속되었고 국가 경제가 붕괴하는 위기에 처하자 볼리비아 정부가 계약을 무효화시켰다. 벡텔사는 소송을 걸었고 배상을 요구했다. 그러나 이 소송으로 오히려 볼리비아와 해외의 반신자유주의 사회운동 세력이 결집하게 되어 캐나다에서 다큐멘터리 영화가 제작되는 등 강력한 전 지구적 항의가 일었고, 결국 벡텔사가 소송을 취하했다.

14. [옮긴이] 이 용어는 신자유주의의 의미를 이해하게 해주는 보아벤투라의 아

우리는 정치적으로 민주주의이고 사회적으로 파시즘인 사회를 향해 나아가고 있습니다. 갈수록 최강자가 최약자를 지배할 권력을 더 많이 가지기 때문입니다. 과거에 존재했던 규제들이 없어지고 있기 때문입니다. 그렇기 때문에 국가, 민주주의, 사회해방을 재발명할 필요가 있습니다.

정당과 관련해서 이 문제에 대해 내가 생각하는 바를 말씀드릴 시간이 없었습니다. 우선 맥락을 잘 보아야 합니다. 나는 분명히 쿠바의 투쟁에 대해 매우 연대적입니다. 그러나 쿠바는 아주 특수한 역사적 맥락을 가지고 있습니다. 즉 각각의 사회는 자신의 역사적 과거를 지니고 있고 고유의 문제를 해결해야만 합니다. 나는 쿠바가 해결하는 방식이 볼리비아 또는 베네수엘라와 동일할 것으로 생각하지 않습니다.

자신의 고유한 맥락에 맞게 해결해야 하고 실제로 그렇게 하고 있습니다. 지금 쿠바에서는 앞으로 어떤 방향으로 나아갈 것인지를 두고 우리가 보통 생각할 수 있는 것보다 많은 논쟁이 벌어지고 있습니다. 여러분의 지적이 옳습니다. 30년, 40년 동안 이 나라에 부과된 수출금지 조치가 큰 타격을 가했지만, 그보다 더한 어려움은 그들이 언제나 위협 속에서 살았다는 점입

주 중요한 창의적 개념이다. 즉 과거 히틀러의 파시즘이 '국가 파시즘'이라면 현재의 신자유주의는 사회 자체를 야만화 또는 파시즘화한다고 지적한다. 과거의 국가 파시즘과의 차이점은, 사회적 파시즘하에서는 미디어가 시민을 '소비주의'를 통해 길들이기에 사회개혁과 사회변화가 어렵다는 점이다.

니다. 예를 들면, 여기서 여러분은 제헌의회를 추진하고 있지 않은가요? 그런데 쿠바에서 이는 거의 상상하기 어려운 일입니다. 시도하는 즉시 미국에 의해 모독을 당하기 때문입니다. 여러분은 미국으로부터 불과 70킬로미터밖에 떨어져있지 않은 상황을 상상할 수 없을 겁니다. 더군다나 마이애미에는 적대적이고 강한 공동체가 있습니다. 이런 것들이 쿠바의 고유한 상황입니다.

다른 한편, 내가 베네수엘라와 연대하는 것은 분명합니다. 여러 번 이에 대해 확실하게 밝혔습니다. 하지만 볼리바리안[15] 혁명은 여러모로 위험이 많습니다. 우선 정치적 과정들이 쉽게 타락할 수 있습니다.[16] 21세기 사회주의는 제한 없는 민주주의일 것임을 생각해야 합니다. 다시 말해서, 가정, 거리, 공동체, 공장, 기업, 국가에서 급진적인 민주주의적 과정이 전개될 것입니다. 하지만 현재 우리는 자유민주주의를 살고 있습니다. 이는 전제주의의 군도 안에 있는 하나의 민주주의 섬입니다. 우리는 현재 가정의 전제주의, 공동체의 전제주의, 공장의 전제주의, 거리의 전제주의에 둘러싸여 있습니다.

---

15. [옮긴이] 볼리바리안 혁명은 차베스 혁명을 가리킨다. 베네수엘라의 독립 영웅인 시몬 볼리바르의 정치사상을 이어받는 혁명이다. 보아벤투라가 볼리바리안 혁명을 위험하다고 지적한 것은 보아벤투라가 점진적, 실험주의적 개혁을 중요하게 생각한다는 점을 드러내는 것 같다.
16. [옮긴이] 보아벤투라는 베네수엘라의 차베스 혁명에 위태로운 지점들이 많다는 것을 지적하고 있다. 특히 쉽게 '타락할 수 있다'는 지적은 현재의 위기 상황과 연관하여 매우 날카롭고 예지적이다.

브라질의 리우데자네이루와 상파울루의 거리에서 일상적으로 일어나는 일을 보십시오. 그것이 바로 거리의 '사회적 파시즘'입니다. 나는 말합니다. 우리는 베네수엘라의 헌법 과정이 하나로 통합된 정당으로 또는 어떤 통합된 방식으로 나아가지 않도록 돕고 싶습니다. 왜냐하면, 이것은 정체성의 문제를 야기하기 때문입니다. 오늘날 통합에 매진하는 것은 사실 다양성에 매진하는 것이어야 하기 때문입니다. 어떤 사람이 볼리바리안 혁명을 지지할 수는 있습니다. 그러나 공산당에 소속되지 않고 또 공산당을 싫어할 수 있습니다. 또는 사회주의자가 아닐 수 있고 다른 정치적 정체성을 가질 수 있습니다. 많은 나라에서 공산주의자가 되는 것은 정치적 정체성이 아닙니다. 예를 들어, 우리나라[포르투갈]에는 매우 강한 정치적 정체성이 있습니다. 공산당이 해산될 수 있으리라고 아무도 상상하지 않았습니다. 해산되어 다른 정당에 가입하게 되리라고도 상상하지 않았습니다. 내가 강조하고 싶은 것은 각각의 역사적 궤적과 정치 문화를 존중해야 한다는 것입니다.

세 번째 질문은 다른 질문도 그렇지만 아주 훌륭한 질문입니다. 사실 옳은 말씀입니다. 한편에서 우리는 실험주의를 인정합니다. 그러나 다른 한편, 긴급성을 강조하게 됩니다. 부정의가 너무 심해서 문제 해결을 대단히 신속하게 할 필요가 있기 때문입니다. 그리고 또 확실성에 집중하게 됩니다. 내 생각에 이것이 정치적 과정의 근본 요소 중 하나인 것 같습니다. 위대한 정치가는 이것을 잘 다루는 사람입니다. 즉 실험주의가 이 순간의 가능한 확실성이라는 것을 아는 사람입니다. 따라서 그 이상 갈 수 없다는 것도 아는 사람입니다. 이것을 잘 다루어야 합니다. 특히 사회적 소통을 잘해야 합니다. 내가 보기에 이 나라는 정부가 사회적 소통을 잘하지 못하는 것 같습니다. 사회적 소통에 적대적이어서가 아니라 메시지를 잘 전달하지 못하는 것 같습니다. 그런데 이것은 '상징적' 정치에서 아주 중요합니다.

또 중요한 것은 메스티소의 정체성입니다. 많은 나라에서 그 중요성이 확인됩니다. 흥미롭게도 몇몇 나라에서 메스티소의 정체성은 사회적으로 긍정적으로 인식되고 있습니다. 예를 들어, 페루에서는 현재 '촐로'[17]라는 정체성이 긍정적으로 여겨지고 있습니다. 그런데 과거에 촐로는 다소 경멸 어린 시선을 받았다고 들었습니다. 메스티소, 물라토, 아프리카계 후손도 마찬가지였습니다. 현재 우리는 두 개의 과정을 목격하고 있습니다. 하나는 메스티소의 문화적 동일화의 과정에서 이들이 원주민적인 것 또는 흑인적인 것과 동일해지고 있다는 점입니다. 예를 들어, 브라질에서 물라토 또는 유색인종은 서로 동일시됩니다. 그러나 나처럼 피부가 백인인 사람도 국가 통계적으로 흑인으로 분

---

17. [옮긴이] 촐로(cholo)는 페루에서 안데스 산악지대 출신의 원주민계 혼혈인을 가리키는 용어인데 과거에 오랫동안 해안가 도시들(예를 들어, 수도인 리마)에서 무시당하고 차별받았다고 한다. 1920년대에 활동한 페루의 유명한 시인인 세사르 바예호도 촐로였다.

류됩니다. 복잡한 동일화의 과정이 있는 것입니다. 다른 하나는 이런 경계적 정체성을 상호문화성과 다문화성의 맥락에서 보호할 필요가 있다는 점입니다. 흥미롭게도 메스티소 주민은 어느 순간 정체성의 위기를 겪습니다. 사실 민주주의와 국가의 제도 또한 혼종적입니다. 다시 말해, 메스티소 주민을 제외하고 모든 것이 뒤섞입니다. 그리고 어떤 방식으로도 원래 그대로 인정되지 못합니다. 이것은 해결하기가 어려운 역사적 과정입니다. 특히 메스티소 주민이 정체성의 위기 때문에 조직적으로 커다란 약점을 가지고 있으므로 이런 일이 일어난다고 생각합니다. 물론 상호문화성은 원주민적인 것에 집착하는 각자의 고유한 상호문화성을 변화시킬 수도 있습니다. 나의 친구이자 콜롬비아 원주민 지도자인 로렌소 두엘라스는 콜롬비아의 상원의원이었고 원주민 운동을 했는데 나에게 그는 상호문화성이 아마도 스페인인들이 실제로 이룩하지 못한 것, 즉 원주민 정체성을 파괴하는 결과를 초래할지도 모른다고 이야기했습니다. 이것은 정말로 위험한 일입니다. 그러나 일반적으로 말해서 순수한 정체성이란 것은 없으며 오직 상호문화성만이 존재합니다. 내가 아마존 밀림의 원주민인 티꾸나 족과 이야기할 때 나는 그들의 많은 정체성과 이야기하는 것입니다. 물론 그들에게는 매우 강한 정체성이 있는데 그것은 상호문화적입니다.

나는 상호문화성이 탈식민성과 결합될 때 이 문제가 해결되리라 생각합니다. 왜냐하면 그런 방식으로 권력관계가 매우 분명해지고 적극적 조치도 가능해지기 때문입니다. 그러나 이를 위한 분명한 정치적 형식은 존재하지 않습니다. 즉, 창설적 행동이 될 수밖에 없습니다. 그런데 그것이 복잡하기에 많은 사람이 쉽게 포기할 수 있습니다. 참여하는 사람들 즉 총회[18] 회원들이 아마도 혼란스러워할 것이기 때문입니다. 그렇게 혼란스러울 때는 단순한 해법으로 나아가기 쉽습니다. 그렇지만 단순한 해법은 항상 과거에 갇혀 있게 되고 미래를 위한 해법이 되지 못합니다. 단순한 것, 습관적인 것은 잘 아는 것이며, 그런 식으로 우리는 같은 자리에 머물게 됩니다.

---

18. [옮긴이] 라틴아메리카 문화에 대한 이해에서 핵심어 중 하나가 동네 공동체의 직접민주주의 문화다. 즉 어느 나라에서든 라틴아메리카에서는 가난한 대중이 거주하는 동네일수록 동네 공동체의 주요한 의사결정을 모든 주민이 모이는 총회를 열어 만장일치로 의결하는 문화가 있다.

2장

21세기 대학에 대한 토론

국립 종족학 민속 박물관 MUSEF

2007년 3월 27일

주제 : 대학에 대한 신중한 변혁적 성찰의 필요성

루이스 타피아의 모두 발언

대학은 사회와 국가를 재구성하고 그에 대한 대안을 생산하는 공간이 될 수 있고 실제로 그래왔습니다. 그렇지만 대학은 또한 역동적, 성찰적으로 개혁하지 않고 과거로부터 이어져온 시간 흐름을 그대로 따라가기도 합니다. 이런 일이 볼리비아의 일부 대학과 여러 나라에서 일어났습니다. 대학은 변화해왔습니다. 그러나 내부 개혁과 숙고 과정의 결과로 변화한 것이 아니라 사건들의 힘을 그대로 따른 결과였습니다. 그러다 보니 아직 더 성찰적이고 숙고된 방향으로 나아가지 못했습니다. 최근에 사회적, 정치적 주체들이 국가의 개혁과 대학의 개혁이 절합될 가능성을 만들어낸 것은 사실이지만, 원래 대학이 갖고 있는 혁신의 능력이 사회적, 정치적 주체의 구성을 완성하는 사회적 힘으로 변화할 가능성은 만들어내지 못했습니다.

호세 미르텐바움의 발표

이렇게 훌륭한 자리에 초대해주셔서 감사합니다. 나는 우선 변혁의 과정에서 대학이 하는 역할에 대해서 보다 열린 방식으로 성찰하는 것이 중요하다고 생각합니다. 오늘날 대학에서 점점 더 우리의 사회적, 과학적 패러다임의 많은 부분이 질문에 부쳐지고 있음은 분명합니다. 이런 의미에서 약 8년 전에 구스타보 로드리게스는 대학의 제도문화의 성격에 대한 몇 안 되는 공식적 연구의 하나인 그의 저서 『혁명에서 대학의 자율적 평가로』를 통해 토론의 장을 열었습니다. 그 책은 공립대학의 다양한 공간에 있는 우리 다수를 자극했습니다.

나는 볼리비아 공립대학의 각 공간이 다양한 사회적, 정치적 맥락에 상응하고 있음을 강조하고자 합니다. 다시 말해 신자유주의 개혁 이후 이 나라에서는 차별화 또는 사회적 다양성이 형성되었습니다. 신자유주의는 공립대학을 거의 쇼크 상태로 몰아갔습니다. 왜냐하면 〈민중민주주의연합〉[1] 정부까지는 실제로 공립대학은 정치권력과 사회적 책임을 추구하는 데 있어서 중요한 정치적 행위자였기 때문입니다.

하지만 정보의 세계화가 진전되면서 자본주의적 세계화는 일련의 매우 심대한 변화를 가져오기 시작했습니다. 성찰적 장소에 머물던 우리는 모두 기술의 진정한 차원을 이해하지 못하는 과학기술의 수동적 소비자로 위치 지어졌습니다.

저는 오늘 간단한 발표를 통해 공립대학이 1998년 위기와 함께 어떤 상황에 부닥쳤고, 지금은 어떠한지에 대해 최소한 산

---

1. [옮긴이] Unidad Democrática y Popular, UDP. 1970년대 볼리비아 군부 독재 시기 해외로 망명한 좌파 정치인들의 연합정당을 가리킨다. 이 정당은 1982년에서 1985년까지 집권하였다.

타끄루스의 관점으로부터 몇 가지 측면을 비판적으로 재구성하고자 합니다. 공립대학이 사회운동이 만들고 있는 변화를 해석하고 거기에 이론적 의미를 부여하는 중요한 행위자로 어떻게 변화할 수 있는지를 보려 합니다. 이와 관련하여 세 가지를 지적하고 싶습니다.

첫째, 세계화는 우리가 정보의 유통이 지식의 기초에 불과하다는 것을 이해할 수밖에 없게 만들었습니다. 또 우리가 우주라고 이해하는 무한한 총체성 안에서 인간 존재자의 형이상학적 지위가 무엇인지를 물리적, 정신적으로 규명하고 그것을 대학과 같은 장소에서 일련의 체계적 인식 모델로 변형해야만 한다는 것을 우리가 이해할 수밖에 없게 만들었습니다. 이것은 에드가 모린의 염려에 부응하는 것입니다. 즉 대학은 북에 있건 남에 있건 급진적 민주주의의 건설을 시작하기 위해 이것이 함축하는 모든 것을 포용하면서 글로벌 시민성을 바라보기 시작해야 합니다. 비록 어제 보아벤투라가 제시한 일련의 모순들은 그의 생각의 명료성으로 인해 매우 적절해 보이기는 하지만, 지금 급진 민주주의를 허용하지 않는 전 지구적 모순의 상황에서 지역에서부터 그것을 건설하기는 매우 어렵습니다.

고려해야 할 두 번째 요소는, 인간의 지식은 분명히 가공, 분석, 이용되는 정보의 축적 과정이라는 사실입니다. 그런데 오늘날 이런 정보는 대학 밖에서 더 많이 유통됩니다. 따라서 우리는 볼리비아의 공립대학이 처음부터 복음화되고 문명화된 대학임을 이해해야 합니다. 다시 말해, 야만적이거나 야생적인 원주민을 관리할 수 있도록 식민지 주민을 훈련하던 곳임을 이해해야 합니다.

나중에 공화국 시기에 들어와서도 우리가 반드시 식민주의를 벗어난 것은 아닙니다. 이 시기에 대학의 법적, 권위적 교육이 지속되었고, 잘못된 행동 양식이 계속되었습니다. 이런 맥락에서 교수의 권위가 대단히 높았고 진리를 말하는 사람과 그것을 듣는 사람이 수평적으로 관계 맺는 교육으로 진입하기는 매우 어려웠습니다. 이것은 절대적으로 불균등한 권력관계를 의미합니다. 가르치는 방식에 있어서 우리가 극복할 수 없었던 근본적인 문제가 여기에 있습니다.

세 번째는 적어도 볼리비아에서 대학이라는 개념은 오직 서구적 합리성, 데카르트적 논리를 통해서 세계를 파악하는 것과만 연결된다는 것입니다. 비서구적 경험에서 오는 모든 지식은 항상 배제됩니다. 이는 수천 년 동안의 문화를 통해 축적된 지식을 우리가, 우리를 둘러싼 세계를 과학적으로 해석할 가능성의 일부로 활용하지 못하고 있음을 의미합니다.

분명히 이것은 세계화가 우리로 하여금 인정하게 만드는 문제입니다. 왜냐하면, 컴퓨터 시스템과 정보 고속도로를 통해 바이트 단위로 누구나 받을 수 있는 정보의 다양체를 활용하여 지식을 구축하기 위해서는, 그 정보들이 축적되고 이론화되어야 한다는 점이 분명하기 때문입니다. 바로 이것이 우리 대학에 필요합니다. 현재 우리는 경제주의적이고 임금주의적이며 관습적인 학생과 교수 사이의 실질적으로 말해서 '노조화된' 갈등의 논리에서 벗어나지 못하는 늪에 빠져 있습니다. 우리가 앞으로 나아가지 못하게 하는 '공동경영'[2]의 구조를 말합니다. 게다가, 우리가 체험하고 있는 변화의 과정은 대학에서 유래한 것이 아닙니다. 우리는 일종의 인식적 단절을 겪고 있는데, 이는 대학이 생산하지 않았고 대학 지성이 제안한 것도 아닙니다.

나는 이미 대학은 반쯤 망했다고 생각합니다. 공립대학에는 두 가지가 필요합니다. 하나는 문제를 인식하기 시작하는 것이고 다른 하나는 문제 해결을 위해 우리가 무엇을 할 수 있는가를 보기 시작하는 것입니다.

첫째, 신자유주의는 공립대학의 개념이 의미하는 모든 것을 우리에게서 빼앗아 갔다는 의미에서, 실제로 우리를 파괴했다는 것을 알아야 합니다. 특히 대학원의 연구를 민영화했습니다. 이것은 새로운 볼리비아의 국가 전략적 필요에 따라 재구성되어야만 합니다.

여기서 문제는 볼리비아 국가가 항상 자신의 지적 자원의 하나인 대학과 불편한 관계를 맺어왔다는 점입니다. 항상 대학을 조금은 의심 어린 눈으로 보았기 때문입니다. 1955년 수크레

---

2. [옮긴이] cogobierno. 볼리비아 대학들에서 1955년부터 시작된 공동경영 체제에서는 민주주의를 강화한다는 맥락에서 교수들 외에 학생의 주권적 참여가 활발했다.

Sucre 대학교에 대학의 공동경영이 도입되었을 때, 공동경영은 볼리비아의 국가 과정을 관리할 능력을 갖춘 어떤 종류의 정치인, 관료, 지식인을 이 대학에서 배출할 것인지를 핵심에 둔 일종의 통제장치로 이용되었습니다. 그러나 신자유주의 이후 세계은행이 우리에게 요구하는 대로 효율성, 경쟁력, 항상적 자기 평가 등이 강조되면서, 위의 관계는 깨졌고 아마 그 때문에 우리는 심각하게 일종의 패러다임 혼란 속에 있는 것 같습니다.

둘째, 나는 오늘날 대학이 매우 평가 절하된 자신의 공적 이미지를 세탁하기 위해 일종의 마케팅적 어릿광대 역할을 하고 있다고 믿습니다. 효율성, 유효성, 신뢰성, 자기 평가, 근대화의 개념 등 추구하는 모든 것이 실제로 대학의 제도문화와 행동에 반영되지 못하고 있다고 봅니다. 아마 현재 볼리비아 공립대학은 (각 학부의 상아탑들이 얼마나 심각하게 봉건화되었는지 그 정도를 고려할 때) 가장 민주화가 덜 진행되고, 가장 보조금을 과잉되게 받고 있으며, 가장 파편화된 기관 중 하나일 것입니다. 만일 우리가 이런 제도문화를 가지고 있다면 어쨌든 과학적 연구를 수행하기 매우 힘들 것입니다. 또한 오늘날 지식의 문제를 해결하기 위해, 이 정부가 필요로 하는 전략 분야를 다루기도 매우 힘들 것입니다. 예를 들어, 대학은 석유 개발과 관련된 공대를 포함하고 있음에도 석유 관련 계약에 대해서 아무것도 하지 않았습니다. 그리고 법대는 제헌의회에 대해 충분히 이야기하지 않았습니다.

대학은 내가 언급하고 싶은 또 다른 최근의 주제에 대해서도 어떤 제안도 하지 않았습니다. 재무부에서 만든 매우 인공적으로 보이는 설문지가 있는데 공립대학이 중간계급과 중상계급만을 훈련하고 교육해왔다는 내용입니다. 나는 묻고 싶습니다. 재무장관은 120명 또는 130명의 학생이 들어가는 산타끄루스 대학교의 대형 강의실을 도대체 한 번도 보지 않은 것인지 물어보고 싶습니다. 그 대형 강의실에는 분명히 시골 또는 고원지대에서 온 학생들이 있었을 것입니다. 다시 말해, 그들은 매우 가난하지만 제대로 된 교육을 받고 싶어 하는 부상하는 계급 출신입니다. 같은 일이 산안드레스 국립대학교UMSA에서도 일어나고 있다고 생각합니다. 공립대학은 출신 사회계급에 상관없이, 종족적 출신에 상관없이, 동등한 조건의 시민으로, 대학 공동체의 일원으로 행동하는 젊은이들이 들어오는 유일한 장소입니다. 이 이야기는 전에 구스타보 로드리게스와도 나눈 적이 있습니다. 그 대화에서 젊은이들은 자신의 사회계급, 종족적 출신 등이 중요하지 않고 자신들은 조건의 평등성 위에서 시민으로, 대학공동체의 시민으로 행동한다고 이야기했습니다.

이 모든 것을 통해서 우리는 자율성이 아직도 매우 중요하게 강조되는 개념임을 알 수 있습니다. 따라서 제헌의회에서, 대학의 자율성을 다양한 층위에서 어떻게 증진해야 할지에 대한 토론이 열리기를 기대합니다. 다시 말해 재정 자율성만이 아니라 사상의 자유에 관해서도 자율성이 있어야 합니다. 즉 정부가 다수가 되고 대학 내에서 많은 권력을 갖게 되었을 때 부과하고 싶어 하는 유일한 사상에 반대할 수 있는 자율성 말입니다.

사상의 자유를 지키는 것은 자율성의 원칙을 지속하는 데 필요한 주요 조건 중 하나입니다. 만일 우리가 이것을 잃게 되면 우리는 심각한 문제에 봉착하게 됩니다. 더군다나 대중대학을 설립하려는 현재의 계획을 고려한다면 더욱 그렇습니다. 예를 들어 몬테로에 있는 마르셀로 끼로가 산타끄루스 대중대학을 들 수 있습니다. 이 대학들은 현재 운영 중인 공립대학, 예를 들어서, 가브리엘 레네 모레노 자치 대학 같은 곳과 경쟁하게 됩니다.[3] 경쟁을 둘러싼 조건들을 재협상, 재구조화해야 합니다. 그러나 합리성의 기반 위에서 그렇게 해야 할 것입니다.

중요한 것은 다양성 속에서 통합성을 찾는 것이 필요하다는 점입니다. 제헌의회의 틀 안에서 대학을 재조직하는 것이 필요합니다. 그리고 대학자치와 관련한 조항들을 헌법적 권리로서 특히 자치와 결합하여 어떻게 풍부하게 할지 검토해야 할 것입니다. 우리는 이 같은 개념들과 거리를 둘 수 없습니다. 매우 민감한 주제로서 비판이론을 활용하여 연구해야 합니다. 분명히 대학들이 비판이론을 실행해야만 하는 때가 왔습니다.

---

3. [옮긴이] 볼리비아에서 대중대학이 설립된 것은, 전통적으로 유럽중심적 이성과 과학을 중시하면서 비유럽 문화(원주민 문화)를 폄하하고 배제해온 대학과는 반대로 원주민의 지혜와 지식을 중시하자는 흐름의 일환이었다. 이런 새로운 흐름은 베네수엘라에서도 차베스 혁명의 영향으로 활발하다.

이런 변화의 과정에서 새로 출현하는 국가와 공립대학의 관계를 결정적으로 재정의해야 합니다. 그렇지 않으면, 정보화 테크놀로지의 세계화가 우리에게 강요하는 배움의 수준에 우리를 위치시키느라 해야 할 다른 많은 일을 할 수 없을 것이기 때문입니다.

그리하여 대학자치의 재정의는 법, 윤리적 의무, 인간적 보장의 새로운 세대라는 맥락 안에서 인식되어야 합니다. 이는 첨단 테크놀로지를 필요로 하는 일이며, 우리 대학의 심장부에서 아직 지속되고 있는 학술적, 법적 정신구조에 일련의 매우 극적인 변화를 요구하는 일입니다. 또한 고등교육과 초중등 교육, 가정교육 즉 평생교육과 고등교육 사이의 유기적 관계를 재정의해야 합니다. 우리는 이 모든 것과 매우 멀리 있습니다. 그래서 우리는 중등교육에서부터 문제들을 해결하도록 노력해야 합니다. 지식을 축적하는 방식과 관련하여 문제가 있습니다. 사람들이 문제를 해결하는 방법을 배우도록 해야 합니다.

다른 한편, 우리는 현재는 물론 앞으로도 존재할 사립대학과의 관계를 재정의해야 합니다. 이 관계를 분명히 해야 합니다. 더군다나, 지역과 대륙 그리고 세계적 대학 네트워크와 국가 대학체계 사이의 관계를 재정의해야 합니다. 마지막으로 대학이 옆으로 제쳐둔 역할이 있습니다. 과학기술 지식이라는 주제인데 우리의 자연자원을 지속 가능하게 이용하는 것과 관련하여 이 지식을 적용해야 합니다.

다음을 언급하면서 끝내려고 합니다. 공립대학은 원주민 대중의 지혜와 지식을 지키고 보존하는 유기적인 관계를 수립해야 합니다. 그래야 더 효과적인 상호문화성을 이룩할 수 있습니다. 이것은 매우 발전된 정치의식과 사회의식을 요구합니다. 마지막으로 상투적인 표현이지만 현재의 변혁이라는 맥락에서 고도의 윤리성, 인간성, 사회문화적 적절성과 탁월성을 가진 공립 고등교육을 건설하기 위해 교육자와 학생의 사상의 자유와 권리를 지키는 것이 볼리비아 공립대학의 가장 중요한 사명 중의 하나를 구성한다고 생각합니다. 감사합니다.

구스타보 로드리게스의 발표

이 모임에 저를 초대해주신 주최자 여러분께 감사드립니다. 나는 이미 대학교의 구성원이 아닙니다. 공립교육이 공공재임은 완전히 이해하고 인식하고 있습니다. 저는 산시몬 경제학부의 학장이었습니다. 그리고 고등교육부 차관이었습니다. 따라서 저는 호세 마르티[4]가 언급한 대로 "나는 괴물을 알고 있고 그 구멍 속에서 살았다"라고 이야기할 수 있습니다.

---

4. [옮긴이] 호세 마르티(José Martí)는 라틴아메리카의 정치, 사회, 문화를 이해하는 데서 핵심적인 인물이다. 쿠바의 시인으로 쿠바 독립운동의 영웅으로 평가되고 있다. 공동체적 소농의 중요성을 강조하고 근대 자본주의 체제의 소비주의를 비판하였으며, 특히 라틴아메리카 통합운동의 선구자이다. 그는 쿠바뿐 아니라 라틴아메리카 전역에서 가장 존경받는 지식인 중 한 명이다.

여기서 내가 강조하려는 것은 기본적으로 2005년 10월에 고등교육위원회에서, 즉 산타끄루스에서 열린 이미 실패한 교육대회 고등교육 분과에서 내가 제안했던 것입니다. 그 당시 고등교육 담당 차관으로서 나는 고등교육의 주제와 관련하여 교육부의 공식정책을 제안했습니다. 지금 다시 이를 제안하는 것은 그 정책에 대해서 지금도 확신하고 있을 뿐 아니라 또한 제가 퇴임하고 난 후에 교육부를 이끈 사람들이 몇 달 동안의 소중한 토론으로 수집된 모든 경험을 전혀 수용하지 않았다는 사실에 반기를 들기 위해서입니다. 당시 그들은 고등교육 정책의 구성을 위한 집단적 토론에 수많은 사람이 참여했었다는 사실을 망각하고 그 정책이 식민적 논리로 구성되었다는 이유를 들며 그 정책을 기각하였습니다. 그때 이런 이야기가 있었습니다. 첫 번째로 해야 할 일은 고등교육의 개념을 공공재로 재구성하는 것이었습니다. 그러나 고등교육의 비전이 대학 안에 제국화의 개념을 도입하려는 상업적 방향 전환을 한 지 오랜 시간이 흘렀습니다. 물론 나는 일이 이렇게 된 데 있어서 내가 책임질 부분은 책임지려 합니다. 이것은 1990년대 고등교육 정책의 일부였습니다. 그러나 볼리비아의 경우, 목표를 달성했는지 매우 의심스럽습니다. 적어도 우리의 경험을 멕시코 또는 칠레와 비교한다면 교육의 자유주의 또는 신자유주의 원칙이 대학에 도입되었는지도 의심스럽습니다. 다시 말해, 여기에서는 일상도 가치도 개념도 바뀌지 않았습니다. 대학과 국가 사이의 관계가 새로운 제도적 조정과 새로운 게임을 만들어 냈지만, 그것은 실천보다는 담론 위주였고 관료적 게임일 뿐이었습니다. 여기에서는 고등교육에서 신자유주의는 없었습니다. 국가의 기획으로 그것을 도입하려는 시도는 있었습니다. 하지만 원하는 성과는 얻지 못한 채 14년 또는 15년 뒤에 실패했습니다.

하여간 대학을 공공재로 재구성한다는 것은 대학과 시장 사이의 긴밀한 연계 수립이 필요하다고 보는 담론을 바꾸는 것을 의미합니다. 아마 그 담론에 오류가 있을 것입니다. 적절성이라는 것은 조금 더 광범한 개념일 텐데 적절성이 시장에만 상응하는 것으로 가정하는 것은 잘못된 정책이었습니다. 그 개념은 다시 사회적 함의를 띨 수 있습니다. 그리고 시장에 귀속되는 것 또는 상업적 해결만이 유효한 것이 아닐 수 있습니다.

따라서 유네스코 헌장에 나와 있는 대로 대학은 공공재가 되어야 합니다. 우선 대학은 기본적으로 공공재원으로 유지되어야 합니다. 볼리비아의 경우, 이 공공재원을 다른 것으로 대체할 가능성은 전혀 없었습니다. 국가의 장기 기획에도 없었습니다. 등록금을 도입하는 것도 재정계획을 바꿀 계획도 없었습니다. 예를 들어, 칠레에서는 공공재원이 전체 대학 재정의 3분의 1에 불과하고 멕시코에서는 50~60%에 이를 뿐입니다. 그리고 대학에 따라 더 적은 경우도 있습니다. 결국, (볼리비아의 경우) 공공교육을 계속해서 국가가 책임지는 것입니다. 이것은 중요한 문제였습니다. 왜냐하면, 그 당시 정반대 방향으로 나아가려고 시도하는 경향이 있었기 때문입니다.

하지만 이는 대학 측에 책임을 부과합니다. 왜냐하면 대학이 세금을 내는 사회에 대해 책임을 다할 능력이 없다면 공공 재원의 투입은 불가능하기 때문입니다. 이것은 평가와 자기평가의 메커니즘을 도입하는 것을 의미했습니다. 그러나 권위적, 관료적 개념 또는 순위 매기기로 이해돼서는 안 되고 대학 자체의 집단적 성찰을 의미하는 것이었습니다. 질의 개념을 탁월성 개념이 아니라 부가가치 개념으로 인식하는 것입니다. 이런 입장을 택하는 디노 리스토프와 데니스 라이테 같은 저명한 브라질 학자들이 있습니다. 브라질은 고등교육 체계가 어떻게 국가와 함께 잘 작동할 수 있는지와 관련해서 매우 풍부한 경험을 가진 것 같았습니다. 또한 헬히오 트리니다데의 연구도 내가 보기에 매우 풍부했습니다.

그리고 우리가 주도한 정책은 아니었지만, 정치권력과 사립대학의 인가(허가) 사이를 연결하는 강력한 관계가 있습니다. 교육부에 있던 2년 반 동안 우리는 어떤 대학의 설립도 승인하지 않았습니다. 오히려 여러 대학을 폐쇄했습니다. 그 일로 인해 엄청난 분쟁을 겪었습니다. 사실 메사 대통령이 로드리게스 벨체로 교체되었을 때 나는 사립대학들의 청원으로 해임된 유일한 교육부 관료였습니다. 그 일에 대해서는 자부심을 가지고 있습니다. 나는 기본적으로 교육부와 국가의 기능은 사립대학의 세계를 통제하는 것이라고 이해하고 있었습니다. 덧붙인다면 사립대학의 상업주의에 맞서 싸우는 것이었습니다.

첫 번째는 규제 시스템의 문제였습니다. 이를 위해 〈고등교육 보증 국가 위원회〉를 창설했습니다. 둘째로, 사립대학의 설립을 위한 조건과 제재를 훨씬 더 엄격하게 하는 문제가 있었습니다. 셋째, 공공재원의 한 푼도 사립대학으로 가서는 안 되었습니다. 넷째, 사립대학 또한 공동체로서 설립되도록 하는 법적 조치의 총합을 추진하는 것입니다. 왜냐하면, 사립대학의 큰 문제 중의 하나는 시장 지향성 즉 수익 목적으로 기관을 운영하는 것만이 아니라 학생은 고객이 되고, 교수는 다소간 교육을 받은 프롤레타리아트로 변화되는 것이었기 때문입니다.

대학에서 공동체를 재구성하는 것은 부패하고 비밀스러운 성격의 정부를 사회적 참여와 공동체의 참여를 보장하는 정부로 변혁시키는 것을 의미했습니다. 그래서 나는 사립대학들이 왜 이런 정책을 거부했는지를 이해합니다. 공립교육 개혁으로 고등교육 개혁이 가능하다고 주장하는 것은 거짓입니다. 개혁은 모든 고등교육체계를 포괄해야 합니다. 가톨릭 대학과 군사공과대학교EMI를 사립대학으로 간주한다면 35만 명의 대학생 중 7만 명에서 8만 명은 사립대학에 다니기 때문입니다. 그 재원은 사적이고 학교 규칙도 기본적으로 사적이기 때문입니다. 하지만 아마도 시간이 갈수록 사립대학과 공립대학의 졸업생 배출 비율은 점점 비슷해질 것입니다. 고등교육 시장은 점점 더 통제될 것이고 사립대학 점유율이 높아질 것입니다. 이에 대해 우리는 아무것도 알지 못하고 통제도 못 하고 있습니다. 대학을 공공재로 보는 생각의 또 다른 관점은 다른 문제를 야기했습니다. 호세 미르텐바움이 이미 이야기했기 때문에 나는 반복하지 않을 것입니다. 우리의 제안은 서구 지식의 패러다임에서만이 아니라 대학으로부터 제기된 인식론과 영지론gnoseología을 논의해보자는 것이었습니다. 다시 말해 대학과 전혀 다른 지식들을—이를 보아벤투라는 '지식의 생태학'이라고 불렀습니다—화해시키고 재구성하는 것이었습니다. 지식을 이해하는 두 개의 형식, 즉 서구적 지식과 더 전통적인 다른 지식 사이에 다리를 놓고 대화하자는 것입니다. 이것은 연구가 조금 더 공동체의 필요에 연결되도록 그것을 참여적으로 변화시키는 방향으로 연구를 재조정함을 의미하는 것이었습니다. 이것이 설득력이 있었던 이유는 대학 내의 학문 기구들이 소규모이고 취약했기에 첨단 연구를 수행하는 것은 사실상 불가능했기 때문입니다.

우리는 공공재원의 일부와 대학 재원의 일부를 지식, 사회, 대학, 다른 대안 지식 사이의 교류에 투자해야 한다고 생각했습니다. 사실, '과학기술 국가계획'의 일부를 구성하며 이런 종류의 정책을 재구성하는 데 할당된 '품질 기금'Fondo de Calidad 재원을 재검토할 수 있었습니다. 이 계획은 아마 이미 쓰레기통에 들어갔을 것입니다. 이것이 국가의 기억 방식이기 때문입니다. 새로 대통령이 되는 사람은 새로 모든 것을 시작해야 하고, 여기에 대해 누구도 뭐라고 할 수 없다고 생각하곤 합니다. 국가의 기억 방식에는 연속성이 없습니다. 이것은 우리 같은 가난한 나라에서는 거대한 낭비입니다. 따라서 지식과 참여적 연구 사이에 ─ 특히 다른 방식의 연구, 즉 대학, 사회 그리고 '다른' 지식의 재인식 사이에 ─ 어떤 만남이 있었다면 대학은 다른 역할을 할 수 있었을 것입니다.

마지막으로 개혁 또는 제안들의 (항상 족내혼적 성격을 가졌던) 총합이 있었습니다. 이 문제를, 〈아벨리노 시냐니 법〉이 제기하였습니다. 하지만 이미 그런 일이 불가능한 세계에 우리가 살고 있음을 깨닫고 있습니다. 우리는 연대적 협력에 대해 말했습니다. 거부할 수 없는 세계화의 틀 안에서 다른 국가와 맺는 수평적 관계에 대해서도 말했습니다. 그러나 우리는 교육부의 정책 총합의 세계화 과정, 더욱이 대학의 세계화 과정에 대해서는 언급하지 않았습니다. 다시 말해, 우리는 18세기 유럽의 공업화 과정에서 기계를 불태우던 러다이트[5] 운동과는 달랐습니다. 우리는 기계를 사용했고 이미 우리가 이런 세계에 살고 있음을 인정했습니다. 그러나 이것들이 개혁의 가능한 축이 될지에 대해서 생각했습니다. 가장 큰 문제는 다음과 같습니다. 지금 나는 무엇을 분권화할 것인가? 개혁의 행위자는 누구인가? 누가 개혁을 실행할 것인가? 물론 이것이 우리가 원하는 것

---

5. [스페인어판 편집자] 그 운동의 전설적 지도자인 네드 러드의 이름을 딴 '러다이트 운동'은 1811년 이후 영국에서 절정에 달했던 노동자 운동이었다. 그들은 생산수단을 공격하면서 즉흥적이고 반기술/반문명적인 반란을 일으켰다.

임을 인정하면서 던진 질문입니다.

위기는 대학이 생긴 이래 지금까지 계속해서 따라붙는 개념입니다. 따라서 위기에 대해 말하는 것은 아무런 의미가 없습니다. 이야기하는 것 자체가 의미가 없다면 어떤 말도 하지 않는 것이 좋습니다. 우리는 1930년대에 위기에 처했었습니다. 그 당시, 대학 자율로 이어진 개혁이 이루어졌습니다. 1952년 혁명6이 일어났을 때도 우리는 위기에 처했습니다. 그 당시 우리는 교육자와 학생의 공동운영을 향해 도피했습니다. 1970년대에 우리는 또다시 위기에 처했습니다. 이때 우리는 학생의 보편적 투표를 향해 도피했습니다. 민중민주연합정부UDP 이후 일어난 1985년의 위기에서는, 참여 모델을 향해 도피했습니다. 그 모델을 무엇이라고 불렀는지도 기억나지 않습니다. 왜냐하면 전혀 실행되지 않았으니까요. 우리는 또한 신자유주의 프로젝트를 향해 도피했습니다. 나는 1990년대 동안 그 일부를 기획했습니다.

오늘 우리는 완전히 거짓된 개념 아래로 다시 도피하려고 합니다. 이 개념에 의하면 두 가지 요소를 통해 대학을 개혁하

---

6. [옮긴이] 볼리비아 역사에서 1952년 혁명은 매우 중요하다. 이 혁명을 통해 이룩된 체제로 볼리비아가 드디어 20세기에 편입된 것으로 본다. 좌파 민족주의 혁명이고 주체는 〈민족혁명운동〉(MNR)과 노동조합이었다. 하지만 파시즘적인 흐름을 가지며 인권을 경시했고 자유주의적 성격도 띠는 모호성을 보였다. 이 시기는 볼리비아의 정치, 경제, 사회의 근대화 과정으로 인식된다. 특히 여성, 원주민, 농민 등의 정치 참여를 보장하고 토지개혁을 이룩했고 자원의 국유화를 실행했다. 1964년에 군부 쿠데타로 무너진다.

는 것이 가능합니다. 첫 번째는 더 많은 학생의 참여이고 두 번째는 본질상 자율이 마땅한 기관에 대해 사회적 통제를 가하는 것입니다. 우리의 논의는 단 한 번도 학술적 논의였던 적이 없습니다. 근본적으로 기관들의 이익과 연관되고 대학의 내부 권력 게임에 따르는 정치적 논쟁이었습니다. 누군가 대학에서 선거를 경험하더라도 그는 아무것도 알 수 없을 것입니다. 우리는 개념들을 토론하지 않기 때문입니다. 우리는 어떻게 행위자들이 그 개념들의 틀 안에 위치할 것인지를 놓고 논쟁할 따름입니다. 결국 이 개혁 아젠다의 심각한 문제 중 하나는 우리가 개혁의 공학을 고치지 못했다는 점입니다. 그리고 행위자들이 누구인지 알지 못합니다. 내부적으로 이런 개혁을 수행할 행위자가 없습니다. 다시 말해 우리는 멕시코의 대학이 아닙니다. 아르헨티나, 칠레의 대학도 아닙니다. 거기에는 고등교육에 대한 강한 윤리적 책임감이 있는 학자들이 모여 있고 그들은 세계화 또는 신자유주의의 충격에 대해 논쟁을 합니다. 그런데 여기 볼리비아에서는 제대로 된 학문적 전통이 한 번도 없었습니다.

사실 전통적 의미의 대학을 우리는 한 번도 가져본 적이 없습니다. 즉 지식을 전달, 창조, 전파하는 연구의 전통 말입니다. 이 때문에 존재하지 않는 전통으로 돌아가기란 어렵습니다. 따라서 나는 대학의 개혁에 대해 말하기보다 대학의 건설에 대해 말해야 한다고 믿습니다. 왜냐하면 있지도 않은 것을 개혁하기는 어렵기 때문입니다. 1990년대에 나는 내부의 행위자가 없다면 국가가 행위자가 되어야 한다고 생각했습니다. 그러나 국가는 대학과 이중 책임을 지고 있었고 개혁에는 아무런 관심이 없었습니다. 그렇다면 누가 행위자인가요? 나는 대학공동체 구성원 여러분이라고 생각합니다. 여러분이 개혁의 행위자가 누구인지 토론해야 하고 우리가 원하는 것이 무엇인지도 토론해야 합니다.

학생들은 다른 일로 걱정이 많습니다. 산안드레스 국립대학교UMSA의 6만 명의 학생 대부분 중 오직 3천 또는 4천 명의 학생들만이 〈지역대학연맹〉FUL의 선거에 참여합니다. 따라서 학생운동이 없습니다. 수많은 개별 학생 주체들이 있을 뿐입니다. 교수 운동도 없습니다. 있다고 하더라도, 절대적인 조직 이기주의를 보입니다. 그렇다면 어떻게 만들어내야 할까요? 대학 변혁의 권력은 어디에 있을까요?

나는 멕시코, 칠레, 브라질은 국가와 싸우고 투쟁하는 대학공동체 자체에 이 권력이 있다고 생각합니다. 그러나 여기 볼리비아는? 그렇다면 어떻게 조직을 건설할 것인가? 내 생각에 이조직은 세 개의 축으로부터 만들어질 수 있다고 봅니다. 이 세축은 각자의 가능성을 인정하고 서로 존중해야 합니다. 국가 개혁의 틀 안에서 국가를 재구성한다는 의미에서 '다른' 대학이 필요합니다. 세 행위자는 대학, 국가, 사회입니다. 오직 새로운 체계의 변화 속에서 우리는 대학의 건설 과정을 이해할 수 있습니다. 안타깝게도 이 과정에서 가장 기본적인 행위자인 대학이 현재 가장 역할을 못 하고 있는 상태입니다.

그러나 조급함만으로는 무엇 하나도 이룰 수 없습니다. 공동체 자신에 의해 수렴되지 않는 한 개혁은 없습니다. 외부에서 강제할 수 없습니다. 마치 군대를 해산하듯이 대학을 해체할 수 없습니다. 즉 이 과제는 어려운 과제이고 내 생각에 개혁의 공학은 개혁을 어떻게 정의할 것인가의 문제만큼이나 중요합니다. 이 점에 대해 나는 비관적입니다. 2000년에 기도 데 라 세르다Guido de la Cerda와 동료들이 함께 쓴 책에서 우리는 대학을 개혁하는 것은 곧 국가를 개혁하는 것이라고 말했습니다. 두 가지 과제는 서로 마주 보는 게임입니다. 크리스타 바이스와 함께 쓴 최근 책『볼리비아의 대학 고등교육 : 흡혈귀의 거울』에서 우리가 분명히 말하고자 했던 것은 다음과 같습니다. 대학은 마치 흡혈귀 같아서 거울을 볼 수 없는데, 왜냐하면 거울이 아무것도 비추지 않아 결국 아무도 존재하지 않는 것과 마찬가지이기 때문입니다. 따라서 대학은 스스로 자신과 대화할 수 없습니다. 대학을 개혁하는 것을 넘어 대학을 건설해야 합니다.

토론

질문　나는 내 전공 분야에서 많은 경험을 했습니다. 내 생각에 문제는 학생들에게 있지 않다고 봅니다. 공동운영을 이야기할 때 학생만 거론하는 경우가 많습니다. 행정 부문과 교수들도 있습니다. 이들이 국가의 재원을 낭비하거나 잘못 운용할수 있습니다. 따라서 학생들만 탓해서는 안 됩니다.

여러 가지 논의가 있었지만 나는 많은 경우 동의하지 않습니다. 우선 지식은 기가바이트 식으로 측정될 수 없습니다. 그리고 공동운영은 연구를 진전시키지 못합니다. 내 생각에 희생양을 찾는 것은 기회를 잃는 것이고 그러면 핵심적 문제를 놓칠 수 있습니다. 그중에서 중요한 것, 급여, 행정적이고 집단적인부패의 문제 등은 언급되지 못했습니다. 대학 내에 분파주의가심하게 침투되어 있습니다. 신자유주의가 우리에게서 무언가를빼앗았다고 이야기할 때 나는 약간 분노가 치밉니다. 우리는 그렇게 수동적이지 않았습니다. 우리는 행위자였습니다. 대학 내에서 일어난 일들은 나름대로 우리의 성과입니다. 문제를 바꾸는 것도 교수들의 일입니다.

우리가 대학원이라고 부르는 화수분의 경우, 분명히 우리대학의 수치입니다. 우리는 대학원을, 문짝을 팔거나 양철판을만드는 정도의 일로 생각해왔습니다. 이런 일은 개혁해야 합니다. 안타깝게도 내부 토론에 많은 진전이 없었습니다. 최근에 대학 총회와 관련해서 이야기가 있었지만 구체화되지 못했습니다. 다음번 회의에서 진전이 있으면 좋겠습니다. 감사합니다.

질문 호세 미르텐바움 선생님께 묻고 싶습니다. 대중대학과 국립대학 사이의 충돌에 대해 어떻게 생각하시는지요?

질문 로드리게스 님, 고등교육 담당 차관의 경험과 관련된 질문을 드리고 싶습니다. 사회와 국가는 윤리가 부재한 채 이루어지는 자율권의 행사로 고통을 당하고 있는 것이 사실입니다. 대학과 인문교육 체계 사이에 존재하는 역사적 괴리 앞에서, 이것을 깨트리기 위해 당신이 추진했던 행동 또는 프로그램이 무엇인지요?

논평 대학은 두 부분으로 이루어져 있다고 생각합니다. 행위자와 구조입니다. 대학은 행위자로서 자율성을 가집니다. 자율성은 계속해서 유지되어야 합니다. 그러나 구조로서의 대학은 국립이라는 점에 더해서 국가를 반영한다고 생각합니다. 이런 의미에서, 더 민주적인 국가는 더 민주적인 대학을 반영하고 더 민영화된 국가는 더 민영화된 대학을 반영합니다.

따라서 두 가지 – 자율성을 위한 투쟁과 국가 의지의 반영 – 는 윤리가 부재한 경우, 대학의 타락이 지속되게 만듭니다. 나는 우리가 모두 심각할 정도로 행정의 노예가 되어있다고 생각합니다. 우리는 패러다임을 정의하는 데만 신경을 씁니다. 우리는 연구비를 타기 위해 연구 프로젝트에 포함되어야 할 단어들이 무엇인지를 정의하는 사람들입니다. 꼼쁠루텐세Complutense 대학교의 내 사무실 앞에는 이런 농담을 붙여 놓았습니다. "두 사람이 대화 중이다. 한 사람이 말했다. '이 문제는 너무 복잡해서 전문가의 의견이 필요해.' 그러자 상대방이 말했다. '난 찬성, 근데 찬성 쪽 전문가? 아니면 반대쪽 전문가?'" 항상 우리는 어떤 종류의 야만이든지 특히 그 문제가 대학의 문제라면, 그것을 방어해줄 지식인을 찾으려 합니다. 나는 대학이 항상 위기 상태이고 항상 개혁이 필요한 상태인 이유가 여기에 있다고 봅니다.

세 번째 요소를 추가할 수 있다면 그것은 대학이 스스로에 대해서 자부심이 대단히 크다는 점입니다. 이는 대학의 자기 개혁이 왜 어려운지를 이해할 수 있게 해줍니다. 그런 의미에서 내가 지적하고 싶은 것이 있습니다. 구스타보 로드리게스 선생이 여기 볼리비아에는 대학이 없다고 문제 제기했을 때 나는 '남의 자식들이 더 빨리 자라는 것처럼 보이는 거지'라는 생각이 들었습니다. 보름여 전에 꼼뿔루뗸세 대학교의 정치학부에서 우리는 대단히 열띤 토론을 했습니다. 두 명의 전임 교수가 정년퇴임을 앞둔 상황이었는데 학과장이 총장실에 전임교원 두 명의 보충을 요구하는 대신 시간이 좀 흘러서 한 명은 전임, 다른 한 명은 강사로 보충하는 일이 있었기 때문입니다. 그리하여 학과장 당신은 바보가 아니냐고 학과가 들고 일어났습니다. 우리는, 우리가 발전하려면 항상 더 많이 요구해야 한다고 말했습니다. 그러자 그 교수는 이렇게 대답했습니다. "국가 역할을 제한할 것을 강조하고 재원을 효율적으로 사용해야 하고 과도한 성장을 제한해야 한다는 담론을 늘 국가에 제기해온 것은 바로 우리 자신 아닙니까?"라고 말입니다. 이런 그의 똑 부러진 대답은 우리 스스로 개혁하기가 참 어렵고 우리의 담론을 우리 자신에게 적용하기가 힘들다는 것을 보여줍니다.

이런 의미에서 아주 단순한 실천 사례가 있습니다. 보아벤투라 드 소우자 산투스 교수는 그것을 아주 잘 적용하고 있다고 알고 있습니다. 왜 우리는 국가 개혁의 거대 담론을 대학이라는 구체적인 영역으로 끌고 내려와 적용해보려고 하지 않는지요? 이렇게 하면 우리의 담론은 겉으로만 멋있기를 그치고 더 일관성 있게 될 것이라고, 산투스 교수는 이야기합니다. 이것은 아마도 우리의 권력적 상황을 불리하게 만들지도 모릅니다. 결론적으로 대학을 '명령하면서도 복종하는' 주체로 만드는 일이 더 합리적으로 진행되지 못한다면 그리고 대학 개혁이 사회적 요구에 봉사하는 방향으로 이루어지지 않는다면 무슨 의미가 있겠습니까? 일반 기업에서 우리에게 그런 요구가 있으면 아주 신속히 그 일을 수행하지 않습니까? 그러나 우리는 우리 의견을 제대로 제시하는 데 대체로 무능합니다. 또는 우리로부터 멀리 있고 돈이 되지 않아 옆으로 제쳐놓은 문제들과 분명히 이론화 작업을 필요로 하는 문제들을 해결하는 데 우리 지식을 사용하는 것에도 무능합니다.

질문   나는 대학과 사회가 심각하게 분리되어 있다는 진단에 동의합니다. 내 생각에 볼리비아 같은 나라에서는 즉 사회 내에서 원주민 인구의 비율이 상당히 높은 나라에서는, 여기서 지적된 바대로 대학의 건설 또는 대학의 개혁을 생각할 때 반드시 대학의 할 일 안에 상호문화성이라는 주제를 포함해야 한다고 봅니다. 여기 볼리비아에서 상호문화성이라는 주제와 상호문화적 대학의 건설에 관해 어떻게 생각하는지 알고 싶습니다.

질문 로드리게스 선생님에게 묻고 싶습니다. 나는 당신의 책『볼리비아의 고등교육』을 읽고 감명을 받았습니다. 특히 기술 분야의 연구에 대한 장이 좋았습니다. 그 장에서 당신은 우리에게 정확한 수치를 근거로 기술교육이 대학에서 양적으로 중요하다는 것을 보여주었습니다. 그러나 기술교육은 수요가 있고 관련 기업들이 서로 접촉하고 설비를 공급하고 그 결과를 이용하는 등, 한 나라에 산업이 제대로 존재할 때 주어질 수 있습니다.

하지만 신자유주의 세계화는 볼리비아가 산업화할 수 있는 공간을 우리에게 내주지 않습니다. 우리는 이 문제를 인식하고 있습니다. 만약, 내 말이 믿기 어렵다면 에두아르도 갈레아노[7]를 읽어보기 바랍니다. 아무튼 나는 걱정이 많습니다. 우리에게 기술 분야의 연구와 교육이 필요하다면, 어디서 그 자원을 충당할 것인가요? 우리는 산업을 가지고 있지 못하기 때문에 기술

---

7. [옮긴이] Eduardo Galeano. 라틴아메리카의 저명한 지성인으로, 『수탈된 대지』를 비롯하여 국내에도 여러 권의 저서가 번역되어 있다. 이 책은 약 500년 동안 유럽이 라틴아메리카의 자원을 수탈했다고 비판한다. 생전에 차베스가 오바마에게 이 책을 읽어보았느냐고 물었던 적도 있다.

분야의 연구가 가능하지 않습니다. 언제 제대로 된 산업을 구축하게 될지도 아무도 모릅니다. 특히, 〈아벨리노 시냐니 법〉이 신자유주의적 성격을 띠고 신자유주의적 주제들을 다룬다면, 우리의 미래는 어떻게 될까요? 감사합니다.

구스타보 로드리게스의 답변

우리의 제안은 문제의 출발점으로서, 교육자들의 운영에 대해 더 많이 이야기했습니다. 대학은 역사적으로 1930년에서 1952년까지 교수들의 공동체에 의해 오랫동안 운영되어 왔습니다. 대학은 도시도, 공화국도 아니고 '한 표의 등가성'도 거기에는 없습니다. 서로 다른 다양한 기능들이 있을 뿐입니다. 그러나 이런 것은 나중에 토론하겠습니다.

공립대학이 개혁하지 않는 동안 — 내 생각에 앞으로도 그럴 것입니다 — 다른 대학을 설립하라는 요구가 일어날 것입니다.[8] 지금으로서는 새로운 방식의 가르침, 배움, 운영 등의 요구는 아닙니다. 그 대신 산타끄루스나 엘알토 등에서 일어난 경우와 같이 새롭게 제기된 대학 입학의 요구들이 있습니다. 엘알토의 경우

---

8. [옮긴이] 볼리비아에는 공립대학(국립대학, 시립대학 등) 외에 사립대학이 있고, 탈식민적 상호문화성이 강조되면서 원주민 대학도 설립되었으며, 엘리트 중산층 외에 평범한 대중의 교육요구에 따른 대중대학도 설립되어 있다. 이처럼 한국 사회와는 다른 맥락이 있다. 예를 들어, 코차밤바에는 라 플라사 자유 대중대학이 있고, 이는 하나의 대안적 사회운동으로 볼 수 있다.

는 감동적입니다. 이곳에서 입학의 요구에 응답한 것이 대중대학은 아니었습니다. 유일한 대중대학의 경우는 오루루에서 실제는 아니고 구상으로서만 있었습니다. 현재 오루루시의 시장 Prefecto인 루이스 아길라르는 원주민 대학의 설립에 관한 흥미로운 제안을 제출했습니다. 우리는 이를 차관실에서 지원하고 있습니다. 또한 우리는 차빠레9를 위한 대학을 노조와 함께 기획하고 있습니다. 좋습니다. 거기서 우리는 다른 모델을 운영하고, 교육과 배움의 기회를 만들었습니다. 이를 실현하기는 매우 어렵습니다. 대중 교육학을, 탈식민적 교육학을 어떻게 실현하나요? 필요한 일이지만 어떻게 할 수 있을까요? 우리는 이것을 해본 경험이 없습니다.

우리는 이에 대해 경험이 없지만 나는 반대하지 않습니다. 내가 보기에는 가능한 일입니다. 그것을 '다른' 교육학으로 이해한다면 가능성이 있을 것입니다. 그러나 그것을 단순히 어떤 산술적인 것으로 이해한다면, 예를 들어 공립대학의 한 사례로만 이해한다면 왜 우리가 그것에 '대중'이라는 말을 붙여야 할지 모르겠습니다. 이미 학생의 분포로 보아 공립대학은 대중적입니다. 그러나 공립대학이 그들이 원하는 방향은 아닙니다. 이런 논의가 무엇을 의미할 수 있을지 잘 모르겠습니다.10

---

9. [옮긴이] Chapare. 볼리비아 중부의 코차밤바 북부의 지방.
10. [옮긴이] 로드리게스는 현재 대학교수이고 교육부 차관을 역임한 엘리트 지식인이다. 그로서는 대중대학의 필요성과 흐름을 쉽게 이해하지 못하는 것 같

또한 〈아벨리노 시냐니 법〉에 들어있는 탈중앙집중화로 무엇을 얻을지도 나는 잘 모르겠습니다. 여기서 문제가 있다면 다른 데 가도 또한 문제가 있을 것입니다. 그러나 나는 반대하지는 않습니다. 원주민 대학은 내 생각에 아주 좋은 것 같습니다.

대학이 없다고 말을 할 때 나는 경멸의 의미로 말한 것이 아닙니다. 나는 그것을 가능한 대안을 찾자는 의미로 말씀드렸습니다. 고전적, 관습적인 대학의 '훔볼트'[11]적 정의는 '연구하는 대학'입니다. 그런데 여기 제대로 된 연구가 없습니다. 그러므로 고전적인 의미에서의 대학이 없습니다. 있는 것은 전문 직업 기관입니다. 그것이 좋은 방향으로 변화한 것인지, 그 반대인지는 다른 문제입니다. 나는 대학에 있는 사람들이 일을 잘못하고 있다고 말하는 것이 아닙니다. 그들은 그 일을 훌륭하게 할 수 있을 것입니다. 그러나 지식을 생산하거나 지식에 도전하는, 깊이 성찰하는 그런 사람들의 집단으로서의 대학이라는 생각이 없다는 것입니다. 여기서 일어나는 일은 브라질에서 일어나

다. 라틴아메리카에서 대중이란 말은 한국 사회에서 흔히 이야기하는 대중을 가리키는 것이 아니라 가난한 대중이 현재의 자본주의 체제를 급진적, 대안적으로 바꾼다는 함의를 가진다.

11. [옮긴이] 알렉산더 폰 훔볼트는 19세기 독일 프러시아의 지리학자, 천문학자, 인문학자, 자연 연구자, 탐험가로서 유럽의 근대문명을 비유럽에 전파한 근대과학 연구의 상징과 같은 사람으로 그 영향력은 다윈에 비견된다. 특히 그는 라틴아메리카를 샅샅이 탐험하여 과학적으로 분석한 후 그 정보를 유럽에 알렸다. 또한 근대 대학의 개혁자로서 '근대의 아리스토텔레스'로 불린다. 그러나 그는 탈식민적 관점에서는 비판을 받는다.

는 일과 매우 다릅니다. 왜냐하면 브라질에서는 신자유주의 정책이 있었기 때문입니다. 여기 볼리비아에서는 신자유주의 정책이 공공 자원의 부분적 규제라는 아이디어로 존재했습니다. 결코 고등교육 제도의 일상을 바꾸지는 않았습니다. 어느 볼리비아 교육자도 멕시코 대학의 경우처럼, 자신의 급여를 개선할 목적으로 연구 프로젝트를 가지고 경쟁할 필요가 없었습니다. 나의 친애하는 친구인, 멕시코 시립 자치대학교(호치밀꼬)UAM Xochimilco의 에두아르도 이바라는 자기 봉급의 30%만이 국가 예산에서 나온다고 나에게 말한 적이 있습니다. 나머지는 연구 프로젝트를 판매하는 등의 방법을 통해 스스로 확보해야 합니다. 이런 일은 볼리비아 공립대학에서 일어나지 않았습니다. 여기서는 예산 배정의 기본 출발점으로서 협상은 진행됩니다. 그러나 다른 것은 없었습니다. 신자유주의는 담론에만 있었습니다. 좋은지 나쁜지 사악한지는 다른 문제입니다.

나는 대학이 더 민주주의적으로 변화하는 것이 가장 좋은 길인지 그렇게 확신하지 못합니다. 대학은 원칙적으로, 정의상, 자율적이어야 합니다. 그러나 중요한 것은 어떻게 그 자율성을 행사하느냐입니다. 이것은 대학과 사회가 논의해야만 합니다. 내가 보기에 대학은 이미 자신의 윤리를 잃은 것 같습니다. 그 윤리란 대학다운 대학이 되겠다는 영광스러운 약속입니다. 대학다운 대학으로 인정받지 못하는 대학의 제도와 조직을 다시 건설하는 것은 조금 어렵지 않을까 합니다. 가장 심각한 문제는 대학의 가난한 연구자들이 아니라 그럭저럭 부유한데도 불구하고 대학에 성과를 내지 못하는 연구자들의 총체입니다.

아마 이것은 지금까지 추구된 대학 발전 방식과 연관이 있을 것입니다. 우리는 한 번도 교수와 연구자의 안정적 체계를 가져보지 못했습니다. 멕시코 시립 자율대학교(호치밀꼬)는 학생 수는 산안드레스 국립대학교와 마찬가지로 5만 명인데 전임교원의 숫자는 3천 5백 명에 이릅니다. 즉 거기에는 공동체의 깊이가 여기와 다릅니다. 우리 공동체는 관료적이고 교육자들이 불안정하게 들어오고 나가고 합니다. 따라서 내부적으로 깊이 있는 체계를 가지는 것이 매우 힘듭니다.

대학원과 관련해서, 대학원이 전문 직업인을 만드는 일에만 몰두하여 도피적이라고 호세 미르텐바움이 이야기를 했는데 나도 같은 생각임을 강조하고 싶습니다. 대학원은 학부 과정의 5, 6학년입니다. 그러나 대학원이 대학에 자원이 할당되는 것을 정당화해 주는 상황에서 대학원은 수요 지향적으로 움직이고 있습니다. 다른 한편, 수요가 지배하는 한 대학원 과정에서 학술 연구를 하고자 하는 사람은 없을 것이고 있어도 매우 적을 것임이 분명합니다. 대학원 과정은 더 복잡하고 더 힘들고 더 장기적인데, 그래서 더 비싸지는 것인데, 그렇다고 해서 고용이 보장되는 것도 아니기 때문입니다. 그 결과 대학은 '나는 직업 조건을 개선하기 위해 대학원에 가겠다'는 식의 직업주의 관념으로 인해서 고통을 받아왔습니다. 그러나 우리 같은 나라에서 연구자를 위한 직업 조건이라고 한다면, 아무것도 없다고 할수 있습니다. 나의 자녀들, 조카들, 내 친구의 자녀들은 "연구 같은 일을 하면서 시간을 보내시다니 제정신은 아니신 것 같아요"라고 내게 말합니다.

문제는 대학원 학위 위에 보상의 가치가 놓여있다는 것입니다. 모든 사람이, 얼마를 투자하고 얼마를 얻을 수 있는지를 계산합니다. 게다가 사립대학은 완전히 무규제 상태에 있고 잘못된 길에 들어서 있습니다. 오직 주말 과정만 발전되어있습니다. 석사 또는 박사학위 취득은 이미 아무런 의미가 없습니다. 나자신도 이런 일에 대한 분노로 나의 학위 증서를 태워버리고 싶었습니다. 나는 대학원에서 18개월의 과정을 밟았습니다. 그런데 요즘은 주말에만 학교에 나가고도 학위를 받을 수 있습니다. 따라서 대학원이 없는 것입니다. 누가 그것을 발전시켜야 하나요? 국가가 과학적 프로그램을 발전시키기 위해 자원을 투입해야 합니다. 그리고 대학원에 가는 학생들은 과정을 마치고 취업이 될 수 있어야 합니다. 양쪽 다 작동이 되어야 합니다. 그렇지 않으면 누가 그 연구자들에게 직장을 줄 것입니까? 좋습니다. 호세의 주제로 돌아가서 상호문화성에 나는 동의합니다. 2005년의 우리 계획에도 들어있었습니다. 그러나 호세가 이 주제의 전문가입니다. 나는 그의 제자입니다.

호세 미르텐바움의 답변

상호 연결된 두 가지 주제를 다루고 싶습니다. 대학의 공동운영과 상호문화성입니다. 우선 공동운영이 어떤 희생양이 되어서는 안 된다는 것을 밝힙니다. 교육자와 학생 사이의 권력관계의 일시적 조건에는 차이가 있습니다. 학생은 대학의 일시적 공동체의 구성원이고 교육자는 지속적 구성원입니다. 정태적인 것과 역동적인 것 사이의 관계입니다. 따라서 어느 한쪽이 지나치게 강경하고 강한 성찰을 요구한다면 대학 위원회로서의 공동운영은, 예를 들어서, 연구의 전략적 주제를 선정하는 데서 대단히 비효율적일 것이고 제대로 작동하지 않을 것입니다. 이런 일은 대학원 수준에서도 마찬가지였습니다. 원래 대학원은 대학원의 각 단위가 수행할 수 있는 연구의 성격을 정의할 능력을 갖추고 있어야 합니다. 하지만 이미 언급했듯이 전 지구적인 신자유주의 아래에서 점점 가벼운 연구로 변해갔습니다.

내 생각에 상호문화성과 관련해서는, 현재로서는 원주민의 지식과 지혜에 기초한 대중대학에 다닐 필요가 존재하지 않는다는 전제 위에서 이야기를 나눠야 할 것입니다. 오래전 나의 인류학 교수가 나에게 이야기한 것을 떠올려보면, 자본주의 이전 시대의 원주민들은 분과별 지식의 운용과 행정을 발전시키지 못했다고 합니다. 예를 들어, 아이마라의 지식에서는 스페인인을 연구하기 위해 스페인으로 갈 아이마라 인류학자를 필요로 하지 않는다는 겁니다. 따라서 데카르트식 구별 패러다임에서 출발하여 주체와 대상을 나누는 대학에서, 그리고 항상 그런 패러다임으로 사례를 연구하는 대학에서 우리는 무엇을 제공할 수 있을까요? 여기서 '사례'가 되는 것은 누구인가요? 아이마라 공동체와 과라니 공동체[12]가 사례가 됩니다. 따라서 볼리비아 같은 사회에서 필요한 대학의 상호문화성은 서로 다른 지식을 하나의 공간에서 점유하는 것을 기초로 하여 서로 존중하면서, 조건의 다양성과 평등성 및 시민성의 조건에 대해 재건설 또는 재구성하는 것이어야 합니다. 이것이 바로 우리 국립대학의 조건에서 매우 중요한 문제입니다. 이런 문제를 연구해야 합니다. 예를 들어 언어학에서 왜 우리는 스페인어를 정확하게 말하고 '쓰는 것'을 강조할까요? 만일 상호문화성의 대학에 다닌다면, 원주민 문화는 구어문화 즉 말하기를 중시하므로 어느 학생이 글 쓰는 훈련이 부족하면 그는 연구를 '말로 제출할' 수도 있는 것입니다. 나는 이를 유효하게 받아들입니다. 왜냐하면, 나의 제6학년 사회학 수업은 약 20%의 학생이 아이마라와 케추아족입니다. 나는 그들에게 과제를 시청각으로, CD로 제출하는 것을 허용하고 있습니다. 그들이 녹음한 것을 또는 노래로 설명하는 것은 너무 좋습니다. 그러나 문제는 대부분의 학생이 이렇게 이야기한다는 것입니다. "교수님, 이런 형식은 법학에 부

---

12. [옮긴이] 아이마라(Aimara)는 볼리비아에 많이 거주하는 원주민 종족을 가리킨다. 에보 모랄레스도 아이마라족이다. 과라니(Guarani)도 볼리비아와 파라과이에 숫자가 많은 원주민 종족을 가리키는 것이고 이들은 모두 공동체적 삶을 영위한다.

적합한 것입니다." "당신은 정교수입니다. 어떻게 이런 것을 허용할 수 있습니까?"

이것이 상호문화성이 현재 처해있는 문화적 조건입니다. 상호문화성은 보아벤투라의 기준에 의하면, 우리가 밑바닥에서부터 만들어야만 하는 주제입니다. 그러나 밑바닥에서부터 만든다는 것은 무엇을 의미하는지요? 상호문화성의 관계를 자기 자신의 문제로 이해하는 학생들을 우리가 가지기 위해서는, 유치원에서부터 상호문화성을 체험하도록 하는 것이 필요합니다. 그것은 자기 자신과의 관계이며 동시에 타자와의 관계이기 때문입니다. 이는 대학이 자기 자신을 바라보아야 함을 의미합니다. 아직 우리가 제대로 논의하지 않은 주제입니다. 우리는 사범대학을 가지고 있습니다. 우리는 계속해서 단지 암기하는 것을 돕는 교수들을 재생산하고 있습니다. 그렇다면 상호문화성과 대학 공동운영의 문제는 매우 어려운 주제일 것입니다. 많은 비판적 시각의 이론화가 요구되는 주제입니다. 아직 부족한 게 많고 준비도 필요합니다. 내 발표는 이것으로 마칩니다.

주제 : 국가개혁에서 대학의 역할

페르난도 마요르가의 발표

이 모임에 초대해주셔서 감사합니다. 대학의 문제에 대해 말하기 위해 대학 밖에 모여 있는 이 상황이 매우 암시적이라고 생각합니다. 게다가 오랜 시간이 흐른 뒤에 대학에 대해서 이렇게 이야기를 나누게 된 것은 보아벤투라 드 소우자 교수의 책이 관심을 촉발해서이기도 하지만 우리 대부분이 대학 세계에 있기 때문이라고 생각합니다. 구스타보 로드리게스 선생께서 잘 말씀해 주셨듯이, 대학 세계는 하나의 공동체입니다.

분명히 대학에 관해서 사유하는 것은 현재의 도전과제가 아니라 항상적인 도전과제입니다. 나는 대학의 역할과 학문적 혁신에서 연구가 할 수 있는 역할에 대해서 의견을 제시할 것을 요청받았습니다. 저로서는 운이 좋게도, 오늘 호세 미르텐바움 선생님과 구스타보 로드리게스 선생님의 발표가 저보다 먼저 진행되었습니다. 이는 저에게 어떤 이점을 줍니다. 왜냐하면 진단은 이미 이루어졌기 때문입니다. 부분적으로는 앞선 두 분이 말씀하신 것과 저의 의견이 다른 지점이 있지만, 저는 다음과 같이 말씀드리고 싶습니다. 저는 "존재하지 않는 제도에 대해 말하려 합니다. 만일 그것이 존재한다면 그것은 식민적일 것입니다." 나는 23년 전부터 산시몬 국립대학교UMSS에서 일하고 있습니다. 나는 정체성의 갈등을 겪고 있습니다.

현재의 상황과 관련 제도 전체에 관해서 포괄적으로 생각하는 것은 힘든 도전과제라고 생각합니다. 현재 우리가 과도기의 변화 과정 속에 있고, 국가 개혁의 과정 속에 있기 때문에, 즉 국가의 정치, 경제, 사회관계 들이 변화하고 있기 때문에 더욱 그렇습니다. 이 개혁의 과정이 대학에 그리고 전반적으로 모든 제도들에 질문을 던지고 있다는 점은 분명합니다. 특히 공적제도에 더 많은 질문이 제기되고 있습니다. 특히 정부가 추진하는 변혁의 담론의 내용에 대해서 질문이 제기되고 있습니다. 정부가 언급하듯이, 우리는 국가 개혁의 과도기를 지나고 있으며, '문화적, 민주적 혁명'이라는 틀 안에서 대학에 관해 생각해보아야 하는 것입니다. 내가 과도기와 국가 개혁이라고 할 때 나는 아직 끝나지 않은 과정에 대해 이야기하는 것입니다. 즉 개혁의 결과가 어떻게 될지 우리는 모릅니다. 미래는 열려있습니다. 과도기가 끝났다는 가정에서 출발해서는 안 된다고 생각합니다. 아직 우리는 국가적 위기 속에 있기 때문입니다. 새로운 국가 질서가 수립됨으로써 이 위기가 해결되지 않는 한, 우리는 계속 과도기에 있게 될 것입니다. 국가적 위기는 진보적인 의미의 해법이 아닌 매우 반동적 의미의 해법으로도 귀결될 수 있습니다. 결과가 어떨지는 국가 개혁의 윤곽에 달려있을 것입니다.

만일 이런 맥락이라면 지식 생산 또는 인간 자원 형성의 산실로서 대학이 제기해야 할 중요한 질문이 있습니다. 사회적 의미가 있는 뛰어난 지식을 생산할 필요는 어디에 있습니까? 경제와 정치와 다른 것들을 연결하는 원칙들이 현재 변화하고 있는 상황에서, 이 과도기가 제기하는 이론적이고 방법론적인 도전 과제는 무엇인가요? 마지막으로 대학을 연구 공간으로 간주할 때, 지적 활동의 결과가 이론적, 방법론적 도전과제들에 응답할 능력을 갖출 수 있으려면, 그리고 그 지적 활동의 산물이 사회적으로 탁월하고 유용하게 되려면 그럴 때 필요한 가장 적절한 제도적 틀은 무엇일까요? 우리가 살고 있는 이 시대, 즉 국가가 강화되고 국가가 주체가 되어야 한다고 이야기되고 있는 이 시대에, 사회적으로 의미 있고 유용한 지적 생산물을 창출해낼 그러한 제도적 틀 말입니다.

이런 질문들에 대답하기 전에 과도기적 과정과 연관이 있는 기본 문제로부터 출발해야겠습니다. 제도의 지속성이 필요합니다. 모든 경우에 국가가 충분히 기능하지 못하는 이유는 제도의 지속성이 부족하기 때문입니다. 이런 생각을 더욱 확장해볼 수 있을 것입니다. 역사적 지속성이라는 시각을 가져야 합니다. 과도기와 국가 개혁을 단절이 아니라 과정으로 인식해야 합니다. 그것들을 혁명적 민족주의의 심화로 생각해야 하고 대의민주주의의 거부가 아니라 심화로 여겨야 합니다.

혁명적 민족주의의 심화와 관련해서는, 어떤 요소들을 회복하고 재구성하고 유지할 것인지, 또는 그것들에 어떤 다른 의미를 부여할 것인지에 대해 논의할 수 있습니다. 민주주의에 대해서도 마찬가지입니다. 많은 것을 생각할 수 있습니다. 그러나 이런 것들이 기초적인 준거점입니다. 혁명적 민족주의와 민주주의의 의미들이 바뀔 수 있습니다. 담론적으로 어느 원칙에 의지하는지에 따라 서로 절합될 것입니다. 담론들의 거부가 아니라 오히려 심화가 있어야 합니다. 왜냐하면, 오늘날 노동과 공립대학의 역할에 관해 생각하는 데 있어서 민주주의와 민족주의보다 더 효율적인 메타담론이 없기 때문이고, 그것들이 국가와 사회를 기본적 준거점으로 삼기 때문입니다. 시민성이 구성되는 공간으로서, 그리고 정치적 공동체로서 국가만 한 것이 없습니다.

이런 의미에서 대학은 집단적 상상력과 직접적인 관계가 있습니다. 무엇보다도 19세기에 공화국이 독립하고 창설된 역사는 대학의 역사와 매우 밀접하게 관련되어 있습니다. 거기에서 대학은 근본적인 역할을 수행했습니다. 당시 대학은 결코 국가 운영의 오른팔로서가 아니라 유사 국가적 제도로 기능했습니다. 대학은 국가 정책의 대상이었습니다. 대학은 국가 안에 편입되지 않았고, 그렇다고 해서 사회와 절합되었던 것도 아닙니다. 이것이야말로 중심적인 문제입니다. 그리고 이 이중 딜레마는 대학의 현재에도, 과거에도, 그리고 미래에도 존재할 것입니다.

그리하여 나는 대학의 역할과 국가 개혁이라는 틀 안에서 사회가 제기하는 도전과제들에 대해 성찰해보고자 합니다. 현재 개혁의 세 가지 핵심 요소들이 있습니다. 이 세 가지는 중요하고, 강력하며, 서로 모순적입니다. 국가와 시장의 연결, 지역적 연결, 종족적 연결입니다.

첫 번째의 경우, 문제는 너무나 명백합니다. 20년이 지난 지금 국가-시장의 연결은 다음과 같이 해결이 진행되고 있습니다. 국유화라는 시각이 복귀하고 있고, 이는 국가가 공공정책을 통해 주도적인 역할을 하는 것을 의미합니다. 이는 과거 공립대학의 목표로 되돌아가는 것을 의미합니다. 1952년 혁명 이전과 이후에 존재했던 과거의 혁명적 민족주의를 향하는 것이 분명합니다. 국유화 정책은 경제에서 국가의 주도적 역할을 강화하고, 국영회사를 재창설하는 것을 의미합니다. 즉 대학이 국가를 위해, 국가와 함께, 연구하고 인력 자원을 양성하는 것을 포함합니다. 여기에서는 자동적으로 대학의 전통적인 역할이 강조됩니다. 대학은 과거에는 전통적인 역할을 제대로 수행하지 못했는데, 국가와 대학 사이의 적대적인 역사 때문입니다. 비록 현재는 균형이 더 잘 이루어질 수 있는 조건들이 주어지고 있다고 생각합니다만 말입니다. 왜냐하면 구스타보 로드리게스가 지적한 대로 신자유주의는 대학 내로 진입하지 않았기 때문입니다. 대학원 과정은 아마도 다소 영향을 받고 있는 것이 사실이지만 말입니다. 이 주제는 나중에 다시 다룰 것입니다.

대학은 그저 고착되어 있습니다. 그러나 주위 환경은 바뀌었습니다. 그리고 새로운 요구가 나타나고 있습니다. 통상적인 목표를 세우기 위한 조건이 1960년대와 분명히 다르다는 것을 인식하고 있지만 말입니다. 당시에는 세르히오 알마라스, 마르셀로 끼로가 산타 끄루스, 레네 사발레타 등이 포럼에 함께 참여했었고 '내발적 민족주의'[13]를 주장했었습니다.

오늘날에는 민족주의를 세계화의 맥락 안에서 생각하는 것이 중요합니다. 그런데 이것은 또한 다른 종류의 도전과제를 제기합니다. 그러나 나는 기본적인 생각은 비슷하다고 생각합니다. 이를 알기 위해서는 산업화에 대한 관습적인 생각을 가진 국가 당국자 또는 정부 대변인의 목소리를 듣는 것으로 충분합니다. 그것은 다시금 혁명적 민족주의의 관습적인 과제들과 목표들을 제기하는 것이고, 대학으로 하여금 국가를 위한 연구와 인력 자원 양성이라는 필요를 충족하게 하는 것입니다. 이런 과제는 공립대학에 할당됩니다.

이는 다른 두 개의 축과 강렬하게 연결됩니다. 왜 강렬한가 하면 국유화 정책을 통해 국가를 강화하는 경향에, 지방자치를 통해서 분권화를 해야 한다는 요구를 담지하며 몇 년 전에 출

---

13. [옮긴이] 내발적 민족주의(nacionalismo endógeno)라는 용어는 베네수엘라의 차베스 혁명을 이해하는 데 있어서도 핵심어다. 대부분의 라틴아메리카 국가는 자연자원을 해외에 수출하면서 경제를 운용한다. 즉 외발적 발전전략을 채택하고 있으며 이로 인해 많은 정치, 경제, 사회, 문화적 어려움을 겪는다고 좌파들은 인식하고 있다. 그러므로 이런 흐름을 제어하는 내발적 발전을 유토피아적으로 꿈꾸지만 세계체제에 편입된 이상 그 꿈이 쉽게 실현되지 못하곤 한다. 그래서 상대적으로 쿠바가 주목을 받는다.

현한 지방적 축이 더해졌기 때문입니다. 다시 말해 한편에는 국가의 중앙집권을 강화하는 경향이 있고 다른 한편에는 지방정부를 통한 분권화의 경향이 있습니다. 나는 여기서 지방 자치 기획의 적절성을 평가할 생각은 없습니다. 단지 새 헌법에 의한 정부의 구성과 국민투표의 결과에 기초할 뿐입니다.

그러나 이 분권화의 논리에 따라 대학을 위한 분명한 과제들이 출현할 것입니다. 왜냐하면 대학은, 말하자면 국가와 더 가까운 관계를 맺게 될 것이기 때문입니다. 즉 지방 차원에서 대학은 또 다른 종류의 국가의 존재를 느끼게 될 것입니다. 그리하여 지방 환경의 수요와 대학의 인재 공급 사이에 관계 수립이 더 쉬워질 것입니다. 다시 말해 인력 자원의 이용과 연구 인프라의 사용이 더 합리화되는 방향으로 변화해갈 것입니다. 내가 생각하기에 이를 통해 대학은 국가와 더 가까워질 수 있고, 로칼local과 지역regional의 관점에서 생산된 사회적으로 유의미한 지식의 수요를 예상할 수 있을 것입니다. 지식의 생태학은 바로 여기에서 형성될 것입니다. 그러나 각각의 수준에서 어떤 지식들이 작동하는지를 알아야 합니다. 그리고 그 지식들이 서로 어떻게 절합되는지도 알아야 합니다. 모든 경우에 있어서, 국가의 분권화 그리고 지방 차원에서 의사결정 능력이 있는 국가 기관이 형성되는 것은, 대학의 연구 능력을 향상시키는 데 유리한 조건을 만들 수 있을 것이고 이는 특히 대학원의 수준에서 그러할 것입니다.

현재 산시몬 국립대학교는 코차밤바의 바예 알토Valle Alto에 분교를 두고 있습니다. 지방분권이라는 의미에서 학생들의 입학을 쉽게 하기 위해 분교를 가지는 것은 나쁘지 않습니다. 왜냐하면 대학이 다른 역할을 갖게 되고 이는 무기력한 대학에 활력을 주기 때문입니다. 특히 대학은 교육 기회를 제공하여 사회적 상승의 통로를 열어주는 기능을 합니다. 요즘 산시몬 국립대학교의 학생 수는 5만 명 이상입니다. 대부분의 학생들이 지방의 고졸자입니다.

이것은 세 번째 축인 종족적, 문화적 성격과 연결되어 대학에 다른 종류의 도전 문제를 제기합니다. 공립대학의 탈중앙화 또는 분권화의 수요에 원주민 대학 창설이라는 요구가 더해지는 것입니다. 이는 이 나라에 존재하는 또 다른 메타 담론에 근거한 응답으로서, 종족적[14]인 의미를 띠는 것입니다. 즉 어떤 공공정책이 민족주의를 기반으로 한다면 다른 정책적 제안은 다문화주의적 원주민주의를 기반으로 합니다. 특히 헌법에 복수 국민국가의 제안이 채택된 이때, 개별적인 종족적 개성이라는 관점에 응답하는 프로젝트로서 원주민 대학을 창설하자는 제안이 있었습니다.

이와 관련해서 나는 호세 미르텐바움이 언급한 것과는 다

---

14. [옮긴이] 종족적(ethnic)이라는 낱말은 한국 사회에서는 문제가 되지 않지만 라틴아메리카에서는 중요한 문제이다. 예를 들어, 볼리비아의 경우에 '종족'은 아이마라, 케추아, 과라니 등 볼리비아인보다 좁은 범주를 가리킨다.

른 관점에서 대학이 수행하는 역할을 평가하는 것이 중요하다고 생각합니다. 공립대학이 종족적 정체성에 대해서만 이야기하는 것이 아니라 공립대학을 상호문화성의 공간으로 보는 관점에서 다양한 정체성을 중시하자는 것입니다. 어떤 사회든지 공립대학은 상호문화성의 공간입니다. 이런 의미에서 특정한 정체성을 기준으로 분리시키고 분열하는 대신에 상호문화성을 유지, 확장, 강화하는 것이 필요할 것입니다.

대학이 스스로를 상호문화성의 공간으로 여기는 것은 거대한 도전과제일 수 있습니다. 연구의 조건과 관련해서 그렇습니다. 대학 안에서 벌어지는 상호 작용, 관계, 학생 주민의 구성 등에 대한 연구를 우리는 잘 알지 못합니다. 아니 적어도 나는 모릅니다. 또한 학생의 등록, 편입 등의 조건에 대한 진단도 없습니다. 나는 공립대학은 공존의 공간이라고 말하고 있습니다. 그리고 나는 대학은 다른 사회 제도와 비교할 때 가장 민주적인 공간이며 그 존재 자체로서 사회에 기여한다고 생각합니다. 나는 사회적 상호작용에 대해 말하고 있습니다. 시민적인 논리 위에서 공존의 코드를 증식하는 것을 강조해야 합니다. 젊은이들이 서로를 동등하게 여기는 것을 지향해야 하기 때문입니다. 이런 식으로 시민적 국가의 고전적 정의로써 내가 하나의 정치 공동체에 속한다는 비전을 드러낼 수 있습니다.

결국 공립대학은 세 개의 축과 연결되어 변화의 과정 속에 있고, 이 세 축은 서로 긴장 관계에 놓여 있습니다. 중앙정부는 국가 기능 강화와 국유화 정책을 펼치려 합니다. 주 정부는 지역 발전의 요구와 자본의 동학에 지역적인 것을 결합시키려 합니다. 원주민 또한 그들만의 특정한 요구들을 갖고 있습니다. 이런 상황에서 대학이 무엇을 할 수 있을까요? 나는 적절한 진단을 먼저 내려야 한다고 생각합니다. 거기에서 출발하여 지역을 넘는 통합 노력을 수행할 방법을 생각해야 할 것입니다.

대학은 무엇을 해야 하는가? 무엇보다 이런 현실과의 관련성 속에서 학문적으로 혁신하는 것이 중요합니다! 왜냐하면 그로부터 대학의 연구 목표가 도출되기 때문입니다. 내가 현실에 대한 새로운 시각을 가지지 못한다면 연구 목표들이 어디서 나올 수 있을까요? 단지 학문적인 갱신만이 아니라 대학이 도덕적, 지적 개혁을 수행해야 한다고 목표를 세우는 것은 더 야심찬 도전일 것입니다. 그렇지만 이것이야말로 대학이 수행할 이상적인 과제일 것입니다. 지적 개혁을 촉진하는 학문적 혁신도 생각할 수 있을 것입니다. 좋습니다. 이 분야에서 무슨 일이 일어났습니까? 또는 어떤 도전과제들이 제기되고 있습니까?

대학원 과정이 너무 상업화되어 우리가 부정적 영향을 느끼고 있다는 것을 알고 있습니다. 사립대학만이 아니라 많은 경우 공립대학의 대학원 과정도 철저하게 상업화된 논리로 작동하고 있기 때문입니다. 게다가 부정한 경쟁을 벌이는 컨설팅 업체와 공립대학 사이의 수치스러운 동맹도 있습니다. 대학원 과정을 1천오백 달러짜리 2년 과정으로 만들어서, 토요일에 하루 종일 수강할 수 있게 하고 논문도 쓸 필요 없이 졸업하면 두 개의 학사학위, 두 개의 석사학위 등 총 네 개의 학위를 주는데, 누가 이런 것과 경쟁할 수 있겠습니까? 이런 것을 조직하는 데는 돈도 별로 안 듭니다. 대부분의 사람들은 직업시장에서 더 좋은 위치에 서고 싶어 하고 이를 위해 학위 종잇장이 필요한 것입니다. 그렇다면 우리의 관심은 어디를 향해야 할까요? 비록 소수일지라도 교육과 연구에 대한 소명이 있는 사람들을 향해야 할 것입니다. 공립대학에서 이런 노력을 우리는 산안드레스 국립대학교의 발전학 대학원 과정CIDES과 산시몬 국립대학교의 발전학 대학원 과정CESU 15에서 실천하고 있습니다. 왜냐하면 우리는 국가와 사회의 필요를 고려하여 학문의 공급을 실천하고 있기 때문입니다. 이 프로그램을 가능하게 하기 위해 어려움이 무척 많지만 우리는 실천하고 있습니다.

이것이 대학원 과정이 처한 현실의 두 모습입니다. 이는 내가 상대화를 하게 만듭니다. 효율적인 제도 또는 부족한 제도가 따로 존재한다고 생각하지 않습니다. 보통 그렇습니다. 공립대학은 더욱 그렇습니다. 우리가 대부분 가지고 있는 것은 연구소, 기관 센터, 프로그램, 네트워크 등인데 잘 돌아가는 편입니다. 물론 대학 공간 중에서 정말 심각한 것들도 있지만 말입니

---

15. [스페인어판 편집자] 전자는 라빠스에 있는 산안드레스 국립대학교(UMSA)의 발전학 대학원 과정이고 후자는 코차밤바에 있는 산시몬 국립대학교(UMSS)의 발전학 대학원 과정이다.

다. 여러 대학에 성공적인 공간과 분위기 그리고 탁월한 프로그램이 있는 것도 사실입니다. 이런 곳은 우리가 더 확인하고 강화해야 할 것입니다. 그리고 신자유주의가 아닌 대안적 세계화의 과정에 있는 라틴아메리카의 대학들과 그 밖의 해외 대학들과도 연결해야 합니다.

어떤 센터, 연구소와 연구 네트워크에 분명한 목표와 양질의 인력이 있을 때는 국제 협력에서 협상이 종속적이지 않게 됩니다. 왜냐하면 국제 협력에서는 상대방의 수준이 낮을 때만 연구 방향 설정에 개입하기 때문입니다. 그러면 연구소와 네트워크는 대학 개혁은 잘 모르겠지만 대학의 기본적인 목표를 이루기 위한 통로를 국제협력에서 찾을 수 있을 것입니다. 왜냐하면 일이 잘 돌아가기 위해, 제도 개혁이 선행되어야만 하는지는 잘 모르겠습니다. 나는 제도 개혁이 있든 없든, 국가개혁이 잘되든 아니든 간에, 연구 공간의 작동을 강화해야 한다고 생각합니다.

연구는 반드시 대학의 제도로서 필요한 것이 아니라 그 자신의 목표를 가집니다. 지적 공동체로서의 연구팀은 많은 경우 로칼 공동체와 참여적 연구를 절합합니다. 참여적 연구 대신 활동적 연구라는 말을 쓰든 그 밖에 무슨 이름을 붙이든지 간에 말입니다. 그리고 필요한 곳에는 서구 데카르트식 논리를 사용해야 할 것이며 대중적 지식에서 배울 것은 배워야 할 것입니다. 이런 것에 대해 이미 대학 안에 많은 경험이 존재합니다. 내 생각에 특히 역사학, 종족학, 인류학, 고고학 등의 분야에서 복합적이고 풍부한 연구 노력이 활발하게 발전되어왔습니다.

나는 방금 언급한 것과 관련해서 연구소와 네트워크에 관한 어떤 경험을 여러분께 말씀드리고자 합니다. 여러분 모두 '볼리비아 전략 연구 프로그램'(이하 PIEB)이라 불리는 것을 알고 계실 것입니다. 만약 대학이 준-공립이라면 PIEB는 준-대학의 성격을 가진다고 할 수 있습니다. 다시 말해서, 비록 공공적 방식의 대학 프로그램이 아니지만 PIEB의 노력은 사회과학 분야에서 공립대학의 과제를 북돋고 풍부하게 합니다.

PIEB는 여러 기관과 제도적인 협력 관계 속에 있습니다. 예를 들어, 몇 년 전에 산시몬 국립대학교 발전학 대학원 과정과 함께 공동연구를 수행하였습니다. 그 결과로 코차밤바주에 대한 사회적 연구의 전문적 상황에 대한 책 한 권을 출판했습니다. 이 책은 미래의 연구와 논문 작성에 도움이 될 것입니다. 이런 노력은 라빠스에서도 진행되고 있고 곧 산타끄루스에서도 진행될 것입니다. 몇 개월 내에 이들 지역에서 연구 실태에 대한 조사 결과를 논의하기 위한 중심축 역할을 하는 약 30명 이상의 연구자가 모일 것입니다. 거기에서 우리는 무엇이 잘 연구되고 있고, 무엇이 부족하고 무엇이 잘 안 되고 있는지 또한 앞으로 연구가 지향해야 할 방향이 무엇인지 등을 이야기할 수 있을 것입니다. 그리고 만약 운이 좋아 지역주의가 우리를 짓누르지 않는다면 아마 전국적 규모의 지식인 공동체를 만들 수 있을 것입니다. 이는 볼리비아에서 만들어내기 어려운 일입니다.

이제 마지막 단계로서, 연구소들을 강화하고 네트워크를 확장하고 기존의 네트워크는 더욱 강화하는 일이 필요합니다. 이것만이 일을 진전시킬 유일한 방법이고 이 기초 위에서라면 상대가 누구든 고유의 목표를 협상할 수 있습니다. 이제 이전의 주제로 돌아갑시다. 즉, 국가의 강화, 경제에서 국가가 맡은 새로운 역할, 국가의 분권화, 지역 수준에서 국가가 맡은 새로운 역할 등에 관해 이야기합시다.

이 주제들은 공공 행정에 대한 연구가 나아갈 방향성과 공공 행정에 있어서 인적 자원의 형성이 가져야 할 방향성을 분명히 제시해 줍니다. 다시 이 주제로 되돌아갑시다. 분권화된 공공 행정은 다른 형태의 노동시장 진입을 필요로 할 것입니다. 노동시장에서 국가의 역할이 중요할 것입니다. 이를 통해 대학은 적어도 몇몇 학과 또는 학부에서는 최소한의 기획과 합리화의 기준을 정할 수 있게 될 것입니다. 연구의 조건에서도 같은 일이 일어날 것입니다. 왜냐하면 연구 조건과 관련해서도 우리 앞에는 커다란 도전과제가 놓여있기 때문입니다. 즉, 연구의 목표를 어떻게 만들어낼 것인가? 우리는 새로운 헌법 규범과 함께 국가가 재구성되는 과정에 있습니다. 그리고 그것은 제헌의회에서 제기될 법률적, 제도적 변혁의 총합을 어떻게 이행해야 할지 또는 적용해야 할지를 생각하는 것과 관련된 모든 도전과제가 연구에 주어진다는 것을 의미합니다.

게다가 연구 목표의 복잡성의 수준을 생각할 수 있습니다.

왜냐하면 지역 차원, 로칼 차원, 국가 차원의 연구 목표가 분명히 다르게 출현할 것이기 때문입니다. 이런 국내적 절합 외에 전지구적인 연결을 생각할 가능성도 있습니다. 이는 분명 범학제적, 복합 학제적 연구의 필요성으로 이어질 겁니다. 대학이 범학제적 연구를 새롭게 제안한다는 것이 아닙니다. 왜냐하면 이미 실용적 수준에서 그것은 실천되어왔고 현재는 상식이기 때문입니다. 산업화를 통한 생산능력 강화의 논리를 생각하는 것은 정부가 가진 비전의 중심 목표 중 하나입니다. 그러나 그 목표는 환경적 시각과 동행해야 합니다. 분권화도 마찬가지입니다. 분권화는 경제적인 것, 사회적인 것, 제도적인 것을 결합할 것을 요구합니다. 그리고 지식의 생태적 대화로서 상호문화성과도 결합해야 합니다. 결국, 연구목표의 복잡성은 연구 과제를 더욱 복합적으로 진행할 것을 요구합니다. 이것이 공립대학의 제도적 변화와 별개로 우리 연구자들이 맞이하고 있는 도전입니다.

세실리아 살라사르의 발표

나는 두 가지 문제의식을 가지고 있다고 말하는 것으로 이야기를 시작하고 싶습니다. 첫 번째 측면은, 대학은 국가와 사회의 중재자로서의 정당성을 잃었습니다. 사회의 변혁은 이미 대학과 같은 제도적 연결의 힘을 요구하지 않습니다. 하지만 대학의 마비는 국가와 사회 사이의 모든 수준에서의 중재의 마비이기도 하다는 점을 이야기해야만 합니다. 우리의 경우 이 마비는 국가적 현실을 해석하는 데서 대학이 맡은 역할과 연결되어 있습니다. 두 번째 측면은 반복해서 말했듯이, 대학은 자기 자신에 대해 성찰하지 않습니다. 예를 들어, 대학은 지금 내가 지적하는 문제들에 대해 자기 성찰의 장을 만들지 않았습니다.

위 두 측면을 결합해보면 결과적으로 절망적인 상황과 마주하게 됩니다. 왜냐하면 대학이 현실 해석의 장에서 자신의 위치를 잃었을 때 자신의 정체성도 잃었기 때문입니다. 볼리비아 국가의 경우에, 공동체 전체의 의미를 만들어야 하는 제도인 대학에 대해 나라의 정치, 사회, 문화적 파편화를 만든 책임의 일부를 물어야 합니다.

이것은 심각한 문제입니다. 왜냐하면 모든 현대 사회는 자신의 믿음과 확실성의 형식을 제도에, 다른 것보다도 지식을 생산하는 대학에 두고 있기 때문입니다. 그러므로 만약 이 제도가 의심스럽게 되면 사회 전체의 확실성은 애매하게 됩니다. 이것은 사발레따Zavaleta가 지적했던 것과 관련해서 더 두드러진 의미를 가집니다. 어떤 사회가 자신을 전복하는 것이 불가능해질 때, 즉 자신을 알지 못하게 될 때, 자신의 해방적 가능성을 스스로 제약하게 됩니다.

이는 부수적으로 다른 의미도 가집니다. 국가와 사회 사이의 중재는 밑바탕에서부터 공통적 소속감이 구축됨으로써 만들어집니다. 이는 대학의 경우, 단순하게 공무원의 형성을 그 목표로 할 수 없고 나의 관점에서 볼 때, 더 중요한 것은 시민의 형성, 정확히 이야기하면, 국가적 성격 또는 개성을 가진 전문가의 형성입니다. 중요한 것은 자신의 전문 분야에서 국가와 사회의 관계를 해석하면서 자신의 역할을 제대로 인식하는 전문가를 형성하느냐 여부입니다.

그렇다면 지금까지 평가는 어떠한가요? 우선 대학이 해방에 대한 해석자의 역할을 다른 행위자에게 넘겨주어 버렸습니다. 이리하여 대학은 토론과 해석의 장에서 중심적이지 않은 하나의 행위자에 불과하게 되었습니다. 이런 현실을 선의로 해석할 때 이는 대학에서 나오는 학문적, 과학적 지식이 다른 원천의 지식, 해석과 불평등한 조건에서 경쟁해야 함을 의미합니다. 이 원천들은 — 현재의 맥락에 내재적인 정치 사회적 지형으로 인해 — 필연적으로 사적인 성격을 가집니다. 사적인 데서 출발하는 지식은 필히 사적인 목적을 또한 동반하게 됨을 고려해야 합니다.

그렇다면 이것이 오직 대학만을 탓할 수 있는 과정인가요? 우리의 책임을 줄일 생각을 하기보다, 여기서 우리는 이 과정의 바탕에는 시장경제의 틀 속에서 국가가 붕괴했다는 점이 있음을 이야기해야 합니다. 그런 의미에서 대학의 중재 역할이 위기에 처했다면 그 이유는 국가와 사회가 대학을 그렇게 만들었기 때문입니다.

여기서 나는 한 가지를 강조하고 싶습니다. 경제학과 사회학의 교차적 시각으로 최근 몇 년의 과정을 이해하려고 노력해보면, 신자유주의는 경제적 해체의 과정이며, 주민의 집단적·개인적 정체성에 놀라운 해체적 결과를 가져온 과정입니다. 즉 '볼리비아다움'이라는 정체성의 의미에 신자유주의는 직접적으로 영향을 미쳤습니다.

신자유주의가 우리에게 영향을 준 것과 관련하여, 이 같은 '해체'는 문화적 소비의 파편화에 결정적[파괴적]인 영향을 미쳤습니다. 이때 문화는 자본주의의 불평등을 심화하는 또 하나의 자원입니다. 자본주의는 문화로써 사람들을 양극화하는데, 한쪽 극에는 책과 미디어 등의 자원에 대한 접근성을 기반으로 뛰어난 기호 조작 능력을 갖춘 개인들이 있고, 다른 한쪽 극에는 생존을 보호하기 위한 틀이 나날이 희박해지고 악화되는 상황에 놓여있는, 미디어의 조작 대상이 되는 개인들이 있게 됩니다. 다른 식으로 말한다면, 어떤 사람이 과학적 지식을 가질 때 다른 사람은 자연적 지식을 갖게 되고, 일부가 지적 노동을 할 때 다른 사람들은 육체노동을 하게 됩니다. 이런 불평등은 현재의 맥락에서 우리를 대단히 격분시키는 주제입니다. 만약 우리가 이것을 생존적 실천과 멀리 떨어진 추상화의 과정으로, 흔히 인식되는 이론과 실천 사이의 어떤 것 ─ 오늘 아침에 누군가가 말했듯이 진실을 말하는 사람들과 그것을 듣는 사람들 사이의 엄청난 간격 ─ 으로 이해한다면, 그 결과는 너무 끔찍할 것입니다.

두 번째 주제로 넘어가 보면, 대학이 이제 자기 자신의 대상이 아닌 것은 분명합니다. 대학은 자기 자신을 해석하지 않습니다. 즉 국가와 사회의 관계를 해석하지 않을 뿐 아니라 자기 자신도 해석하지 않습니다. 따라서 자신에 대한 해석을 다른 행위자, 보통은 사적 행위자에게 맡겼습니다. 이 수준에서 최근 몇 년 동안 대학에 대해 생산된 것은 대학 밖에서, 대학 주변에서 온 것입니다. 최근 20년 동안 대학을 구성한 헤게모니적 패러다임은 근대화입니다.

이런 담론의 가치는 무엇인가요? 그것은 기본적으로 효율성에 근거하고 있습니다. 효율성은 근대사회가 요구하고 국가적 현실의 필요성에 응답하는 한 우리가 동의할 수 있는 측면을 가집니다. 하지만 항상 그런 것이 아닙니다. 조금 설명하고자 합니다. 근대화와 효율성에 근거하는 신자유주의의 담론적 헤게모니 모델은 대학이 적응할 것을 요구했습니다. 그러나 국가적으로 사회, 경제, 문화적 해체가 일어나는 상황에서 그렇게 했습니다.

효율성의 개념 그 자체를 의심하지 않고 그것이 제기된 맥락을 생각해보면, 근대화 담론은 점점 타락해 왔다고 할 수 있습니다. 국가적 현실의 필요 밖에서, 즉 약탈당한 사회의 수요 밖에서 방향 설정이 이루어졌다는 점에서 그렇습니다. 다시 말해 그것은 세계화를 둘러싼 외부적 가치들을 지향했습니다. 그것은 국민적 가치보다 국외의 가치들에 더 중점을 두면서 대학이 신뢰를 회복하려는 노력들 또는 정책들에 대해서 의문을 제기했습니다. 구스타보 로드리게스가 말했듯이, 이런 측면으로 인해서 대학은 정신분열적 정체성을 갖게 되었습니다. 그때부터 대학은 국내적 요구보다는 타율적 가치와 행위자들의 요구 쪽으로 기울었습니다.

그런 맥락에서 대학은 최근 여러 해에 걸쳐 섬처럼 고립되거나, 자신이 무시할 수 없는 가치들을 내부에 품으려고 애쓰게 되었습니다. 그러나 볼리비아 사회가 탈국유화와 배제의 맥락에 놓이게 되면서, 그 가치들은 타락하지 않을 수 없었습니다.

이제 결론을 내리고자 합니다. 대학의 한가운데서 대학 자신의 자기 성찰이 부족하게 되면서 그것이 가지는 국민적 성격이 침식되었습니다. 동시에 과거에 대학의 덕목이었던 가치들이 타락했습니다. 또한 대학의 정통성을 유지하려는 시도의 일환으로서, 대학을 현시대적인 맥락에서 탈각시켜 현재보다는 과거에 호소하는 정통성 담론이 형성되었습니다. 그로 인해 우리가 대학 안에서 갖게 된 것은 자율이 아니라 종속적 자율이었습니다. 정치적 행동이 아니라 정치의 이름을 가진 사적 이익이었습니다. 그리고 대학이 혁명이 아니라 다양한 계층의 한가운데서 보수적 이익을 지키는 진지가 되었습니다.

이러한 맥락에서 가장 비판적으로 지적해야 할 부분들은 구스타보 로드리게스 선생을 비롯한 여러 분들이 논한 바 있습니다. 이런 지적들에 따르면 대학의 구조 중에서 반자본주의적, 대항 헤게모니적, 사회적 덕목들에 호소하는 부분들에서는

'지식의 관료주의'라고 부르는 것이 우세하게 되었습니다. 그렇게 되면서 대학이 사회와의 관계에서 혜택을 생산한다는 일종의 '가상'[시뮬레이션]이 생산되고 있고 이는 실상은 '실속이 없음'을 감추는 효과를 가집니다. 이것은 그들이 "행복한 덫"이라고 부르는 '종속적 자율성' 개념으로 요약됩니다. 이 덫 속에서 대학은 자신의 수사[레토릭]의 진실이 무엇인지를 완전히 드러내지 않고 자기 참조적이고 엔트로피적인 세계를 구축합니다. 하지만 이 저자들과 많은 다른 이들이 지적하는 대로 대학은 국가와, 국가는 대학과 연결되어 있으므로 "그런 국가에 그런 대학 있다"는 말을 잊어서는 안 될 것입니다.

하지만 페르난도 마요르가가 말했듯이 이런 분위기 속에서도, 즉 너무나 심한 부정성과 일반적 약탈의 맥락 속에서도 대학에 대한 몇 가지 희망을 나는 강조하고 싶습니다. 나는 특히 산안드레스 국립대학을 지목하고 싶습니다. 이 대학은 개인적으로 내가 관여하고 있습니다. 이 대학은 혁명적 담론을 펼칠 때조차도 근대화라는 맥락 속에서 분명히 보수적인 태도를 보여온 그 전통에서 벗어날 수 없었습니다.

이것이 예를 들어, 지역의 산업 분야에 더 폭넓게 개방된 산타끄루스의 대학이 이룩한 성과와 대조를 이루는 산안드레스 국립대학의 고유한 성격입니다. 또는 코차밤바의 대학은 근대화의 열기가 대단한 곳인데도 아카데믹한 교육적 양성에 더 많은 노력을 기울였습니다. 또는 따리하[Tarija]의 대학이 외부의 글로벌한 세계와 관계를 맺는 도전과제에 대해서 개방적 태도를 견지했던 것과도 대조를 이룹니다. 이 대학들과 달리 산안드레스 국립대학은 긍정적인 결과가 별로 없이, 대량화된 그러나 동시에 보수적인 대학으로 나타나고 있습니다.

이에 대한 응답으로서 나는, 내가 위에서 지적한 것들이 사실이라면, 볼리비아의 대학들과 구별되는 두드러진 어떤 점이 산안드레스 국립대학에 있다는 것을 지적하고 싶습니다. 아이마라 지성[16]이 번창했거나 또는 성취되었다는 사실입니다. 이는 어떤 식으로든 신자유주의와 함께 몰락이 시작되었던 '볼리비아다움'의 의미를 다시 확장하는 데 기여했습니다.

이 상황에서 나는 아이마라 지성과 사유의 부상을 강조하고 싶습니다. 아이마라 지성이 다양한 이데올로기적 입장에서 논의될 수 있고 새로운 패러다임을 가져올 수 있다는 점에서 의의가 있다기보다는 페르난도 마요르가 선생이 말했던 것과 정확하게 일치하는 사회학적 사실로서의 의의를 강조하고자 합니다. 즉 아이마라 지성의 부상은 대학의 민주화 역능, 나아가 볼리비아 사회의 민주화 역능을 보여줍니다. 이런 의미에서 신자유주의에 의한 국가적 해체라는 파괴적 과정에도 불구하고,

16. [옮긴이] 아이마라를 언급하는 것은 아이마라 출신인 에보 모랄레스의 가치관과 비전을 염두에 둔 표현으로 보인다. 그의 개인적 가치관이 아니라 그가 아이마라 원주민 및 농민이 주체가 되는 새로운 헌법에 담고자 하는 가치관을 가리키는 것이다.

'볼리비아다움'이 민주화를 통해 수평적으로 확장되었습니다. 또한 '볼리비아다움'의 의미를 다양하게 만들어왔던 풍부한 지식의 기능을 가지고 아이마라의 지성이 스스로를 지켜온 과정 덕분에 민주화를 심화시킬 수 있었습니다.

이것은 정확히 볼리비아 사회의 민주화 능력을 드러낸 것입니다. 이 사회는 몇 년 전까지도 받아들이지 않았던 행위자와 주체들을 자신의 한가운데에 받아들이고 있습니다. 다시 말해, '볼리비아다움'이 확장되고 인식적으로 심화되었습니다.

하지만 이를 사회학적인 사실로서 고찰해보면, '볼리비아다움'은 현재 구축 중에 있습니다. '볼리비아다움'은 이미 주어진 것이 아니라 현재 진행 중이고, 만들어진 것이 아니라 만들어지고 있습니다. 따라서 '볼리비아다움'은 어느 한 주체에 육화된 것이 아니라 현재 투쟁 속에 놓여있고, 앞으로 우리가 어떤 개념을 갖게 될지도 현재 경합 중인 세력들이 부여할 의미에 따라 수년 안에 결정될 것입니다. 이 점에서 공립대학의 핵심적 도전과제와 기능 중 하나는 '볼리비아다움'에 대한 열린 토론에 기여하는 것이라 생각합니다. 만약 공립대학이 신자유주의가 초래하는 해체적 과정에 대한 저항적 해법을 제공하고자 한다면 '볼리비아다움'의 가치들에 기초하여 응답해야 한다고 생각합니다.

역설적인 것은 이 과정이 귀족적 볼리비아다움이 무엇인지를 특징짓는 것이 아니라, 우리가 만들고 있는 과정의 열기로서, 원주민 대통령에 의해 만들어지는 중인 다른 '볼리비아다움'의 형성과 관련 있다는 점입니다. 이 맥락에서 대학은 중요한 역할을 수행해야 합니다. 공립대학은 자신의 역할을 공무원의 형성으로만 한정할 것이 아니라 변혁 중인 사회가 요구하는 과제들에 대해서 책임 있는 태도를 갖고, 전복적이고 국민적인 가치를 포용하면서 개성적 품격이 있는 주체의 형성을 지향해야 합니다.

토론

질문 지금까지의 논의에 '탈식민화'를 추가해야 합니다. 두려워할 필요가 없습니다. 왜냐하면 그것을 정부가 이야기해서가 아니라 이 용어는 진실로 볼리비아 대학의 모든 구조를 우리 눈앞에 노출시키는 것이기 때문입니다. 특히 많은 토론자들이 강조한 대로 연구 분야에서 그렇습니다. 이런 맥락에서 발표자들에게 국가에 저항하는 원주민 대중 부문의 요구로서의 탈식민화에 대해 대학이 어떻게 응답해야 하는지 질문하고 싶습니다. 원주민 대중이 해석하는 탈식민화에 대해, 다시 말해 대학의 모든 구조 속에 깊이 뿌리내린 식민적 연구 전략, 또는 정신적 범주들의 구조화에 대해 대학은 어떻게 할 것인가요? 그리고 이 전략 또는 구조화가 한때 필연적인 것으로 인정되었던 주체 대 객체의 데카르트식 개념에 근거한 연구와 지식의 모든 부문에 깊이 스며들어있습니다. 심지어 탈식민화라는 아이디어에서도 재생산되고 있습니다. 이것이 나의 질문입니다.

질문 나의 질문은 특히 페르난도 마요르가 선생의 발표와 관련이 있습니다. 대학이 상호문화성의 공간으로 변화했다고 하셨습니다. 하지만 더 깊이 바라보아야 합니다. 특히 고등교육에의 접근과 관련하여 엘알토 공립 대학교와 산안드레스 국립 대학교에서 무슨 일이 일어났는지를 살펴야 합니다. 정말로 상호문화성의 공간이 된 것인지 아니면 '원주민' 부문을 배제한 또 하나의 형식이 아닌지요? 우리 사회에서 일어나고 있는 일에 대해 더 깊은 독해를 해야 할 것입니다. 왜냐하면 대학이 사회의 건강 상태를 반영한다고 말씀하셨기 때문입니다. 질문이 하나 더 있습니다. 거대 다국적 기업들이 어떤 이해관계도 없이 지원한다고 말할 때 이해관계 없음을 말하는 것이 공정해 보이지 않습니다. 오히려 그들이 정당한 세금을 내서 대학들이 사회 변혁을 가져올 수 있는 연구를 하도록 그들에게 요구해야 하지 않겠습니까? 다국적 기업들이 세금 문제에서 혜택을 계속 받도록 허용해서는 안 될 것입니다. 대학들이 더 많은 자율성을 가지고 연구를 통해 사회 복지를 더 깊이, 더 잘 개선하도록 만들어야 하지 않겠습니까?

질문 나는 사람들이 흔히 대학에서 신자유주의가 작동하지 않는다고 말하면서, 그 근거로 대학은 본래 그런 존재를 피할 만큼 강하지 않기 때문이라고 이야기할 때 매우 당황스러웠습니다. 예를 들어, 스페인에서 프랑코 독재기에 프랑코주의가 대학 내에 침투한 것은 분명한 사실입니다. 비록 일부 비판 세력이 있었지만 말입니다. 나는 신자유주의가 정말 대학에 침투했는지 아닌지를 묻고 싶었습니다.

세실리아 살라사르의 답변

탈식민화 개념에 대해서 매우 간략하게 대답하고 싶습니다. 내 관점에서 탈식민화의 길은 근대성입니다. 여성의 관점에서 그렇게 주장합니다. 여성들은 근대성의 가치를 체득하는 정도에 따라 우리를 탈식민화합니다. 두 번째 질문에 대해서는, 산안드레스 국립대학을 염두에 두고 말씀드립니다만, 의심의 여지 없이 근대화의 가치들이 대학의 개념, 프로그램, 행태 등에 침투했다고 봅니다. 이 가치들이 나쁘다는 의미는 아닙니다. 내가 의문을 가지는 것은 이것이 주어져 온 맥락과 그 맥락 속에서 그 가치들의 효력이 상실되는 결과에 대해서입니다. 효율성은 그 자체로 나쁜 것이 아닙니다. 단지 효율성이 대학의 '탈국립화'를 은폐하고 '우리 현실과 아무 관련이 없는' 외부의 정통성에 봉사할 때 나쁜 것입니다. 예를 들어, 인가 절차에 개입하는 경우입니다. 인가 절차에는 대학 고유의 가치보다 외부의 가치가 더 많이 적용되고 있습니다.

페르난도 마요르가의 답변

간단하게 언급하겠습니다. 우선 질문에 감사드립니다. 대학이 실제로 상호문화성의 공간이 되어가는지를 더 잘 평가해야 한다는 말씀은 옳습니다. 그러나 나는 대학의 이런 역할에 대해 연구해야 한다고 말하지 않았습니다. 분명히 엘알토, 산타끄루스, 따리하, 코차밤바의 경우가 서로 다릅니다. 나는 다만 어떤 결론을 내리기 전에 그 차원에 대한 대학의 역할을 연구하는 것이 중요할 것이라고 생각했습니다. 이런 의미에서 어떤 경로로서 그것(상호문화성)을 제기한 것이고 그것이 틀렸다고 생각하지 않습니다.

다국적 기업과 관련해서는, 우리 모두 그렇듯이, 당연히 그들도 이익을 챙기고 있습니다. 내가 제기하는 문제는 '종속되지 않고 협상할 수 있는가?'입니다. 20명의 졸업생 중 일부가 그 석유회사(볼리비아 석유 채굴회사)에 취업하고 있는 것은 흥미롭습니다. 그들은 거기서 다시 '뻬뜨로브라스(브라질 석유회사)'로 넘어갑니다. 네트워크와 자신의 힘에 기초한 협상의 예로서 뻬뜨로브라스에 대해 말씀드리는 것입니다. 탈식민화에 대해 "우리 여성들은 근대성 속에서 우리를 탈식민화합니다."라는 세실리아의 이야기에 전적으로 공감합니다. 감사합니다.

주제 : 새로운 도전과 대학의 기회

기예르모 마리아까의 발표

오전에 우리는 대학과 이 새로운 세기에 대학에서 일어날
수 있는 일부 진보적인 변혁에 대한 진단을 받았습니다. 강조하
고 싶은 것은 우리는 절대적으로는 알지 못한다는 점입니다. 오
늘 오전의 관찰에 대해서 여러 부분에서 공감합니다. 어떤 메커
니즘을 발견했습니다. 예를 들어, 국가와 대학이 서로의 거울이
라는 주장에서입니다. 대학이 현재 우리가 가지고 있는 것이고
우리는 그것과 함께 일해야 한다는 의미에서 어떤 실용주의를
발견했습니다.

이 토론의 주제는 이와는 근본적으로 다릅니다. 왜냐하면
우리는 대학을 새로운 세계 안에서 생각하려는 도전 의식을 가
지고 있기 때문입니다. 다시 강조하지만 우리는 확실히 알지 못
합니다. 우리는 대학이 이 나라의 민주적 예비군, 법률적 실천
의 학교라고 생각하는 데서 출발해야 할 것입니다. 따라서 대학
의 추락은 두 가지로 수렴됩니다. 하나는 인식적 공동운영에서
관료적 공동운영으로의 추락입니다. 실제로 최근 25년 동안 대
학이 운영되어 온 방식은 후자의 방식이었습니다(민주주의적
공동운영을 말합니다. 나는 학생들을 언급하는 것이 아니라 전
체 대학을 가리킵니다). 또 하나는 대학이 정당과 민주주의의

원천적 씨앗이었는데, '제도적 침묵'으로 인해서 타락했습니다. 현재 대학은 자신의 코앞 너머를 보지 못합니다.

세 번째는 대학이 '볼리비아다움' 또는 '국민'을 만들어 왔다는 점입니다. 사회학적으로 설명하자면 접근성의 확대와 확장으로 인해, 그리고 엘리트의 민주화로 인해 오늘날 대학 구성원의 50%가 여성이고 그보다 더 높은 비율의 학생이 대중 계급 출신입니다. 사회학적으로 볼 때는 대학이 '볼리비아다움'을 만들었다고 할 수 있지만, 인식의 측면에서는 '볼리비아다움'을 만들지 못했습니다. 즉 볼리비아의 지식을 만들지 못했고, 국민적 지식을 만들지 못했습니다. 이런 이유로 나는 현재의 대학은 대학이 아니라고 말할 수밖에 없습니다.

하지만 오늘 나는 대학의 쇠락에 관해 이야기하지 않을 것입니다. 그보다는 새로운 세계를 보고 싶고, 그럴 때 그 새로운 맥락 속에서 대학의 위치와 특성은 무엇이야 하는지를 알고 싶습니다. 새로운 창설적 기회 속에 있을 때는 우리 스스로를 재발명하는 것이 필요하고, 그것은 미래를 예언하기 위해서가 아니라 내가 "자유의 일반이론"이라고 부르는 것을 기획하기 위해서입니다. 그것이 우리의 깃발, 나침반, 태도, 가치, 힘이 되어 우리가 앞으로 나아가기 위해 어디로 가야 하는지를 알려주고, 우리에게 힘을 줄 것입니다. 따라서 새로운 세계가 유토피아적 열정을 가지길 원한다면 우리가 가지고 있는 최고의 것으로부터 기획해야 합니다. 우리의 패배나 부끄러움으로부터가 아니라,

우리의 무능, 식민적 조건으로부터가 아니라, 이 모든 것에도 불구하고, 그것들 위에 구축하는 '새로운 세계'[17]란 어떤 세계일까요? 초기 정복 시기 연대기 작가들의 어조로 말해보자면, 이 새로운 세계는 야만적 세계일 것입니까? 이들의 어조로 나는 '새로운 세계'는 자유로운 민주주의의 세계이자 상호문화적 세계라고 말할 것입니다. 이것이 내가 오늘, 여러분과 공감하고 싶은 것입니다. 자유로운 민주주의를 말할 때 나는 무엇을 생각할까요? 나는 많이 언급된 탈식민적 사고를 훨씬 더 뛰어넘는 것을 생각합니다. 아주 긴급하게 사전적 정의를 내려 봅시다. 왜냐하면 탈식민적 개념에 대해서는 많은 논의가 있기 때문입니다. 단지 공화국으로 독립한 순간 이후를 서술하는 개념으로도 쓰이고 있기 때문입니다. 나는 그것을 말하는 것이 아니라 식민적 조건과 식민적 성찰이 주는 교훈에 대해 말하려는 것입니다. 반복하지 않기 위해 배워야 합니다.

자유로운 민주주의와 관련해서, 나는 그것이 탈식민성보다 더 중요하다고 말하고자 합니다. 왜냐하면 탈식민성이 우리가 어떻게 탈식민화할지에 대한 정치적, 지적 성찰이라면, 자유로운 민주주의는 재정치화를 통한 '모든 권리의 전면적 실천'을 그 출발점으로 삼기 때문입니다. 우리 모두를 공동선 속에서 생각

---

17. [옮긴이] '새로운 세계'는 16세기 스페인 정복기에 라틴아메리카에 붙여진 이름으로, 라틴아메리카를 은유적으로, 비판적으로 가리키는 표현이다. 이 대륙을 '라틴아메리카'로 부르게 된 것은 19세기 후반부터였다.

하고 살 수 있게 변화시키는 것입니다. 우리를 분리시키거나 파괴하지 않고 모든 식민적 형식이 상상할 수 없는 것이 되도록 하려는 것입니다.

새로운 세계의 두 번째 특징은 상호문화성입니다. 분명히 단순한 다문화주의적 관용을 훨씬 뛰어넘는 상호문화성을 말합니다. 단순한 정의를 뛰어넘어야 합니다. 어떤 가벼운 접근은 그것을 문명적 기획들 사이의 번역으로, 즉 어떤 연결, 네트워크, 보편적 번역자로 인식합니다. 나는 상호문화성에 그런 식으로 접근하려는 것이 아닙니다. 비록 상호문화성의 세계가 문명적 기획들 사이에서 번역의 메커니즘을 가지는 것이 필요하고 불가피하다고 하더라도 그것이 본질적 특징은 아닙니다.

상호문화성의 세계의 본질적 특성은 그곳에서 차이들이 지속가능한 방향으로 발전할 수 있고, 그리하여 모든 정체성이 지속가능한 발전 기회를 가지는 것입니다. 그것이 상호문화성 세계의 특징일 것입니다. 생명 다양성과 상호문화성에 대해 말씀드리겠습니다. 우리는 문명적 번역, 언어의 번역이 필요하지 않은 방식으로 정체성의 정치를 펼치게 될 것입니다. 왜냐하면, 우리 모두가 상호문화적으로 될 것이기 때문입니다. 우리 모두가 양서류가 될 것입니다. 왜냐하면 정체성이 모두 자기 결정될 것이기 때문입니다.

나는 노동자이기 때문에 프롤레타리아트가 되지는 않을 것입니다. 나는 그냥 되고 싶어서 프롤레타리아트가 될 것입니다.

왜냐하면 나는 그 세계의 정체성이고 싶기 때문입니다. 나는 생물학적으로 여성으로 태어났기 때문에 여성이 되지는 않을 것입니다. 나는 그냥 되고 싶어서 여성이 될 것입니다. 왜냐하면 나는 모계사회를 좋아하기 때문입니다. 내가 극단적으로 말을 하고 있다는 것을 알고 있습니다. 나는 필요조건들이 있다는 것도 알고 있습니다. 그러나 정체성의 정치는 필요조건들을 무관하다고 치부하지 않습니다. 그저 그 조건들을 단순히 필요한 것으로, 그냥 거기 있는 것으로, 우리가 우리 자신을 그로부터 해방시킬 수 있는 것으로서 취급합니다.

그래서 여기까지는 첫째로 새로운 세계에 대해서 말씀드렸습니다. 둘째로, 어떻게 그것을 기획할 것인가? 어디서부터 기획할 것인가? 내 생각에 사회학, 정치학, 인류학, 사회과학으로부터는 새 세계를 기획할 수 없다고 봅니다. 왜냐하면 이것들은 현존하는 것에 종속적인 학문들이기 때문입니다. 새로운 세계는 내 생각에, 불가능한 일을 시도하는 공간, 불가능한 것을 발명하는 실천인 '중독'으로부터 기획될 수 있습니다. 또한 카니발[18]로부터 기획될 수 있습니다. 먼저 우리 자신에 대해 말하자

---

18. [옮긴이] 라틴아메리카 사회에서는 카니발적인 것이 인문학적으로 매우 중요한 개념이다. 이때 카니발적인 것은 러시아 학자 미하일 바흐친이 제시한 개념으로, 기존의 주류문화에 반란을 일으킴으로써 대중이 유토피아적 해방의 비전을 가진다는 의미이다. 바흐친에 의하면 중세 유럽의 대중이 그러했다고 한다. 예를 들어 볼리비아 광산의 갱도 안에서 목숨을 걸고 일하던 가난한 광부들은 가톨릭교회의 성모상 대신에 남근이 기괴하게 큰 악마상 앞에서 기도

면, 우리가 가진 것 중에서 최고의 것이 무엇인가요? 무엇이 가
장 해방적이고, 가장 상호문화적인가요? 적어도 나로서는 틀림
없이 그것은 카니발입니다. 광부들의 연맹도 아니고 영광스러
운 10월 혁명도 아닙니다. 혁명, 개혁은 새 세계의 발명품이 아
닙니다. 우리가 새 세계를 살짝 훔쳐볼 수 있는 유일한 곳은 '악
마의 춤'[19], 띵꾸[20], 성 프란치스코 성당의 어떤 것들[21], 하이메

를 했다. 이때 '악마'는 진짜 악마를 숭배한다는 것이 아니라 카니발적으로 주
류문화를 전복시켜보려는 것이다.

19. [옮긴이] la diablada. 볼리비아 오루루(Oruro)지방의 카니발 축제를 말한다.
많은 의미를 함축하고 있는데 투팍 아마루 II세의 스페인 제국 통치에 대한
반란의 의미도 있고 18세기에 가난한 이를 돕던 어느 의적이 쫓기다가 동굴에
서 죽었는데 그 옆에 성모님이 출현했다는 전설도 있다. '악마의 춤' 축제에서
안데스 원주민의 공동체적 삶의 방식이 드러난다. 특히 이 축제는 스페인의
정통 가톨릭 성찬 신비극과 아이마라 원주민 문화가 뒤섞인 문화적 혼종성을
드러낸다. 혼종성 가운데서도 후자가 더 돋보인다.

20. [옮긴이] tinkú. 볼리비아 포토시 북부와 오루루 남부, 그리고 코차밤바 남서
부의 민속춤 또는 의례를 말한다. 잉카 제국 이전의 의례로서 가톨릭 문화와
혼종이다. 신비적 의례의 의미가 담겨있으며 공동체적 문화가 그 특징임은 물
론이다.

21. [옮긴이] 16세기 중반에 지어진 라빠스의 성 프란시스코 성당은 대표적인 바
로크 양식의 성당이다. 바로크 스타일은 라틴아메리카의 문학과 건축에 뚜렷
하게 남아있는 독특한 스타일이다. 라틴아메리카에서 바로크란 스페인이 라
틴아메리카에 가톨릭을 토착화하기 위해 스페인(유럽)문화와 라틴아메리카
원주민 문화를 혼종시킨 결과 원주민 문화가 돋보이게 된 것을 말한다. 바로
크는 어떤 양식이나 스타일로서 중요한 것이 아니라 라틴아메리카 대중이 자
본주의와 근대성의 현실에 대해 가지고 있는 독특한 성향 또는 기질(바로크
에토스)을 나타내기 때문에 중요하다. 가톨릭 성당은 분명히 유럽에서 들어
온 문화이다. 하지만 우리가 라틴아메리카의 바로크 양식의 성당 안에 들어가
면 유럽의 성당과는 다르게 매우 주술적인 분위기가 있어 공포심과 동시에 편
안함과 위로를 느끼게 된다. 즉 라틴아메리카 대중은 막강한 현실인 자본주

사엔즈Jaime Saénz의 시 등입니다. 하지만 나는 지금 이 순간 새로운 세계를 보지는 못합니다. 내가 보는 것은 현재의 세계에 대한 깊이 있는 비판이지만 새로운 세계를 볼 수는 없습니다. 하지만 픽션은 끝이 없는 역사이고 따라서 헤겔과 그 추종자들을 훨씬 능가하는 것입니다. 역사가 끝이 없다는 점은, 그리고 픽션이 제도로서 보유한 무한한 창조 능력은, 불가능하다고 생각했던 새로운 세계만이 아니라 더 좋은 세상도 만들어낼 수 있을 것입니다.

더 섬세한 디테일이 있습니다. 실험주의는 그것 자체가 좋은 것이 아니라 그것이 만들어내는 산물의 미학적, 윤리적 가능성 때문에 유익합니다. 이것이 흥미로운 것이지 다른 것이 아닙니다. 물론 나는 실험주의가 여러 가지 윤리적, 정치적 약점을 가지고 있다고 생각합니다. 나는 이를 강조합니다. 왜냐하면 보아벤투라도 어제 강연에서 바로 이 점을 매우 강조했습니다. 따라서 우리에게 지금 이 순간 실험주의는 매우 분명하게 픽션적이어야 한다고 믿습니다. 왜냐하면 우리는 당연히 억압에서 해방되어야 할 뿐 아니라 상상력의 가능성으로부터도 해방되어야 하기 때문입니다. 우리는 어떤 순간에 우리의 세계를 상상할 능력이 있어야만 합니다. 그 세계에서는 억압을 상상할 수 없고 인

의와 근대성에 겉으로는 순응하는 것 같지만 기회만 있으면 이를 뛰어넘으려는 어떤 창조적 상상력의 에너지 또는 힘을 은연중에 보여준다.

지할 수도 없어야 할 것입니다. 그렇다면 억압을 만들 수도 없을 것입니다.

어디에서 이런 새로운 세계를 건설할까요? 내 생각에 우리가 만들어낸 탁월한 픽션적 장이 있습니다. 강조하건대 카니발입니다. 카니발에서 배워야 합니다. 카니발 자체가 만들어낸 카니발적 정치 말입니다.

그러나 새로운 세계를 기획하려면 특별한 태도가 필요합니다. 그 태도는 사회학, 정치학, 테크놀로지, 법학, 경제학 등의 매우 현실적인 분과 학문에서는 나올 수 없는 것 같습니다. 예술과 같은 아주 특이한 다른 분야로부터 제기될 수 있을 것입니다. 특히 어떤 의례를 회복하기 위하여, 예를 들어 오루루 축제 또는 "위대한 힘"의 축제에서와 같은 우리의 자유분방함에 가능성이 있습니다. 다시 요약하건대 새로운 세계의 태도는 픽션적이고 카니발적이어야 할 것입니다.

이제 조금 제도적인 문제를 고찰해 보겠습니다. 자유로운 민주주의와 상호문화성이 어떻게 서로 연결될까요? 자유로운 민주주의는 참여 민주주의는 아닐 것입니다. 대의민주주의입니다. 그러나 참여민주주의에 의해 기본 축이 형성되고 절차적으로 조직되고 제정된 민주주의입니다. 이런 의미에서 대의민주주의가 참여민주주의로 보완되는 것이 아니라 후자가 중심이 되어 전자를 정치적으로 종속시키는 것입니다. 비록 겉으로, 제도적으로는 대의민주주의가 우리의 공동적 삶을 조직하겠지만 말입니다. 실질적으로는 참여민주주의가 중심입니다. 어째서 참여적인 것이 대의적인 것을 종속시키나요? 다음의 이유 때문입니다. 왜냐하면 변혁된 새로운 세계에서는 위계적 권력관계를 동반적 권력관계로 변혁해야 하기 때문입니다. 이것은 나로서는 매우 중요한 주장입니다. 적어도 초기부터 참여적인 것이 대의적인 것보다 우위에 있어야 합니다. 그리고 두 가지 원칙이 있습니다. 하나는 국가와 사회가 공동 결정해야 한다는 것이고, 다른 하나는 권력의 절합은 위계 없는 네트워크로 이루어져야 한다는 것입니다.

나는 무정부주의를 이야기하는 것이 아닙니다. 왜냐하면 이것은 국가의 기획이기 때문입니다. 국가는 시민 권력을 통해 사회와 절합됩니다. 정책 결정은 공적 가치를 설계함으로써 공유됩니다. 시민 권력의 제도들은 무엇이 될까요? 이 제4의 권력은 민중 지킴이Defensor del Pueblo, 소비자 지킴이Defensor del Consumidor, 회계원장Contraloria, 선거 재판소Corte Electoral, 검사들이 될 것입니다. 왜냐하면 그들이 권력의 실천을 담지하기 때문입니다. 시민 권력의 절차들은 무엇이 될까요? 국민투표, 국민소환, 시민입법 제안권 등등입니다. 이 중 일부는 이미 우리가 가지고 있습니다. 그러나 그것들은 대의민주주의의 틀 안에 매몰되어있습니다. 참여 민주주의의 근본적 제도는 시민평의회consejos ciudadanos가 될 것입니다. 이들이 공공정책을 기획, 감사, 평가할 것입니다.

그리고 이 논쟁의 두 번째 강조점은 국가는 반드시 복수적이어야 한다는 것입니다. 어젯밤에 쿠바 또는 베네수엘라에서나 정당화될 수 있는 답변이 나를 불편하게 했습니다. 거기에는 복수성이 없습니다. 단일 정당이라는 생각은 권위주의적 가치에 기반을 둔 것입니다. 내 생각에는 단일 정당에 대한 타당한 설명은 없다고 봅니다. 나는 제국이 있거나 말거나, 단일 정당은 거부합니다. 복수성이 새로운 세계의 특징 중의 하나로서 중요하기 때문만이 아니라 상호문화성으로 인해 복수성은 토론할 만한 윤리적 가치를 지니기 때문입니다. 역사에 끝없이 자유를 확장시키고 법의 항상적 확장에 기여하기 때문입니다. 복수성 없이 이것은 불가능합니다.

정치적 상호문화성과 관련하여, 그것을 어떻게 정의해야 할까요? 어떻게 제도로 변화시킬 수 있을까요? 두 가지를 통해 가능합니다. 정부 체계와 의사결정 체계입니다. 정부 체계는 복합적, 복수적입니다. 대의는 존재할 것입니다. 책임에 따른 교체도 있을 것이고 직접 민주주의도 있을 것이며 대표를 통한 총회도, 대의민주주의, 공동체(꼬무나) 민주주의, 직접민주주의, 참여민주주의도 있을 것입니다. 또한 정치적 상호문화성은 의사결정 체계의 상호문화성을 말합니다. 누가 결정하냐고요? 대표자, 대표, 시민평의회만이 아니라 세계관, 문명적 기획, 주체성이 결정합니다. 이제 효율성과 규범성만이 중요한 것이 아닙니다. 여기 정치가 얼마나 복잡한지 보여주는 예가 있습니다. 라빠스의 북쪽에 빠까우아라pacahuara족이라는 원주민 집단이 살고 있습니다. 이들은 모두가 형제로, 사회적으로 아버지와 어머니가 없습니다. 대신 이들에게는 나무들이 이 기능을 수행합니다. 나머지 볼리비아인들은 이들과 어떻게 동행해야 할까요? 빠까우아라가 나무를 아버지, 어머니로 여기는 것을 우리가 받아들이는 정치적 상호문화성이 없이 가능할까요? 그런데 이들은 오늘날 빈곤이라는 야만 때문에 나무를 잘라서 팔아야만 합니다. 이것은 그들에게는 자기 자신을 죽이는 것과 같지 않은가요? 그 바탕에 복수적 결정 체계가 없다면, 그리고 정부의 체계가 상호문화성을 기초로 하지 않는다면 이런 것에 대해서 무엇을 할 수 있겠습니까? 자, 이제 대학 이야기를 합시다. 우리가 상호문화적 차이들의 지속 가능한 발전이라고 정의한 상호문화성의 새로운 세계, 자유로운 민주주의의 새로운 세계에 대학에 존재한다면 그 대학은 당연히 자유롭고 상호문화적이어야 할 것입니다. 나는 그런 대학은 두 개의 기능을 가질 것이라고 말하고 싶습니다. 첫째는 현재의 공공정책의 기획, 감사, 평가를 지지하는 관측대가 되어야 하는 것이고, 두 번째는 조금 이상하게 들리겠지만 대학 안에서 사회적 숙고를 조직하는 인식적 헌법 재판소로 기능해야 합니다. 이 제도적, 인식적 헌법재판소는 빠까우아라족이 나무들을 아버지, 어머니로 가지는 형제들의 사회라고 말할 것입니다. 이 나무들은 숲을 통해 세상을 알 권리를 가집니다. 그런 것이 어떻게 가능하냐고요? 그들의 문제입니다. 그들은 회복되고, 정착하며, 발전할 것입니다. 그리고 어느 때가 되면 나머지 볼리비아인들과 대화할 것입니다. 그러나 빠까우아라족이 나무들을 자르기를 원하지 않는 경우에 어떻게 해야 할 것인지를 결정하기 위해 우리는 제도적, 인식적 재판소에 호소할 수 있을 것입니다.

세 번째, 상호문화적 대학은 어떤 제도를 가질까요? 첫째 대학을 복구하려는 노력과 주체를 발전시키는 것, 특히 약자를 강조하는 것입니다. 여기서 나는 '긍정적 차별'에 공감합니다. 왜냐하면 많은 원주민 종족은 사실 거의 죽은 상태나 다름없기 때문입니다. 그들이 스스로 회복되고 그들 문명의 기획을 발전시킬 수 있도록 특별한 노력을 기울이지 않으면 그들은 같은 인류로서 존속이 불가능할 것입니다. 누가 이런 일을 할 수 있을까요? 바로 대학입니다!

상호문화적 대학의 두 번째 기관은 헌법적 정체성 재판소일 것입니다. 만일 내가 "여성이 되고 싶은 생각이 나에게 강하게 든다, 나는 여성이다"라고 말한다면, 대법원이 나에게 와서 말합니다. "아니요. 당신은 여성이 아닙니다. 당신은 남성입니다"라고 선고할 것입니다. 그러면 나는 헌법적 정체성 재판소에 소를 제기할 것입니다. 나는 여성이 되고 싶고 그것은 나의 권리라고 말입니다. 그 재판소는 "당신은 그것을 실행할 권리를 가지고 있다"고 나에게 말해줄 것입니다. 이 재판소는 모든 자기 정체성 확인의 과정을 지지합니다. 이제 나는 새로운 세계의 대학

이야기로 끝맺고자 합니다. 이 대학은 정치화의 학교, 서로 공유하는 공공적 책임성의 학교입니다. 따라서 의무교육입니다. 그리고 이 대학은 확장적, 복수적 법, 공공윤리를 갖는 의무적 학교입니다. 여기서 나는 질문을 하고 싶습니다. 현재 이 정부는 이것을 가능하게 만들고 있나요? 내 의견은 아니라고 봅니다. 이 정부는 적어도 교육 분야에서, 전혀 이것을 가능하게 만들고 있지 않습니다. 이 정부는 두 가지를 매우 심각하게 진행했고 아마 다시 회복시키기 매우 힘들 것입니다. 첫째, 이 정부는 두 명의 교육부 장관을 임명했습니다. 한 사람은 펠릭스 빠치입니다. 이 사람은 여기 와있는데 근본주의자입니다. 다른 사람은 교수노조의 구성원으로, 교육부에는 오직 교수들만 일할 수 있다고 주장했으며 교육이 교직원의 사유재산이라고 주장합니다.

이 정부는 교육 문제에 대해 성찰적으로 사유하는 데 아무 관심이 없습니다. 교수 노조에 교육 기구의 재산을 넘겨주었을 때 사범학교의 재산도 그들에게 넘겼고 학과의 지휘, 지역의 지휘도 그들에게 넘겼습니다. 과학기술 차관을 뽑아 그를 기획부 차관으로 만들었습니다.

나는 새로운 세계가 유토피아적이라고 나 스스로 원하고 상상하지만, 상호문화적인 자유로운 새로운 세계에서 어떤 교육 문제가 핵심이 되어야 하는지 잘 모르겠습니다. 왜냐하면 그 세상에서는 우리 모두가 정치적으로 되어야 하고 공동선을 중심으로 모두 움직여야 할 것이기 때문입니다. 이 정부는 이런 교육 문제에 대한 인식을 갖고 있지 않습니다. 나로서는 창설적 담론과 보수적 현실 사이에 근본적인 모순이 있다고 생각합니다.

비유와 함께 나의 이야기를 마치고자 합니다. 나는 윌머 우렐로를 압니다. 그는 최근 국가 소설 상을 수상했습니다. 산안드레스 국립대학교의 커뮤니케이션학과 학생입니다. 이 학과는 아마 이 대학 최악의 코스일 것입니다. 모든 면에서 최악입니다. 가장 교수 월급이 많고 가장 품위 없는 학과입니다. 그러나 우렐로는 거기서 공부했습니다. 그리고 내가 기억하기에 몇 년 전에 어떤 교수가 학생들과 토론하고 있었습니다. 학생들에게 특이하다고 알려진 교수 한 명이 책을 읽으라고 요구했습니다. 그랬더니 학생들의 대답은 이랬습니다. 우리가 어떻게 책을 읽나요! 교수는 그들에게 이야기했습니다. "어떻게라니요? 읽어야만 합니다." "아니요. 우리는 가난합니다. 책을 읽을 수 없습니다. 책을 살 수 없습니다!" "좋습니다. 그러면 복사해서 같이 읽으십시오!" "아니요. 불가능합니다." 이때 동료 학생들과 맞선 이가 우렐로였다. 그가 학생들에게 말했다. "친구 여러분, 우리는 읽어야만 합니다. 읽어야 합니다." "그렇지만 우리는 가난하잖아요." "네, 나도 가난합니다. 젠장, 내가 어떻게 하는지 아나요? 나는 화장지 공장에 가서 책들이 화장지로 바뀌기 전에 아무 책이나 삽니다. 화장지가 되기 직전의 책들을 공장에서 회수할 수 있도록 나는 공장에 이미 약속을 해두었습니다. 나는 그 책들을 가져다가 읽기 시작합니다. 그들은 나에게 1, 2페소에 책을 팝니다.

내 방에는 이미 1천 권의 책이 있습니다."

삼 년 전에 일어났던 일입니다.

이것은 재생용품에 대한 비유도 아니고 생태적 비유도 아닙니다. 나에게는 재발명의 비유입니다. 왜냐하면 우리는 우리의 자녀들에게 대학이 이런 식으로 버티고 있다고 이야기할 수밖에 없는 처지입니다. 대학은 너무나 깊이 타락해서 새로운 세계를 만들어 낼 능력이 없지만, 그래서 결국 자유롭고 상호문화적인 새로운 세계를 기획할 능력이 없지만, 우리는 대학을 선택하라고 말하고 있습니다. 감사합니다.

펠릭스 빠치의 발표

오늘 여기에 모여서 이야기를 들으신 분들과 이 모임을 주관하신 모든 분들에게 감사드립니다. 나는 몇 가지 사실을 말하려 합니다. 여러분이 그 이야기를 들으시고 힘들지 않기를 바랍니다. 그러나 힘드시다면 할 수 없습니다. 왜냐하면 대학 공동체의 구성원으로서 나는 대학과 교육에 대해 기여할 의무를 지니기 때문입니다.

나는 분석하고 싶지 않습니다. 왜냐하면 이미 우리는 충분히 분석했다고 생각하기 때문입니다. 또한 패러다임에 대한 언급도 하고 싶지 않습니다. 왜냐하면 내가 볼 때 별로 중요하지 않기 때문입니다. 진실은 이렇습니다. 우리는 기존 패러다임으로 이미 500년이나 살아왔는데 그 결과 우리는 황폐화되었다는 것입니다. 기존 패러다임은 유럽문화가 원주민 문화보다 우월하다는 차별적, 식민적 패러다임을 말합니다. 안타깝게도 대학은 기존 패러다임에 기대어 살아왔습니다. 질적인 개념을 모방해왔고 하버드와 비슷하게 되려 하거나 비교해왔습니다. 거기서 효율성, 품질, 모든 그런 개념에 관해 이야기해 왔습니다. 우리는 이야기하기 시작했습니다. 거기서는 대학의 전범으로 기업 경영이 작동해왔습니다. 여기서도 또한 공사립대학들이 기업 경영에 대해 말하고 있습니다.

나는 대학이 결코 주어져 있는 그대로의 볼리비아 현실에 대해 응답하지 않았다고 생각합니다. 볼리비아에서 근본적인 존재는 사회적 기술, 사회 그리고 원주민 공동체입니다. 그러나 이런 것들은 오랫동안 경시되어왔습니다.

지식인들이 배출되지 않았다는 것은 거짓입니다. 정치학에서 우리는 세계 1등급입니다. 또 다른 편견은 항상 밖의 것이 더 좋다는 이유로 하나도 만들어진 것이 없다는 생각입니다. 여행할 때 내가 놀랐던 것은 여기서 출판된 많은 텍스트들이 저자의 동의 없이 외국에서 번역된 것이 많다는 것입니다. 그리고 내 책도 여기저기 흩어져 있는 것을 보았습니다. 볼리비아에는 내 책들, 나의 학술대회 논문집들이 수집되어있는 도서관이 없습니다. 미국에서는 반대로 모든 것이 완벽하게 수집되어있었습니다. 이탈리아, 독일에 갔을 때도 나는 무척 놀랐습니다. 실비아

리베라의 책들도, 볼리비아에 관해 이야기하는 모든 좋은 책들이 거기 있었습니다. 여기서 많은 것들이 생산되고 있다는 것을 이야기하는 것입니다. 단지 우리가 그것을 인정하지 않고 있을 뿐입니다. 우리는 인정하고 자부심을 가져야 합니다.

비록 나를 근본주의자라고 또는 무엇이라고 부를지 모르지만 나는 정직하고 싶습니다. 우리가 식민성의 문제를 해결하지 못하면 우리는 그 무엇에 대해서도 말만 하게 됩니다. 아주 단순한 문제입니다. 그것에 대해서 나는 신문 『이성』*Razón*에 「인종을 넘어서」라는 제목의 칼럼으로 썼습니다. 정확히 인종 문제의 이면에 사회 갈등의 기획이 있습니다. 형제들이여, 이 갈등은 해결되어야만 합니다. 어떻게 해결할지 생각해야 합니다.

식민성은 두 개의 관점을 가지고 있습니다. 하나는 사회학적이고 다른 하나는 철학적입니다. 사회학적인 것은 인종, 종족을 기준으로 사회적 분류를 언급합니다. 우리나라[볼리비아]의 모든 기회들은 항상 식민성의 기능(언어, 문화 등)으로 정의되었습니다. 어떤 성씨에 소속되는가에 따라 말입니다. 이것이 현실입니다. 피부색이 어두울수록 기회의 곡선은 점점 줄어듭니다. 이것은 볼리비아만이 아니라 나머지 라틴아메리카, 아프리카, 아시아에서 일어나는 일입니다. 내가 유럽에서 식민성에 대해 말할 때 나도 놀랐습니다. 이탈리아의 세르데나인들los sardos, 바스크인들los vascos도 같은 문제를 가지고 있습니다.

따라서 우리가 식민성에 대해 말할 때는 볼리비아에 대해서만 말하는 것이 아니라 세계에 대해 말하는 것입니다. 두 개의 볼리비아에 대해 말하는 것은 내가 보기에 잘못입니다. 메스티소, 끄리오요[22]에 관해 이야기하는 것도 제발 그만합시다. 비록 이런 것을 근본주의라 하더라도 '하나의 볼리비아'를 건설하기 위해서는 말입니다. 그렇지 않으면 해결은 없고 오직 전쟁만이 있을 것입니다. 그 병행성을 해결해야 합니다. 간단합니다. 볼리비아에서 우리는 항상 그 병행성과 대결해왔습니다. 우리의 역사는 두 문명의 병행적 갈등의 역사입니다. 이것이 우리가 기회의 배분과 관련하여 식민성의 사회학적 개념을 우선적으로 이야기하도록 만듭니다. 이를 해결해야만 합니다.

식민성의 두 번째 개념은 철학적입니다. 세계관에 해당합니다. 여기에서 우리는 오직 하나의 세계관을 가지고 일해 왔습니다. 다른 원주민 사회의 세계관을 완전히 버렸습니다. 원주민에 대해 부정적인 상상력을 구축해왔습니다. 원주민 자신도 이것의 공범이었습니다. 정치가 서양적, 도시적, 끄리오요적, 메스티소적인 것에 대한 긍정적 상상력을 구축해왔습니다.

이것을 나는 지금 언급하고 싶습니다. 내가 교육부에 있을 때 교회에서 성모님 옆에 두꺼비, 뱀이 있는 것을 보고 싶었습니다. 이것이 상호문화성입니다. 형제님들, 왜 교회는 우리가 상호

---

22. [옮긴이] 유럽 백인들의 후손을 말한다. 라틴아메리카에서는 고급버스를 크리오요 버스, 고급식당을 크리오요 식당이라고 부른다.

문화적이라고 하면서 가톨릭 신앙만을 부과하나요? 학교와 모든 수준에서 모든 세계관을 가르치고 평가합시다. 원주민 문명과 두꺼비, 악마를 숭배하는 그들의 신앙도 말입니다. 왜냐하면 철학적 용어로 탈식민화는 세계관들을 장착하는 것을 의미하기 때문입니다. 나는 제거한다고 이야기하지 않습니다. 우리는 이런 것들을 강제 부과하는 것이 아니라 장착하길 원하고 있습니다.

나는 아벨리노 시냐니 법, 엘리사르도 뻬레스 법을 우리가 만들었을 때, 우리가 탈식민화라는 비전 속에서 대학들 곁에서 일했다는 것을 여러분에게 말하고 싶습니다. 탈식민화는 식민적으로 구조화된 제도를 수정하는 것을 의미합니다. 대학은 식민적으로 구조화된 제도입니다. 식민성의 가장 현대적인 표현들 중 하나에서부터 출발합시다. 그것은 원주민이 (도시와 농촌에서) 근본적으로 배제된 것입니다. 우리는 법률에 고등교육의 포용 정책에 있어서 의무적이고 체계적인 분권화, 생산적 소명과 일치하는 분권화가 이루어지도록 기획했습니다. 많은 대학이 이 과제에 착수했음을 지적하고 싶습니다. 그러나 또다시 식민적 방식으로 수행했습니다. 전문 기술 학과들을 창설하고 일부는 임시로 아무 능력 없는 교수를 파견했습니다. 예를 들어 도시에서 들판을 밟아보지도 않고 감자 씨도 뿌리지 않으면서, 어떻게 농업학과 또는 수의학과가 작동하겠습니까? 벨렌Belen에 실험 농장이 있습니다. 그러나 그곳에 가지 않습니다. 교수들도 가고 싶어 하지 않습니다. 그러면서 어떻게 농업 전문가가 되고 싶다고 말할 수 있습니까? 이 법에서 우리는 포용하기 위해서는 분산화해야 한다고 계속해서 이야기했습니다.

나는 고등교육의 보편화를 믿습니다. 모든 사람이 전문가가 되도록 할 수 있습니다. 100%를 달성하는 것이 목표입니다. 고등교육의 혁명이 될 것입니다. 이는 오직 분산을 통해서만 가능합니다. 이것이 우리가 제기했던 정책들 중 하나입니다. 따라서 탈식민화의 기능은 모든 사람에게 똑같이 기회를 주는 것입니다. 모두가 전문가가 될 수 있는 가능성이 있습니다. 전문 기술자 양성의 보편화와 관련하여, 볼리비아에서 식민성이 작동하는 방식이 있는데 아무도 전문기술자가 되고 싶어 하지 않고 아무도 고급기술자의 학위를 얻고 싶어 하지 않습니다. 그 대신 모두가 학사, 석사 또는 박사학위를 가지고 싶어 합니다. 그리고 시장의 일상적 세계와 모든 그런 것은 '다른' 방향으로 나아갑니다. 어떤 나라든지 변호사, 사회학자, 역사가, 더구나 문학인으로 나라가 만들어지지 않습니다. 형제들이여, 만일 우리가 경제를 움직이는 능력을 갖춘 노동 인구를 생성하지 못한다면 사태는 더욱 악화될 것입니다. 볼리비아의 식민적 비전은 관료적 정신을 가진 전문가를 기르는 것입니다. 이들은 대학에 있습니다. 이미 그들은 의자에 앉을 것만 생각합니다. 이것이 식민지 시대부터 우리가 물려받은 정신 상태입니다. 왜냐하면 첫 번째 직업군이 변호사, 박사, 철학자, 신부, 신학자 등 모두 비생산적 분야였기 때문입니다. 이제는 이런 정신 상태를 버리고 기술자 양성을 의무로 해야 합니다. 우리가 추진하는 법에서는 기술적 과정을 졸업한 뒤에 고급기술 과정으로 올라갈 수 있고, 학사과정과 대학원 과정으로 갈 수도 있습니다. 이는 정확하게 식민성을 제거하기 위한 목적을 가지고 있습니다. 왜냐하면 현재 중간과 고급 기술자 양성과정의 학위들은 대졸자에 의해, 나아가 석사, 박사학위보다 등한시되고 있기 때문입니다.

만약 우리가 기술자 양성을 보편화한다면, 볼리비아의 핵심 문제를 해결하게 될 것입니다. 젊은이들과 함께 나라 경제를 증진하는 일을 시작합시다. 왜냐면 그들은 20, 21, 23세에 경제를 일으킬 수 있는 능력과 기술을 습득하여 첫 번째 전문 학위를 가지게 될 것이기 때문입니다. 이들 전문직 젊은이들이 어떤 계획서를 제출하도록 하고 국가는 이들에게 돈을 빌려주는 것이 나라를 전진시키는 유일한 방식입니다. 우선 작은 공동체적 기업들을 먼저 만들고 나중에 중간 규모, 대규모 기업들을 건설하도록 합시다.

정책과 관련하여 말씀드리자면 내가 지금 기획하는 볼리비아 대학은 의무적으로 모든 학부와 학과에 원주민 종족 사회의 기술과 지식, 지혜를 포함하도록 하고 있습니다. 따라서 우리 모두 원주민 언어를 배우도록 의무화하자고 우리가 이야기했을 때, 모든 사람들이 '어이쿠!'라며 부정적으로 반응했습니다. 나는 이야기했습니다. "그러면 당신은 누구입니까?" "나는 메스티소입니다." "그렇다면 왜 당신은 당신의 어머니를 부인합니까? 당신은 어디서 왔습니까? 닭 장수[미국으로의 불법 입국을 알선하는 사람을 가리키는 은어] 출신입니까? 뭔가요?" 우리는 이런 상황에 이르렀습니다. 그들은 볼리비아에서 다른 언어를 배우고 싶어 하지 않습니다. 배우고 싶어 하지 않는 이들에게 나는 의무인데도 왜 원하지 않는지를 묻습니다. 게다가 그것은 국민적 정체성의 자존감을 높여줍니다. 나는 그들에게 묻습니다. "거기에 누가 살고 있습니까?" 아무도 대답하지 않습니다. "어떤가요? 아요레오ayoreo는 누구인가요? 치끼따노chiquitano는 누구인가요? 과라니guaraní는 누구인가요? 에이하eija는 누구인가요? 따까나tacana는 누구인가요?" 우리는 이들을 모릅니다. 그런데 우리는 그 사회가 어떻게 구성되어 있는지, 어떤 조직 형식인지, 어떤 경제 형식인지, 알아야 합니다! 분명히 우리는 그들을 형제로 간주할 수 있습니다. 그리고 그 치끼따노들도 또한 누가 아이마라인지 누가 케추아인지 어떠한지 등을 알 것입니다. 그다음에 역사를 고찰하고, 보편역사를 고찰해야 합니다. 이것이 진정으로 탈식민화하는 것입니다. 그래서 원주민 사회의 세계관을 과정에 포함하는 것이 매우 중요합니다.

　　마지막으로 두 가지가 대학에 영향을 끼쳤습니다. 대학은 아무도 진입하지 못하는 작은 공화국으로 존재하는 것이 자율성이라고 이해했습니다. 안타깝게도 이런 자율성은 완전히 대중과 절연되었습니다. 역사적으로 대학은 사회의 일부로 부상했지만 오늘날 다시 격려되었습니다. 그래서 여기 토론은 어떻게 다시 대학을 사회에 접속시킬 것인지를 논하는 것입니다. 사회적 참여를 통한 자율성이 기획되었습니다. 나는 이것을 토론에 부치고 싶습니다. 왜냐하면 이것은 고등교육의 통합적인 사회적 평의회의 창설을 의미하기 때문입니다. 이것은 대학 밖의 외부기관으로 존재하면서, 연구 정책과 집중화 정책에 대한 기획을 주도하는 조직들로 구성될 것입니다.

각각의 정책은 자신의 예산을 가지고 기관도 또한 예산을 가질 것입니다. 게다가 재정을 충당하고 운영을 위해 함께하는 방식으로 투쟁을 조직할 것입니다. 이것이 평의회이고 사회적 참여입니다. 이사진, 의장, 교수진 선출과 강의 계획 등에 일절 개입하지 않습니다. 단지 제안을 합니다. "우리는 이것을 지향할 수 있다"라고 이야기할 뿐입니다. 예를 들어, 어느 공동체 또는 지방이 분권화를 요구한다면 그 전국평의회는 어떻게 이루어낼 것인가를 이야기합니다. 이것이 사회적 참여입니다. 대학과 협약을 이행하는 것입니다.

마지막으로 나는 탈식민화 노선의 대학을 창설하는 것에 반대함을 이미 밝혔습니다. 왜냐하면 경계선을 시간이 갈수록 가깝게 하여 아예 그것을 지우는 것이 목표이기 때문입니다. 따라서 나는 총회(2006년 전국 교육대회)에서 원주민 공동체를 창설하는 것이 불필요하다고 주장했습니다. 왜냐하면 원주민 대학, 백인 대학, 그것은 식민성을 만드는 것이기 때문입니다다. 나는 나의 동생들에게 이야기했습니다. 나는 멜가레호[23] 시대처럼 우리가 증명서를 가질 거라 생각하지 않습니다. 원주민 증명서, 백인 증명서 등…이런 것은 계속해서 식민성을 재생산할 뿐입니다. 탈식민화는 똑같이 모두에게 기회를 주는 것입니다. 그곳에서 능력, 지식, 노력, 장점 등이 부각됩니다. 배제적이지 않습니다. 오랜 세월 동안 존재해온 자유라는 가치입니다.

보아벤투라 드 소우자 산투스의 발표

이곳과 세계에서의 대학에 대한 토론은 마조히즘적 논쟁입니다. 내가 오늘 여기서 이야기하려는 것은 '비극적 낙관주의'의 논리일 것입니다. 우리는 어려움을 인식하고 있습니다. 그러나 나는 볼리비아에 대학의 해방적 개혁을 이끌 수 있는 놀라운 생각들이 많이 있다고 생각합니다. 나는 오늘 오전에 나온 이야기들에도 불구하고 대학이 성찰할 능력을 갖추고 있다고 진지하게 생각합니다. 그러나 아마 성찰을 실제 생각으로 번역할 능력은 없을지도 모릅니다. 그렇다면 이곳에서 우리가 가진 뛰어난 토론 뒤에 내가 여러분에게 무엇을 제공할 수 있을까요? 이

---

23. [옮긴이] 마리아노 멜가레호(Mariano Melgarejo)는 19세기 중반에 쿠데타로 대통령에 오른 인물인데 볼리비아인들의 기억 속에는 부정적으로 남아있는 인물이다. 독재자였고 정부 행정 능력도 무능했고 원주민들을 잔혹하게 대했으며 칠레와 브라질의 국경 조약에서도 볼리비아에 매우 불리한 조약을 체결했기 때문이다.

야기를 시작하기 전에 나는, 모든 나라에서 대학에 대한 토론이 진행 중이라고 이야기하고 싶습니다. 전 지구적인 과정입니다. 또한 대학이 항상 위기에 있지는 않았다는 것을 이야기하고 싶습니다. 그리하여 이 위기가 어디서 온 것인지 아는 것이 중요합니다. 대학과 대학 서비스를 상품화하는 세계화 과정에서 온 것입니다. 이것이 세계무역기구(이하 WTO)에서 논의되고 있습니다. 교육 서비스의 자유화가 임박해 있습니다. 가장 중요한 것은 제3의 교육 ― 대학교육, 고등교육 ― 을 통해 더 많은 돈을 버는 것입니다.

대학에서 일어나는 모든 것이 민영화와 관계있는 것은 아닙니다. 문제는 다른 데 있습니다. 공립대학이 시장을 위해 일한다는 것만이 아닙니다. 교수와의 모든 관계에서도 대학 내에 내부 시장이 구축되고 있습니다. 동시에 교육 서비스를 상품화 논리에 편입시키고 있습니다. 만일 이런 추세가 지속되면 다음과 같은 일이 일어납니다. 소위 글로벌한 대학들이, 현재 5~6개의 미국대학과 2~3개의 호주대학, 2개의 영국대학 또는 한 개의 네덜란드 대학 등이 이런 것을 하고 있는데, 과학기술·사회학·인문학·인류학 등의 과정에 특허를 내고 이를 소위 제3세계 대학에 판매하고 있습니다. 여기에 내 나라인 포르투갈의 유럽 남부 대학도 들어갈 수 있습니다. 이는 저발전 국가들의 대학은 투자의 우선순위에 들어가서는 안 된다는 의미입니다. 아프리카를 한번 보시면 세계은행은 글로벌 대학으로부터 프로그램 학습 과정, 교수, 강의 평가 등의 패키지를 구입하겠다는 대학 투자 협의를 그쪽 정부들과 전혀 하고 있지 않습니다. 그러나 이미 남아프리카공화국은 나머지 아프리카 국가들에 사회학 과정 패키지를 팔고 있습니다. 이런 일은 점점 늘어나는 추세입니다. 라틴아메리카에서는 멕시코 국립대학이 똑같은 것을 시도하고 있습니다. 멕시코 국립대학은 분명히 전면적인 저항을 받고 있습니다. 그러나 아무도 이를 막지 못합니다. 왜냐하면 멈추지 않는 프로젝트이기 때문입니다. 이 순간에도 브라질과 남아프리카공화국은 이미 다른 학과 프로그램의 판매를 추진 중일 것입니다. 즉 대학의 신자유주의 세계화가 진행되고 있습니다. 이 세계화는 효율성과 능률성이라는 기준을 가질 것입니다. 그리고 여기서, 우리 모두가 효율성, 능률성, 능력을 지지한다는 것이 착각임을 분명히 드러내는 것이 필요합니다. 우리가 알고 싶은 것은 적용할 그 기준들이 어떤 것들인지입니다. 이것이 현재의 시대적 혼란의 문제입니다. 우리는 언어를 빼앗겼습니다. 그러나 그 뒤에 있는 기준들도 빼앗긴 것은 아닙니다. 그래서 나는 이제 펠릭스 빠치가 이야기한 바로 그 논점에 이르게 됩니다. 원주민 출신 대졸자가 사회학, 인문학, 변호사들에 반대하며 경제를 발전시키기 위해 과학기술자를 방어하며 세계은행의 입장을 지키는 것을 어떻게 상상할 수 있을까요? 그런 경제는 무슨 경제인가요? 신자유주의 경제, 배제적 경제? 펠릭스는 우리가 변호사를 별로 좋아하지 않는다고 말합니다. 사회과학자, 인문학자도 좋아하지 않습니다. WTO와 마찬가지입니다. WTO는 이런 지식은 이익을 가져오지 않는다고 이야기합니다. 이익을 가져 오지 않으면 처벌되어야 한다고 합니다. 왜냐하면 대학이 시장 이 되어야 하기 때문입니다. 장관도 똑같은 것을 주장합니다. 어 떻게 대학이 영향을 미치지 못한다고 생각하나요? 이것은 무엇 을 의미하나요? 무슨 기준으로 측정한 것인가요? 도대체 이것 은 무엇인가요? 나는 나의 다음 책에서 21세기의 대학들이 서 로 매우 가깝다고 이야기할 것입니다. 나는 그것을 연대적 세계 화의 과정으로 설명할 것입니다. 대학은 이에 대해 강력한 답변 을 제출해야 합니다.[24]

지금까지 대학은 전적으로 기업을 방어하는 성격의 제안 들, 유토피아적인 제안들을 제출해왔는데 그것으로는 자기 자 신을 제대로 지키지 못했습니다. 이 점은 나에게 분명합니다. 그 과정을 아주 잘 성찰해보아야 합니다. 신자유주의 세계화에 대 해 '다른' 종류의 네트워크를 가진 대학들과 함께, 연대적 세계 화로 대응해야 합니다. 어떻게 해야 할까요? 나는 오늘날 대학 의 가장 큰 문제는 응답도 잘 못하고 방어도 잘 못하는 것이라 고 생각합니다. 이곳에서 국가적 기획에 대해 많은 이야기를 하

---

24. [스페인어판 편집자] Boaventura de Sousa Santos, *La universidad en el siglo xxi. Para una reforma democrática y emancipatoria de la universidad* [21세기 의 대학. 대학의 민주적 해방적 개혁을 위해]. La Paz, CIDES/UMSA y Plu-ral, 2007.

고 있습니다. 이는 실제로 모든 나라의 대학에서 있었던 일입니다. 예를 들어, 브라질에서 대학에 국가적 기획이 있었습니다. 그러나 무슨 사업이었나요? 배제적 기획이었습니다.[25] 브라질에는 아프리카계 시민들이 부재했고 멕시코에는 원주민들이 없었습니다. 그리고 여기 볼리비아에도 또한 없었습니다. 다시 말해 엘리트만을 위해 기능하는 국가적 기획이었고 그런 대학을 국가가 지원했습니다.

하지만 문제는 각 국가를 대표하는 대기업이 관심을 끌지 못한다는 것입니다. 볼리비아, 브라질, 에콰도르의 기술자들은 인도에서든 세계 어느 곳에서든 훈련될 수 있습니다. 그래서 그들이 관심을 가질 만한 국가적 기획이 더는 없는 것입니다. 이제 국가는 공립대학에 자본 투입을 안 합니다. 왜냐하면 현재 자본주의 발전 과정을 위해 공립대학이 필요하지 않기 때문입니다. 공중에 붕 떠 있습니다. 그를 떠받칠 역사적 블록이 없습니다. 하지만 각각의 나라는 그 역사적 블록을 찾아야 합니다. 결국 내 판단에 역사적 주인공의 역할을 맡아야만 하는 것은 사회운동입니다. 볼리비아, 에콰도르 같은 나라에서는 원주민 운동입니다.

---

25. [옮긴이] 19세기 초반에 라틴아메리카는 독립했다. 그리고 19세기 후반에 '라틴아메리카'가 형성되기 시작한다. 즉 근대 자본주의 국가 기획이 시작되었고 근대적 대학 설립의 기획(예를 들어, 멕시코의 경우 호세 바스콘셀로스에 의해 설립되었다)도 있었다. 그러나 원주민계와 아프리카계 주민들을 철저히 배제했다. 이것이 약 1백 년 뒤부터 뒤집히기 시작한다.

첫 번째 생각은, 이 기획을 통해서 대학이 과학적 지식의 단일문화라고 부르는 것을, 그리고 역사상 가장 극적인 범죄인 '인식론적 살해'epistemicidio를 방어했다는 것입니다. 인식론적 살해란 농민의 지식, 원주민의 지식, 아프리카계 후손의 지식에 죽음이 선고되었다는 말입니다. 인식론적 살해는 지식의 죽음이고 대중의 죽음입니다. 대학은 인식론적 살해를 일으킨 역사적 부채를 지고 있습니다. 이는 지금도 계속되고 있습니다. 나의 실제 연구의 예를 들겠습니다. 콜롬비아에서 우리가 실행한 프로젝트에서 저의 연구조교님이 연구계획서를 썼습니다. 이 학생은 법대에서 민법 강의 시간에 재산법을 공부하고 있었습니다. 교수가 그에게 매입자, 판매자, 개별성에 대해 설명을 하고 있습니다. 산악지방의 공동체에 사는 그 학생에게는 땅에 대한 그런 개념이 없습니다. 왜냐하면 땅이 개인에게 소속되지 않고 반대로 그들이 땅에 소속되기 때문입니다. 따라서 땅은 팔 수 없는 것입니다. 그 학생이 이를 교수에게 설명하려고 하자 교수가 대답합니다. "나는 지금 지식을 가르치고 있고, 그 밖의 모든 지식에 대해서 나는 관심이 없습니다."

좋습니다. 우리는 이런 단일문화를 '지식의 생태학' — 나중에 더 나은 맥락에서 설명할 기회가 있기를 기대합니다 — 으로 대체해야 합니다. 이 생태학의 근본 특징은 그것이 생태학이라는 점입니다. 근대 과학을 무시하지 않는 다양한 지식들의 공존입니다. 근대과학은 지식들의 광범한 별자리 중 하나입니다. 일부에게는 과학이 매우 중요합니다. 다른 이에게는 원주민의 지식이 그러합니다. 우리는 지식의 실용적 개념에서부터 출발해야 합니다. 내가 필요한 지식은 내가 얻고 싶은 목적에 따라 결정됩니다. 내가 달에 가고자 한다면 나는 과학적 지식이 필요합니다. 내가 생명다양성을 지키고 싶으면, 나는 원주민의 지식이 필요합니다. 따라서 나는 두 개의 지식이 필요합니다. 지식의 생태학은 아래로부터의 국가적 기획입니다. 이것을 그동안 대학이 하지 않았습니다. 왜냐하면 대학은 항상 위로부터의 국가 비전을 가졌기 때문입니다. 두 번째 생각은, 지식의 생태학에서 무지는 도착점이 될 수는 있지만 출발점은 아니라는 것입니다. 우리가 지식을 배울 때 각각의 지식은 무지를 만들어내고 무지는 결격 사유가 아닙니다. 우리가 배우는 것은 모르는 것과 비례합니다. 그러므로 이상적인 것은 지식의 구성에 있어 지식의 별자리가 존재할 가능성을 유지하는 것입니다. 왜냐하면 우리가 알고 있는 것이 공존할 수 없다는 사실이 일상생활에 어떤 결과를 가져오기 때문입니다. 다른 예를 들겠습니다. 콜롬비아의 어느 원주민 그룹이 그들의 성스러운 땅에서 석유가 채굴되는 것에 반대했습니다. 그들은 스스로 죽기를 원했습니다. 그리고 베네수엘라의 서부(콜롬비아와의 국경지대)에서 베네수엘라의 다른 석유회사가 석유를 채굴하길 원했고 상상하기 힘든 위기가 일어났습니다. 정부 정책의 과학적 지식과 상호문화성 사이에 대결이 일어난 것입니다.

콜롬비아의 환경부 장관이 산악지대에 도착했을 때를 사례로 들어보겠습니다. 그는 석유 채굴에 반대하는 사람들에게 채굴이 그 지역에 어떤 이익을 주는지를 설명하려고 간 것이었습니다. 학교, 도로, 병원, 그 밖에 그들을 위한 모든 선물에 대해서 말입니다. 한 시간 동안 설명한 뒤에 그는 물었습니다. "여러분은 어떻게 생각하는지요?" 따이따족은 침묵했습니다. 장관은 당황했고, 자문관들에게 물었습니다. "내가 말을 잘못했습니까? 이 사람들이 모욕감을 느낀 것입니까?" "아니요. 아닙니다." 그때 따이따족에서 가장 나이가 많은 노인이 일어나서 말했습니다. "우리는 물론이고 당신은 더욱 우리 조상님에게 먼저 물어보고 상의하기 전에 결정할 수 없습니다." "그러나 당신의 조상님은 이미 돌아가셨습니다. 여러분은 살아있습니다. 여러분이 공동체입니다." 장관은 그 순간 지식의 충돌이 있다는 것을 이해하지 못합니다. 이 원주민들에게 조상은 여기 공동체 안에 있습니다. 죽은 것이 아닙니다. 특별한 방식으로 살아있습니다. 그리하여 장관은 말합니다. "조상님이 여기 계시다면 상의하시지요. 조금 더 기다리겠습니다." 그 따이따인은 일어나서 말합니다. "안 됩니다! 달에 달려 있습니다. 왜냐하면 우리는 오직 달의 어떤 국면에서만 상의를 합니다." 그러자 그 장관은 원주민들이 제정신이 아니라고 생각합니다. 그들은 아무것도 원하지 않는다고 생각합니다. 그래서 그는 거기 머물고 싶지 않고 최대한 빨리 보고타로 돌아가고 싶어 합니다. 다음 날 원주민들은 장관과의 대화를 거절했습니다. 그들은 자신들의 고유한 조건으로 이야기하기를 원했는데 장관이 수락하지 않았으므로 대화를 거부했습니다. 지식의 생태학을 추구하는 것이 중요한 이유가 여기에 있습니다.

이 새로운 아이디어는 전복해서 확장한 것입니다. 확장 프로그램이 있어야 하는 이유는 대학이 고립되어 있어 바깥으로 확장되어야 하기 때문입니다. 너무 안쪽으로 접혀 들어가 있기 때문입니다. 내가 21세기 대학을 위해 제안하는 것은 실제적 확장입니다. 바깥의 다른 지식을 대학 안으로 가져오는 것입니다. 이것은 전면적인 변화를 의미합니다. 물 학부, 땅 학부, 생물다양성, 에너지, 숲, 자연자원, 빠차마마 학부가 있어야 합니다. 대학 안의 혁명인데 커다란 변화입니다. 왜냐하면 대학의 모든 교수가 학생이 되어야 하기 때문입니다. 무지해야 하고 그들의 무지를 시인해야 합니다. 전 지구적인 자아 성찰의 훈련입니다. 그러나 더 확장된 것입니다. 이 나라에는 이런 창설을 위한 좋은 조건들이 있습니다. 그러나 항상 대학에는 덫도 함께 있습니다. 빠치 장관은 원주민 지식에 대한 그의 비전을 가지고 다음과 같이 이야기했을 때 자신을 배반했습니다. "변혁하기 위해 체계화해야 하는 것은 물론입니다." 이것이 대학의 덫입니다. 모든 것을 체계화하길 원하고 그것을 과학적 지식으로 변혁하길 원하는 것 말입니다. 이것은 불가능합니다. 그 지식들은 그것들대로 고유의 구조와 함께 유지되어야 합니다. 어떻게 그럴 수 있을까요? 펠릭스 빠치는 대학들은 상호문화적으로 되어야 하고 다른 지식들과 통합되어야 한다고 이야기합니다.

빠치의 말이 전적으로 옳다고 나는 이야기해야겠습니다. 나는 두 개의 조건을 수용합니다. 두 개의 해결방안이 있다고 생각합니다. 실제로 상호문화성을 통합하는 것, 그리고 탈식민화하는 것입니다. 내가 어제 이야기한 것을 반복합니다. 나는 탈식민화에 대해 말하지 않고 상호문화성에 대해 말하기를 거부합니다. 흥미롭게도 나는 어젯밤 빠치의 책을 읽었습니다. 그리고 나는 이 결합 때문에 그에게 동의한다고 생각했습니다. 왜냐하면 탈식민화는 곧 상호문화성을 의미하기 때문입니다.

원주민이 백인의 관여를 원하지 않는 몇몇 주제들을 위해 '원주민 대학'을 만드는 것이 가능합니다. 콜롬비아 남부의 원주민 그룹들에게 수년간 나는 상호문화적인 번역의 맥락에서 상호문화적 번역을 전달했습니다. 그 원주민 지도자들은 그 누구와도 공유하지 않는 그들만의 신화가 있다고 이야기합니다. 왜냐하면 그 신화는 그들의 것이기 때문입니다. 이런 그들의 입장을 존중해야 합니다. 따라서 원주민 대학 밖에서는 언어가 다르다는 점에 대해서 조심해야 합니다. 상호문화적 번역은 그들 원주민 집단으로부터 제공되어야 합니다. 왜냐하면 그들이 그들 자신의 신화, 생각, 우주관을 주관해야 하기 때문입니다.

브라질의 밀림과 아마존에서 우리는 완전히 다른 우주관을 만나게 됩니다. 완전히 다른 언어로 된 우주관입니다. 그곳에서는 각 원주민 집단 사이의 거리도 40 또는 50킬로미터씩 떨어져 있습니다. 에콰도르에는 아직까지 소위 자본주의적 삶의 방식과 접촉하지 않은 공동체가 있습니다. 이들은 이제 석유 문제로 자본주의를 만나게 될 것입니다. 이름이 아직 붙지 않은 침략입니다. 이 대륙에서 원주민에 대해 벌어지는 역사적 범죄입니다. 그들은 영토에 있는 석유를 지키고자 하는 것일 뿐인데 사방에서 포위되고 있습니다.

우리가 원주민 대학을 세워야 한다는 것이 나에게 무척 중요합니다. 그리고 나는 대학에서 일하는 사람 중에서 키또Quito의 원주민, 과야낄Guayaquil의 원주민인 사람들과 이에 관해서 논의했습니다. 근본적인 것은 상호문화화된 대학이 만들어지리라는 것이고 나는 가능한 일이라고 생각합니다.

나는 기예르모 마리아까의 의견에 동의합니다. 그는 문화적 번역과 각각의 문화적 생산이 사회적 생산을 포함하여 우리가 실천하고 있는 것들을 통해 지속가능성이라는 요건을 충족시킬 수 있다고 이야기했습니다. 우리는 원주민이 결코 '사회주의'라는 단어, '사회해방' 같은 단어를 사용하지 않고 '존엄성', '존경' 같은 단어를 사용한다는 점에 주목해야 합니다. 즉 원주민과 생태주의자 사이에 사회적 포용에 대한 '다른' 언어가 있는 것입니다. 이럴 때는 번역이 있어야 합니다. 원주민 운동은 이제 고립된 채 홀로 역사적 블록을 만들 수 없음을 잘 알고 있습니다. 역사적 블록은 서로 다른 그룹들과 함께해야만 만들어질 수 있고 그 안에는 주도그룹도 있을 것입니다. 이런 조건들 속에서는 상호문화적 번역에 대해 더 이야기할 필요가 없으리라고 생각합니다.

나는 마지막으로 두 가지를 지적하고 싶습니다. 내가 새로운 조직의 문제에 관해 쓴 책이 있는데 최신 버전이 웹에 공유되어 있습니다.[26] 나는 내가 제안하는 방식대로 대학이 개혁하려면 많은 장벽을 극복해야 할 것이라고 확신합니다. 나는 사회운동과 함께하는 '대중대학'을 제안하고자 합니다. 나는 이에 대해 엘알토의 사회운동들과 기꺼이 논의를 하려 합니다. 물론 여러분도 이 토론에 초대합니다. 그 조직은 매우 민주적이어야 합니다. 그 조직은 사립대학과 공립대학이 현재 품고 있는 모든 문제를 가지고 있을 것이고 자유가 유통될 수 있는 중요한 공적 공간을 제공할 것입니다. 매우 특별한 대학이 될 것입니다. 민주주의적 조직의 새로운 규범을 가진 공공 공간이 될 수 있을 것입니다. 자율의 제한은 사회적 참여일 것입니다. 예를 들어, 사회적 평의회는 통제기구가 아니라 우리가 요구하는 체계적 재검토의 형식일 것입니다. 왜냐하면 우리가 세금을 내기 때문입니다.

이것이 우리가 대학에 대해서 요구해야 하는 것입니다. 그러나 결코 교육의 자유에 대해서는 간섭과 억압이 없을 것입니다.

---

26. 앞의 책을 말한다. 또는 www.clacso.org/biblioteca를 참조하라.

사실 오늘날 일부 나라에서는 예를 들어, 미국에서는 학문적 자유가 침해받고 있습니다. 왜냐하면 말할 수 없는 것들이 있기 때문입니다. 정치적으로 올바른 비판이 아니라고 잘못 해석될 수 있고 범죄로 고발당할 수도 있기 때문입니다.

우리의 나라들에서는 표현의 자유가 충분히 보장되고 있습니다. 물론 가끔 자유의 결과가 학생들의 체념일 수 있음을 이해해야 할 것입니다. 학생들이 모욕감을 느끼고도 침묵할 수 있는데 이는 올바르지 않습니다. 따라서 자율성이 사회적 개념으로 존재하는 것이 필요합니다. 그것이 당신의 강의를 막지는 않습니다. 그러나 대학을 통해 사회로 복귀한다는 비전을 당신에게 줄 수 있습니다. 두 번째, 이 새로운 조직을 통해 대학 사이에 연대적 세계화 네트워크가 존재해야 한다고 생각합니다. 이 네트워크를 통해 대학원 과정의 탁월성과 높은 품질을 보장할 수 있습니다. 국가는 여행을 지원합니다. 예를 들어, 대학원 과정을 서로 공유하고 자율적 대학들도 서로 공유합니다. 이 세계화는 초국적이어야 합니다. 우리 대륙은 안데스 지역 대학교의 기획 또는 더 넓은 범주의 기획이 필요합니다.

나는 연대적 세계화를 건설할 수 있다고 생각합니다. 왜냐하면 다른 방식으로 하면 다른 체계가 부과될 것이기 때문입니다. 우리는 저항하며 힘을 합치는 방법을 찾아야만 합니다. 현재 대학 내의 분파주의는 끔찍하기 때문입니다.

토론

논평 나는 논쟁을 불러일으킬 의도 없이 한 가지만 지적하고 싶습니다. 이 시점에 과학의 부상이 있어야 합니다. 나는 개인적으로 볼리비아가 평화적인 공존의 공간이 되었으면 하는 꿈이 있습니다. 우리가 국가와 사회에 대해 이야기하는 동안, 오늘 1천 명의 볼리비아인이 스페인으로 이민을 떠났습니다. 그리고 우리가 탈식민화에 대해 이야기하는 동안, 수천 명의 동포가 계속 이민을 갈 것입니다. 우리가 탈식민화에 대해 이야기하는 동안 우리 동포가, 특히 젊은이들이 식민지 종주국으로 여행을 간다는 것이, 내 생각에는 조금 역설적인 일입니다. 감사합니다.

질문 두 개의 표현이 어떤 식으로든 대학 변혁의 핵심 문제를 건드렸다고 생각합니다. 그 두 개의 표현은 오늘 아침 대부분의 참여자들이 어떤 방식으로든 이런 개혁과 저런 변혁에 관해 제기하였던 것과 동일한 용어들로 대학을 구조화하거나 변혁하려고 하지 않았습니다. 즉 연구와 지식의 문제를 체계화하지 않았고, 청소년의 문제와 그들이 대학에서 점할 장소에 관해 더 깊게 성찰하지 않았다고 생각합니다. 이런 의미에서 나는 기예르모와 펠릭스 두 사람에게 묻고 싶습니다. 연구라는 관념은 실제로 어떻게 변혁되어야 하나요? 대학의 모든 구조가 연구로써 편재되어 있다는 점을 고려할 때 말입니다. 다시 말해서, 지식은 어떻게 구성되어야 할까요?

참가자 펠릭스 빠치가 대학의 사회적 참여와 관련하여 제기하고 있는 다른 문제가 현실에 대한 어떤 읽기를 방해하고 있습니다. 펠릭스 빠치는 엘알토 공립대학UPEA에서 일어나고 있는 일을 모릅니다. 사회적 참여 관련 법률이 적용되었을 때 혼란이 일어났습니다. 엘알토에서 일어난 모든 일은 극적이었습니다. 경제적, 재정적 비용도 컸습니다. 요약하자면 젊은이들과 함께 더 민주적인 참여의 새로운 형식을 기획하고 있는지요? 그 새로운 형식은 훨씬 더 민주적인 기준을 가지고 있는지요? 아니면 우리는 엘알토 공립대학에서 일어났던 일을 그대로 반복하게 될까요?

보아벤투라 선생님께는 질문이라기보다는 의견을 제출하겠습니다. 원주민 대학의 창설을 기획할 때 어떻게 분과를 나눌지 잘 모르는 상태에서 원주민 대학의 창설을 결정한 것이 아닌지요?

논평 사실 나는 보아벤투라 선생이 인용한 에콰도르 대학의 과정에 개입하고 있습니다. 우리가 해야 할 질문은 사회적 지식의 생산에 대해서입니다. 나는 지식을 사회의 일부가 생산하고 있다고 생각합니다. 실제 생산이 그렇듯이 말입니다. 그리고 두 경우 모두 그것에 참여한 개인들은 그 과정을 즐긴다고 생각합니다. 지식은 사회적으로 만들어지지만 대학에서 체계화됩니다. 실제로 대학은 사회에서 형성되는 지식을 배제하기 위해 만들어졌습니다. 대학은 권력을 정당화하고 지배 메커니즘을 확보하기 위해 만들어졌습니다. 대학은 이름 그대로 절대적 비판을 허용하는 공간이 아닙니다. 이것을 우리는 원주민 대학의 창설에서 아주 생생하게 경험하고 있습니다. 왜냐하면 권력 구조가 제출한 기획안은, 권력 자신의 기준과 근대성 및 서양의 모든 범주와 기술적 틀을 유지한 원주민 대학의 기획이었기 때문입니다. 우리는 이 대학이 공동체 안에, 대중 안에 있어야 하고 거기에 바로 대학 캠퍼스도 있어야 한다고 생각합니다. 우리는 다른 학위를 만들고 싶었습니다. 왜냐하면 현재의 학위는 어떤 권력과 기능을 수행하게 만들기 때문입니다. 거기서 우리는 권력과 충돌했습니다. '다른' 대학의 이 제안에서 우리는 이 제안이 '국립'이 되길 원했습니다. 그리하여 국가가 상호문화성을 책임지길 원했습니다. 그러나 상호문화성을 책임질 수 있으려면 우리의 지식을 상대화시킬 필요가 있습니다. 왜냐하면 우리가 가지고 있는 것은 폭력과 인종주의를 표현하는 권력의 지식이기 때문입니다. 라틴아메리카에서 고등교육의 규제와 민영화라는 전략이 존재했습니다. 에콰도르에서는 의회에서 약 100개의 사립대학 건설이 통과되었습니다. 이 모든 일이 일 년 반 사이에 이루어졌습니다. 약 112개의 대학이 제안되었는데 111개가 통과되었습니다. 유일하게 통과되지 못한 곳이 상호문화적 대학이었습니다. 우리는 무엇을 했나요? 항의 시위를 했습니다. 도로를 점거하여 그 대학이 통과되길 요구했습니다. 왜냐하면 그것이 충돌의 핵이기 때문입니다. 우리는 땅, 물, 생물다양성, 영토를 위해 싸워야 합니다. 또한 우리는 지식을 위해 싸워야 합니다. 거기에 해방이 있기 때문입니다.

펠릭스 빠치의 답변

(이민과 관련하여) 나는 기쁩니다. 왜냐하면 거기에는 노인들만 있기 때문입니다. 그들은 취미가 없습니다. 따라서 거기에 이민 가는 젊은이들은 그들을 식민화하러 갑니다. 또한 원주민도 갑니다. 가는 사람 대부분이 원주민입니다. 내친김에 그들이 '모레나다'[27]를 조직하고 스페인에서 춤을 춘다면 아주 좋겠습니다. 그러나 다른 한편 이곳에서 기회가 없다는 것은 사실입니다. 우리는 이제 막 시작하고 있기 때문입니다.

제가 말씀드린 기술 교육 보편화 정책은 아주 구체적이지는 않습니다. 아직 하나의 제안일 뿐입니다. 언젠가 '공동체 기업'에 대해 말하고 싶습니다. 그러나 지역의 자원을 가지고, 무시되어

---

27. [옮긴이] Morenadas. 볼리비아와 페루의 안데스 고산지대 주민들의 민속춤을 말한다. 볼리비아를 대표하는 춤이다. 2011년에 볼리비아의 문화유산으로 지정되었다. 오루루 카니발에서도 이 춤을 춘다. 유네스코가 지정한 인류 무형문화재이다.

온 자원을 가지고 예를 들어, 꿔노아la quinua와 야마고기la carne de llama를 가지고 … 이것들은 세계시장에서 경쟁 자체가 없습니다. 그러므로 비교우위가 있습니다. 그러나 우리는 야마고기의 산업화를 위한 전문가를 양성하지 못하고 있습니다. 오직 콩만을 생각하고 있습니다. 모두가 콩을 생산하고 있습니다. 그리고 기업가들은 (콩을 팔) 연대의 시장을 구걸해야 합니다. 부르주아의 부끄러움입니다. 정말 원한다면 경쟁력을 만들어야 합니다. 한편 공동체기업은 공동선을 지향합니다. 우리는 한 뼘씩 한 뼘씩 어디서부터 볼리비아 경제를 강화할 수 있는지 따져볼 수 있습니다. 나로서는 이것은 매우 실용적인 문제입니다. 우선 우리는 모든 코카 잎 생산품을 장려해야 합니다. 그리고 사회과학은 다른 종류의 인식론을 건설해야 합니다. 그렇게 복잡한 일이 아닙니다. 어떻게 우리가 지역의 자원을 가지고 경제를 강화할 것인가를 연구하면 됩니다. 나는 어떻게 야마의 육포를 가지고 사업을 할지에 관해서 여러분에게 이야기하고 싶습니다. 브라질에 가서 단백질이 많은데 칼로리는 없다고 말만 하면 됩니다. 그러면 여성들이 몸매를 유지하기 위해 그것을 구매할 것입니다. 굉장히 쉬운 일입니다.

세 번째로 미술, 음악, 스포츠 등을 무서워했던 여성 동료분께 말씀드립니다. 이 새 법에서는 젊은 시절부터 누구든지 전문화의 비전을 갖게 되고 고등학교를 졸업하면 생산적인 기술자가 될 수 있습니다. 그리고 네 분야에서 전문가가 되게 됩니다.

기술, 생산, 보건의료, 인문학과 사회과학입니다. 또한 우리는 미술, 스포츠와 음악을 개방했습니다. 이제는 지식을 자기 몸에 장착하기만 하면 됩니다. 그러면 우리는 원주민 미술, 원주민 음악, 근대 음악, 고전 발레, 정교한 따르께아다[원주민 춤]tarqueada에 대해 이야기 나눌 수 있을 것입니다. 스포츠로 먹고살 수 있게 됩니다. 이제는 스포츠, 음악, 미술을 가르칠 것입니다.

마지막으로 사회적 참여에 대해 말씀드리겠습니다. 제 말을 잘 이해해 주시길 바랍니다. 엘알토 공립대학의 실수는 사회운동 조직을 대학 안으로 끌어들인 것입니다. 거기서 모든 노조들에서 조직의 배당금을 두고 문제가 시작되었습니다. 내부가 아니라 외부의 감독이 있어야만 합니다. 자율성은 건드릴 수 없습니다. 그러나 합의가 뿌리내리도록 감독기구가 도움을 주어야 합니다. 기획을 잘하도록 대학에 결산을 잘하도록 근본적으로 일을 분명하게 해야 합니다. 그 감독기구가 지방 대중의 일부가 될 것입니다. 그러나 외부의 심사 없이 자율성을 있는 그대로 두면 속이는 일이 계속 벌어질 것입니다. 아니면 대중을 우회하는 일이 생길 것입니다. 그리고 그들이 나가서 다른 대학을 만들 것입니다. 이것은 나로서는 대안이 아닙니다. 나는 공립대학의 변혁을 매우 신뢰합니다. 거기에 내기를 겁니다. 총장 지원자들이 변혁을 기획하지 않고 효율성과 질적 수준도 담보하지 않고 있습니다. 아니 무엇이 질적 문제인지도 그들은 모릅니다. 우리는 서로 다른 종류의 나라에 살고 있습니다. 다른 맥락에 살고 있기 때문입니다. 많은 사람들이 사람들을 왼쪽으로 이끌었다고 말합니다. 거짓입니다. 우리는 식민적인 곳으로 가고 있습니다. 단지 이를 이해하지 못하고 있습니다. 또한 탈식민화의 과제를 정말로 앞으로 이끌어갈 행위자들이 없다는 것이 분명합니다. 감사합니다.

3장

오늘날
사회과학의 도전

국립 종족학 민속 박물관 MUSEF
2007년 3월 29일

보아벤투라 드 소우자 산투스의 발표

지난 월요일 나의 발표[1]에서는 오늘날 정치인들이 직면한 문제에 대해 말씀드렸습니다. 그러나 국가와 민주주의를 재창설한다는 것은 매우 강력한 이론적, 인식론적 문제를 우리에게 제기합니다. 이를 인식하기 위해서는 지금 현재 우리의 지식에 대해 성찰하는 것이 필요합니다. 우리가 가지고 있는 이론들과 우리가 이용하는 개념들이 도전과제에 직면하고 미래를 위한 해결책을 찾는 데 가장 적절하고 효과적인 것이 아닐지도 모릅니다.

우리 앞에 놓인 이론적인 문제는 다음과 같습니다. 갈수록 분명해지고 있는 것은, 우리가 사회과학에서 사용하는 이론들, 개념들, 범주들이 19세기 중반과 20세기 중반 사이에 약 4, 5개 나라에서 만들어지고 발전되었다는 점입니다. 프랑스, 독일, 영국, 미국, 이탈리아 등입니다. 그렇다면 우리가 이용하는 사회적 이론, 범주, 개념 들은 이 나라들의 경험에 기초하여 만들어졌을 것입니다. 위에서 언급한 나라들에서 공부하고 각자의 나라로 돌아온 우리 모두는 그 범주들이 우리 현실과 맞지 않는다는 것을 깨달았습니다. 핵가족, 관료주의, 복지국가 같은 개념들이 우리 현실에서 동일한 방식으로 작동하지 않습니다. 따

---

1. 이 발표와 토론은 이 책 1장 「사회해방을 재발명하기」에 수록되었다.

라서 우리는 다른 개념들이 필요하다고 생각할 수 있습니다. 나역시 미국에서 박사과정을 끝내고 남부 유럽인 포르투갈에 도착했을 때 내 사회를 이해하기 위해서는 새로운 개념을 발명할 필요가 있음을 깨달았습니다. 미국에서 배웠던 개념들을 적용하기가 쉽지 않았고 다른 한편에서는 그 개념들이 내 나라의 현실에 더 알맞은 다른 개념들을 발명하는 것을 가로막았으며 가끔은 무익한 불모의 논쟁을 하도록 만들었습니다. 내가 볼 때여러분은 이곳에서 가장 무익한 논쟁을 진행했습니다. 라틴아메리카에서, 봉건주의에서 자본주의로의 이행이 있었는지 여부를 아는 것 등에 관해서 말입니다. 이 논쟁이 무익했던 것은 여기서 여러분이 유럽의 현실을 라틴아메리카에 기계적으로 적용했기 때문입니다.

이 문제를 토론함으로써 우리는 우리의 나라들과 관련하여 더 중요할 수도 있는 다른 문제들에 대한 논쟁으로 진입할 수 있게 됩니다. 이론적 틀과 우리 현실 사이의 불일치, 부적합을 인식했던 많은 라틴아메리카의 이론가들이 있었던 것은 사실입니다. 그러나 그들은 자신들이 살았던 시대에 성공하지 못했고 마땅히 가졌어야 할 영향력을 가지지 못했습니다. 비록 오늘날 우리가 그들을 고전으로 인정하지만 말입니다. 그러므로 우리에게 주어진 첫 번째 과제는 사회과학의 개념들이 부적합함을 지니고 있음을 드러내는 것입니다. 두 번째로 사회과학이 단일문화적임을 드러내는 것입니다. 즉 그 개념들의 바탕에는 서양 문화가 있다는 것과 이 개념들을 비서구의 현실에 그대로 적용하는 것은 문제가 있다는 것입니다. 세 번째로 사회과학은 한 번도 식민주의 문제를 효과적으로 다루지 못했습니다. 이것을 하나의 분과학문인 인류학에 맡겼습니다. 인류학은 식민사회를 연구합니다. 나라들이 독립을 쟁취한 뒤에야 인류학은 식민주의를 비판했습니다. 식민주의는 식민주의 자체의 주제가 되었고 정치학, 사회학, 인류학의 주제가 되지 못했습니다.

네 번째로 근대 자본주의 사회는 현재의 경험과 미래에 대한 기대 사이의 거대한 차이를 만들어낸다고 생각합니다. 즉 인류 역사상 처음으로 현재의 일상적 경험들이 미래에 대한 기대와 일치하지 않게 만들었습니다. 가난하게 태어난 사람이 부자로 죽을 수 있습니다. 글자를 못 읽는 집안에서 태어났지만 박사 자녀의 아버지나 어머니로서 죽을 수 있습니다. 이것이 진보라는 생각입니다. 이 생각은 미래에 대한 기대가 현재의 경험을 능가할 가능성이 있다는 것입니다. 그리고 규제와 해방의 간극에 관심을 두는 것입니다.

근대성의 규제는 세 가지 원리에 기초합니다. 국가의 원리, 시장의 원리, 공동체의 원리입니다. 해방은 마찬가지로 세 차원을 가지는 사회의 합리성이 점점 성장하는 과정입니다. 그 세 차원이란 과학의 도구적이고 인지적인 이성, 법의 도덕적이고 실천적인 이성, 예술과 문학의 표현적이고 미학적인 이성입니다. 이 축들은 또한 지식의 형식들입니다. 규제의 지식이 있고 해방의 지식이 있습니다.

이 세상에 보편적 무지와 보편적 지식이 실제로 있는 것은 아닙니다. 모든 지식은 A(무지)라는 점에서 B(지식)라는 점까지의 이동이라는 사실을 여기서 보게 될 것입니다. 누구든 자신이 무엇을 알게 될지 알 수 없습니다. 그러나 자기 규제와 비슷한 점이 있습니다. 무지의 A점은 무질서, 카오스로 불립니다. 사물들의 카오스, 사회의 카오스입니다. 그리고 지식의 B점은 질서로 불립니다. 이런 식으로 우리는 사회과학의 법칙과 자연과학의 법칙을 만듭니다. 우리는 법칙을 가지고 자연과 사회에서 사물에 질서를 부여합니다. 그러나 이것은 제대로 작동하지 않습니다. 해방의 지식에서도 또한 작동하지 않습니다. 왜냐하면 A점은 피식민자의 무지일 것인데, 식민주의는 타자를 동등하게 인정하지 않기 때문입니다. 식민주의는 타자가 자신과 같다는 것을 용인하지 않습니다. 그리고 지식의 B점은 연대로 불리고 그것은 타자를 인정하는 것과 다르지 않습니다.

서구 근대성은 규제의 지식과 해방의 지식이라는 이중의 가능성을 가졌습니다. 그러나 근대성이 단순히 자본주의로 변화되는 일이 일어났습니다. 규제의 지식이 전면적으로 지배하게 되었습니다. 그리고 전면적인 지배를 통해 해방의 지식을 변화시키고 흡수했습니다. 따라서 지식은 무지가 되었고 연대는 시민들 사이의 연대적 카오스, 시민들 사이의 연대의 위험성이 되었습니다. 식민주의 안에서 무지가 해방이었다면 이제는 질서가 해방입니다. 선의로서 일어난 일입니다.

이것이 오늘날 우리가 처한 조건입니다. 해방의 지식은 이렇게 규제의 지식에 흡수되어 있습니다. 그리하여 해방을 생각하는 것이 힘들게 되었습니다. 따라서 다른 메커니즘을 생각하는 것이 필요합니다. 사회해방을 재발명하는 것은 우리로 하여금 지식의 모든 문제를 다시 생각하게 만들 것입니다. 이 변혁을 만들어낸 또 다른 요소가 있습니다. 사회를 위한 공동선을 추구한다는 의미에서의 진리 추구가 완전히 분리된 것, 즉 과학과 윤리 사이의 전면적 분리라는 요인입니다. 이 분리는 매우 구체적인 결과를 낳고 있습니다. 중립성과 함께(이것이 의미하는 바는 앞으로 알게 될 것입니다), 어떤 관계 또는 활동에 그 결과가 나타나는지 보기로 합시다.

이에 대해서 다른 요소가 또 있습니다. 이성과 감정·정서·열정·정동 사이의 완전한 분리 말입니다. 왜냐하면 사회운동에 참여하는 여러분은 우리가 운동에 진입하기 위해 이성이 필요하다는 사실을 압니다. 그러나 참여의 열정이 있어야 시작을 하는 것이고, 이것은 이성으로 환원될 수 없습니다. 이는 연대와 관계가 깊습니다. 그러나 해방의 이성은 규제의 이성에 의해 식민화되었습니다. 열정은 사라졌고 과학은 완전히 이성적으로 되었습니다.

나는 오늘날 사회해방을 재발명하기 위해 그리고 우리 활동과 우리 권위와 관련된 다른 형식의 절합을 재발명하기 위해,

우리에게는 다른 종류의 지식, 다른 종류의 합리성이 필요하다고 생각합니다. 따라서 우리의 문제는 아마 단지 이론적 문제가 아닐 것이고 인식론적인 문제일 것입니다. 그 지식에 도달하기 위한 유효성과 방법론적 기준을 이용하면서 어떤 특정한 지식만을 바라보는 게 문제입니다. 따라서 우리는 이 이론적 문제가 어떤 인식론적 문제 즉 어떤 종류의 이성인가라는 문제에서 유래한다는 점을 어떻게 이해할 수 있을지를 고민해야 합니다. 나는 이 이성이 현재 사회과학을 지배하고 있는 이성이라고 생각합니다. 현실에서 생산 부문을 부여잡고 현실의 일부로 만들어내고 그것을 완전히 변형하는 이성입니다. 어떤 현실과 실천은 그저 존재하지 않는 것이 됩니다. 왜냐하면 위의 현실이 그것을 보지 못하기 때문입니다.

　나는 그 이성이 부분임에도 전체가 됨으로써 어떻게 게으르고 무감각해지는지 여러분에게 보여주겠습니다. 나의 책 중에 한 권의 제목이 『무감각한 이성에 대한 비판』인데 이 책은 스페인어로 출판되었습니다. 이 책에서 나는 무감각한 이성이 경험을 낭비하고 있음을 보여주려 했습니다. 이성이 모르는 것은 버려지고 맙니다. 그리하여 이성은 내가 '부재'라고 부르는 것을 만듭니다. 실천들, 지식들, 생각들의 부재입니다. 이 부재는 우리가 보지 못하는 사물들입니다. 눈에 안 보입니다. 왜냐하면 우리의 안경, 개념, 이론이 우리로 하여금 보는 것을 막기 때문입니다. 부재는 어떤 존재하는 것의 자격을 완전히 박탈하는 방식입니다. 그것이 존재하는 것과 경쟁할 수 없기 때문입니다. 왜냐하면 체계 자체가, 그것의 자격을 완전히 박탈하기 때문입니다.

결국, '부재'는 5개의 단일문화를 통해 만들어집니다.

부재를 생산하는 첫 번째 단일문화는 엄격함과 지식을 사랑하는 문화입니다. 오직 과학적 지식만이 유효하고 나머지 지식들은 유효하지 않고 존재하지 않는다는 생각입니다. 이것은 진정한 지식이 아닙니다. 여기서 부재가 만들어집니다. 이렇게 부재를 만들어내는 방식에서, 어떤 사람 또는 집단이 무식하다고 말하곤 합니다. 부재를 만드는 첫 번째 방식은 '무식한 사람'을 만드는 것입니다.

두 번째 단일문화는 사회적 분류의 문화입니다. 사회 집단들을 자연적이라고 간주되는 논리적 이유를 근거로 분류하는 것입니다. 거기서 과두지배계급이 나옵니다. 즉 과두지배계급은 나머지 집단들의 열등성의 원인입니다. 이런 식으로 여성, 원주민, 농민의 열등성이 만들어졌습니다. 다시 말해서, 부재를 만드는 두 번째 방식은 어떤 것을 열등하다고 부르고 실제로 그렇다고 믿는 것입니다.

세 번째 단일문화는 일직선적 시간이라는 나쁜 문화입니다. 시간은 앞으로 가는 방향성만을 가진다는 생각입니다. 선진국들은 우리를 앞서가고 있다는 생각입니다. 모든 제도에서, 모든 삶의 방식에서 선진국들은 정의상 발전이 안 된 국가들보다 더 앞서 있고 발전되어 있다는 생각입니다. 이는 고집불통의 결과를 만듭니다. 정확하게 시간에 대한 이런 개념 때문에 덜 발전된 국가들은 선진국들보다 어떤 측면에서도 더 발전될 수가 없습니다. 이것이 '부재'를 생산하는 세 번째 방식입니다. 앞서 있는 것과 경쟁할 수 없는 어떤 것을 잉여의 것으로, 뒤떨어진 것으로 부르게 됩니다.

네 번째 단일문화인 지배적 위계의 단일문화는 이 서구 합리성의 모델 안에서 보편적인 것과 글로벌한 것이라는 두 개의 스케일을 가집니다. 보편적인 것은 독립적인 모든 실체를 나타내며 이는 그것이 속한 맥락과 무관합니다. 글로벌한 것은 전 세계에서 가치를 가지는 모든 실체입니다. 예를 들어, 민주주의는 글로벌합니다. 초국적 의미를 가집니다. 여기서 '부재'가 다른 방식으로 생산됩니다. 특수하거나 로칼적이라는 꼬리표는 체계에 소속될 자격이 없다는 의미입니다.

다섯 번째 단일문화는 자본주의적 생산성입니다. 어떤 것이 주어진 생산 주기 내부에서 생산적인 것으로 측정되어야 한다는 생각입니다. 이것은 인간과 자연에 공히 적용됩니다. 즉 옥수수가 생산적이려면, 여러 번의 생산 주기를 돌려 충분한 양을 생산하면 안 되고, 단 한 번의 생산 주기로 필요 생산량을 충족해야 한다는 생각입니다. 이것은 19세기에 만들어진 개념인데 당시에 농업을 위한 비료 생산 화학 산업이 만들어졌습니다. 그 전까지는 땅의 생산성에 대한 농민의 생각은 달랐습니다. 농민들은 땅의 생산성이란 1회의 생산 주기로 측정될 수 없고 여러 주기가 있다고 생각했고, 땅도 우리처럼 휴식해야 하고 쉬어야 한다는 것을 알고 있었습니다. 그러나 이것이 바뀌었습니다. 모든 생산성은 하나의 생산 주기에서 측정됩니다. 그리하여 '부재'가 만들어집니다. 게으르고 비생산적이라고 하면서 존재의 자격을 박탈합니다.

이것이 무지한 자, 열등한 잉여, 비생산적 무능력자, 뒤처진 개인을 만들어내는 단일문화입니다. 우리가 활용하는 사회과학으로써 우리 사회에서 부재를 생산하는 방식입니다. 그런 의미에서 우리는 이 합리성이 어디에서 유래하는지 알아야 합니다. 이 합리성은 오늘날 너무나 헤게모니적입니다. 그러나 실제로 한계를 가지고 있습니다. 즉 부분을 전체로 환원하고 있기 때문입니다. 서구의 사고가 게으른 합리성만이 아니라 끝을 알 수 없는 심연의 사고임을 보여주기 위해 노력하는 것이 중요합니다. 심연의 사고라고 부를 수밖에 없는 것은 그것이 현실을 두 개의 지배영역으로 나누는 사고이기 때문입니다. 선을 긋고 각각을 나눕니다. 그리하여 첫 번째 것이 두 번째 것을 선의 다른 쪽으로 멀리 갖다 놓습니다. 서구적 사고가 심연적인 것은 그것이 표면에서 매우 경직된 구별을 할 뿐만 아니라, 그 가시적인 구별 뒤에서 보이지 않는 구별을 하기 때문입니다. 그 비가시적인 구별이 모든 것을 정초하는 구별입니다. 예를 들어, 다음 이야기는 내가 앞서 제출한 의견에 대한 자기 성찰이 될 텐데,

서구적 근대성은 규제와 해방 사이의 이분법으로 특징지어지며, 이것이 서구적 근대성의 보편적 특징입니다.

그러므로 근대성의 모든 정치적 분쟁은 규제와 해방의 분쟁입니다. 그러나 만약 사회적 규제와 해방이 메트로폴리탄 사회에서만 일어나고 식민적 사회에서는 일어나지 않는다고 그들이 주장한다면, 저는 그들의 견해가 이쪽과 저쪽 사이에 엄청난 심연을 만들고 있다고 주장해야 할 것입니다. 정의상, 식민적 사회에서는 규제도 해방도 작동하지 않았습니다. 식민지는 '해방'을 가질 수 없습니다. 근대성의 모든 이론은 근대성 안에 규제와 해방이 존재한다는 생각을 만들어냈습니다. 그러나 이는 오직 메트로폴리탄 사회에만 적용되고 식민적 사회에는 적용되지 않는다는 생각 자체가 비가시화되는데, 그 이유는 식민적 사회에서는 다른 구별 – 점유와 폭력 – 이 적용되기 때문입니다. 선 바깥쪽에서 작동하는 이분법은 규제/해방이 아니라 점유/폭력입니다. 하지만 이런 사고는 그 부분이 눈에 보이지 않도록, 그것이 이론 속으로 들어오지 않도록 하는 방식으로 운용됩니다. 그리고 모든 저자들의 작업을 읽어볼 수 있고, 모든 세부사항이 공개되어 있음에도, 모든 이론에서 이것은 보이지 않습니다. 그리고 아마도 이 점 때문에 그것은 존재하지 않게 된 것입니다. 어떻게 이 심연의 선을 그려냈을까요? 근대성의 위대한 두 도구 – 근대적 지식과 근대적 법 – 를 통해서였습니다.

근대적 지식은 과학에, 진리와 거짓을 판별하는 독점권을 줌으로써 구성됩니다. 그리하여 우리 모두가 진리의 개념으로 알고 있는 과학은 사실 특정한 현실에만 적용되는 제한된 개념으로 특정한 상황에서 특정한 방법론을 사용할 뿐입니다. 예를 들어, 나는 결코 '행복'에 대해 진정으로 과학적인 개념을 가질 수 없습니다. 왜냐하면 행복을 결정할 가능성이란 존재하지 않기 때문입니다. 그러나 과학은 행복에 대한 진실이 무엇인지를 정의내리기 위해 다른 위대한 후보들인 철학 및 신학과 논쟁하려 할 것입니다. 철학에서는 이성에 진리가 있고, 신학에서는 믿음에 진리가 있습니다. 그러나 과학이 그들과 논쟁을 시작합니다. 그리하여 17세기부터 과학, 철학, 생물학 사이에서 위대한 논쟁이 벌어집니다. 그러나 이 선 너머에는 대중, 농민, 원주민, 도시민의 사회운동의 지식이 있습니다. 이런 지식들은 진리와 거짓의 범주 너머에 있는 것으로 간주됩니다. 이것들은 지식으로 여겨지지 않고 의견, 신념, 우상, 마술, 신화로 여겨집니다. 따라서 선의 이쪽에서 과학, 신화, 철학 사이에서 벌어질 모든 위대한 논쟁은 눈에 보이는 구별이지만, 이것들과 진리와 거짓의 경계 너머에 있는 눈에 보이지만 인정되지 못하는 모든 나머지 지식들 사이에는 눈에 보이지 않는 선이 있습니다.

법도 마찬가지입니다. 선의 이쪽에는 공식적 법으로써 합법과 불법의 모든 것을 정의하는 근대적 법이 있습니다. 선의 바깥쪽에는 원주민의 법, 농민의 법, 공동체의 법이 있습니다. 이것들은 공식 법이 아니고 국가에 의해 인정받지 못하고 있습니다. 따라서 힘을 못 씁니다. 합법적인 것/불법적인 것 사이의 위대한 구별 밖에 있습니다. 근대법이 근대 과학을 지도한다고 말할 수 있습니다. 왜냐하면 근대법은 모든 것을 위한 심연의 선을 긋기 때문입니다. 이 심연의 선은 포르데시야스 조약[2]에서처럼 신세계와 구대륙을 나누는 선입니다. 이 선이 아마 최초로 형성된 선일 것입니다. 16세기 중반에 유럽 국가들 사이에는 우정의 선이 만들어집니다. 서로를 이해하고 평화롭게 지내기 위해서입니다. 왜냐하면 당시 선 이쪽에서 유럽에 많은 전쟁이 있었기 때문입니다.

신세계는 규범을 가지고 있지 않았습니다. 우리는 여기에 있는데 저쪽에서는 국제 법 규범이 작동합니다. 에콰도르의 국경선이 어떻게 작동하는지 알아보면 흥미롭습니다. 지구본을 제작하는 사람들은 이 심연의 선을 정의하는 데 매우 조심스러워하지 않을 수 없었습니다. 왜냐하면 선원들과 배들이 그 선을 넘을 때 매우 주의하지 않을 수 없었기 때문입니다. 선 저쪽에는 규제/해방이 없고 실제로 법이 없습니다. 왜 그러냐고요? 왜냐하면 저쪽 사람들은 자연(야만) 상태에 있기 때문입니다. 사회계약 이론을 알고 있을 것입니다. 이 이론은 사람들이 자연

---

2. [옮긴이] el Tratado de Tordecillas. 1494년에 스페인 바야돌릿의 또르데시야스에서 체결된 조약으로 스페인의 가톨릭 국왕들(이사벨과 페르난도)과 포르투갈의 후안 II세 국왕 사이에 대서양과 신대륙의 구획을 정한 것이다. 이를 통해 포르투갈은 브라질과 희망봉 항로를 차지하게 되었다.

상태, 폭력 상태에서 시민사회 상태로 옮겨가기 위해 사회계약을 맺으면서 근대성이 나타난다고 주장합니다. 따라서 바로 그 순간에 거대한 자연 상태가 만들어진 것이고, 시민사회에 도달할 가능성은 전혀 없고 근대적 주민과는 완전히 동떨어진 수백만 명의 식민지 주민들이 만들어진 것입니다.

근대성은 자연 상태를 떠나는 것이 아닙니다. 한편에는 시민사회가, 다른 편에는 자연 상태가 공존하는 것이 근대성입니다. 그 둘은 항상 같이 존재하는 것입니다. 따라서 인류의 형성에 있어서 문명성은 비문명성과 함께 공존해 왔습니다. 하지만 15, 16세기의 인문학자가 가지고 있던 지식의 수준에서 보기에, 원주민들은 도무지 이해할 수 없는 존재들이었습니다. 모든 인문적 글쓰기는 항상 신중하게 무엇이 인간적인가를 정의합니다. 따라서 원주민은 나쁜 사람들이 아니라, 단지 인간이 아닌 것으로 정의되었던 것입니다. 1527년에 교황 바오로 3세는, 손가락 위에 심은 모든 것이 알파를 가지고 있다고 말했습니다.[3] 다시 말해 엄청난 심연의 사고 안에 개입이 일어난 것입니다. 나의 주장은 오늘날까지 문명과 비문명, 인간성과 초인간성이 공존하고 있다는 것입니다. 이 심연의 사고가 식민지 마지막까지 살

---

3. [옮긴이] 스페인어, 프랑스어 등 유럽 언어의 중요성에 대한 비유적 표현으로 보인다. 손을 가지고 쓰는 언어 속에 알파와 오메가가 있다고 하면서 유럽인들이 이해할 수 없는 언어를 사용하는 원주민을 자연 상태의 야만으로 본 것이다. 그들은 인간이 아닌 것으로 이해했다.

아남았고 오늘날까지 존재하고 있습니다. 헤게모니적 서구 사상은 계속해서 심연적 구별을 하고 있고 개념들을 적용하는 것이 불가능한 눈에 보이지 않는 구별에 근거하고 있습니다.

여러분 모두 관타나모^{Guantanamo} 이야기를 들어보았을 것입니다. 관타나모는 어떤 식으로든 선의 바깥에 있습니다. 거기에는 민주주의, 로마법에서 생각할 수 없는 사회적 공간이 있습니다. 그곳은 불법성을 넘어 생명의 잔인한 파괴의 공간입니다. 전면적 자의성에 대한 어떤 규범도 없습니다. 폭력의 전용입니다. 불법성이 규범의 자리에 놓입니다. 그러나 전면적 자의성에는 규범이 없습니다. 거기에 어떤 논리가 있다면 폭력의 독점적 소유일 것입니다.

따라서 내가 말하고 있는 이 분리는 내 생각에 여전히 진실이고 모든 순간에 적용됩니다. 이 분리선이 항상 고정적이었다고 말하는 것은 아닙니다. 역사적 순간마다 우리는 변화를 겪습니다. 그러나 피상적 변화였습니다. 선의 이쪽에는 문명이 있고 저쪽에는 야만의 형식이 작동하는 식으로 둘을 나누는 심연의 선에 두 번의 아주 강한 흔들림이 있었습니다. 첫 번째 변화는 탈식민화였습니다. 특히 이곳 라틴아메리카에서 19세기 중반[4]에, 그리고 아프리카에서는 20세기 중반에 있었던 모든

---

4. [옮긴이] 탈식민화는 19세기 중반에 시작되었지만 그것은 식민주의의 종식을 의미하는 것뿐이었다. 유럽문화와 비유럽문화 사이의 위계 서열의 근대 인식론 자체를 비판하는 생각 즉 탈식민성은 1992년 이후에 나타나기 시작했다.

과정을 말합니다.

어떤 사람은 탈식민화를 선의 이쪽에 있던 사람들이 저쪽에 대항하여 싸운 것이라고 이해했습니다. 규제/해방을 원했기 때문에 반란을 일으켰다고 이해했습니다. 폭력의 전용을 거부하고 규제/해방의 과정에 진입하는 것이 탈식민화였다고 믿었습니다. 규제/해방이 이쪽에서 확산되어 어떤 식으로든 아마 저쪽에서도 억압이 감소되고 어쩌면 전적으로 제거될 수도 있다고 생각했습니다. 그러나 폭력의 전용은 그런 식으로 일어나지 않았습니다. 종속이론과 세계체제론의 식민 연구들은 심연의 선이 여전히 유효하다는 것을 그래서 인간이라는 것이 실종되었음을 보여주었습니다.

문제는 오늘날에는 지상에 혼란이 있다는 것입니다. 이것이 우리가 규제/해방을 생각하는 것을 어렵게 만들고 있습니다. 우리는 지금 어째서인지 선의 이쪽에서, 즉 규제/해방의 쪽에서 폭력의 전용이 확장되고 있는 시대에 살고 있습니다. 이는 식민적인 것의 귀환으로 불릴 수 있습니다. 그런데 이 차원은 신세계의 것이 아니라 메트로폴리탄 사회의 것입니다. 식민적인 것이 메트로폴리탄 사회에 들어오고 있고 이 문제에 대해 메트로폴리탄 사회는 폭력의 전용이라는 논리를 가지고 반응하고 있

그 해에 페루의 사회학자 아니발 끼하노가 「식민성과 근대성-합리성」이라는 제목의 논문을 발표했다. 우연하게도 1492년의 콜럼버스 '정복' 이후 정확히 500년 만에 일어난 일이다. 이 논문이 탈식민성 담론의 시작이다.

는 것입니다. 식민적인 것은 메트로폴리탄 사회에서 세 가지 방식으로 출현하고 있습니다. 테러리스트, 불법 이주자, 그리고 난민입니다. 난민은 새로운 것입니다. 식민적 근대 자본주의 사회의 모델에서 식민적인 것은 결코 나타날 수 없었습니다. 리스본, 마드리드, 빠리 또는 런던에 식민적인 것이 물리적으로 출현할 수 없었습니다. 그것은 불가능했습니다. 그런데 이제는 사라졌다가도 다시 출현하기를 반복하고 있습니다. 커다란 폭력이 아주 강한 존재감을 드러내고 있습니다. 따라서 우리는 저항해야 합니다. 그 저항은 폭력의 전용에 대한 저항이어야 할 것입니다. 오늘날 유럽에서 작동하고 있는 이민법이나 반테러법을 보시면, 규제/해방이 아니라 폭력의 전용에 관한 것임을 알 수 있습니다. 이것은 선의 이쪽에 존재했던 합법성을 완전히 무너뜨리는 것입니다.

그러나 사람들은 이런 일이 일어나고 있다는 사실을 인식하지 못합니다. 오늘날 미국에서 가장 경악할 논쟁 중의 하나는 고문이 어느 정도까지 합법적인가에 관한 것입니다. 그 세부사항은 끔찍합니다. 어느 정도까지 헌법에 합치되는 방법으로 생명과 인격을 파괴하고 상처를 줄 수 있는가를 두고 논쟁을 벌입니다. 이것은 규제/해방의 논리를 오염시킨 폭력 전용의 식민적 논리입니다. 이것이 이야기의 전부입니다.

여러분은 아직 다른 길이 있음을 기억하고 기다려야만 합니다. 즉 사유에서의 저항을 해야만 합니다. 어떻게 저항할 수 있는지 우리는 알아야만 합니다. 이것은 내 생각에 다른 인식론, 다른 지식입니다. 따라서 나는 글로벌한 인식적 정의가 없이는 글로벌한 사회정의가 없다고, 상호인정의 인식적 정의가 없이는 글로벌한 사회정의는 없다고 주장합니다. 따라서 우리는 심연의 사고에서 중지의 사고로 옮기지 않으면 안 된다고 제안합니다. 여러분에게 내가 제안하는 중지의 사고는 내가 지식의 생태학이라고 부르는 것입니다. 생태학적 사고, 포스트-심연적 사고가 무엇인지에 대한 약간의 생각을 빠르게 요약하려 합니다. 서로 다른 지식들의 공존을[5] 시도하는 방식에서 생태학적입니다. 즉 이질적인 지식들이 공존할 수 있다는 생각입니다. 생태학적 지식은 단일문화에 반대합니다. 그리하여 다음의 특징을 가집니다. 첫째 '현재 있는 것'에 뿌리를 내립니다. 과거에 나는 이 지식은 선의 양쪽의 공존을 요구하는 것이라고 말한 적이 있습

---

5. [옮긴이] 보아벤투라는 여기서 탈식민성의 대안을 제안하는 것이다. 이를 "코스모폴리탄적 이성" 또는 "복수의 코스모폴리타니즘"이라고 한다. 탈식민성 그룹의 다른 학자들은 같은 의미를 다르게 표현한다. 예를 들어, 월터 미뇰로는 "복수 보편성의 생성" 또는 "경계적 인식론"이라고 한다. 아니발 끼하노는 "상호문화적 탈식민성"이라고 한다. 캐서린 월시는 "상호문화적 비판적 사유"라고 한다. 탈식민성 기획의 정확한 명칭은 근대성/(탈)식민성 기획인데 1990년대 이후 연구 논문을 활발하게 생산하고 있는 에콰도르의 키토에 있는 안다나 시몬 볼리바르 대학교의 캐더린 월시 교수를 비롯하여 아니발 끼하노, 아르뚜로 에스꼬바르, 월터 미뇰로, 엔리케 두셀, 페르난도 꼬로닐, 산티아고 카스트로 고메스, 하비에르 산히네스, 아리루마 꼬위 등의 연구 그룹을 말한다. 주로 에콰도르, 콜롬비아, 베네수엘라, 페루, 볼리비아, 미국의 학자들로 구성되어있다. 이들을 근대성/식민성/탈식민성 기획(Programa Modernidad/Colonialidad/Decolonialidad)의 머리글자를 딴 약어로 PM/C/D로 부르기도 한다.

니다. 이 공존은 '동시성'simultaneidad과 '동시대성'contemporaneidad 사이의 평등을 의미합니다. '동시적인 것'이 '동시대적인 것'입니다. 하지만 일직선적 단일문화는 이런 생각을 부수었습니다. 그리하여 농민 원주민은 '동시대를 살지만' 세계은행의 중역과 동시적이지 않습니다.

이 공존은 두 번째 헤겔을 극복하기 위해서도 중요합니다. 헤겔은 역사적으로 보면 선의 저쪽에 있는 인물입니다. 고대 그리스에서 BC 5세기의 '야만인'은 로마인이 아니라 AD 초반의 그리스인입니다. 또는 16세기 초반의 '문명인'입니다. 이를 극복하기 위해서는 대화가 필요합니다. 지식의 생태학이라는 생각은 이 세계의 소진 불가능한 인식론적 다양성을 전제합니다. 세계에는 많은 지식들이 있습니다. 그러므로 모든 지식의 완전한 자료[파악]는 불가능합니다. 우리는 완전을 '향해' 살아가야만 합니다.

세 번째 생각은 매우 강력한 것입니다. 지식의 생태학은 또한 지식과 무지 사이의 관계입니다. 어제 말했듯이, 지식의 생태학에서 무지는 출발점이 아니라 오히려 도착점이 될 수 있습니다. 왜냐하면 우리가 어떤 지식을 배우면, 다른 지식은 잊어버릴 수 있기 때문입니다. 우리는 그 지식의 무지를 만들어낼 수 있습니다. 따라서 우리는 항상 우리가 배우는 지식과 우리가 잃어버리는 지식 사이에서 이루어지는 교환의 게임이 무엇인지를 알아야만 합니다. 그리하여 과거에 우리가 가졌던 우리 자신의 지식을 잃어버림이 없이 다른 지식을 알게 되는 어떤 방식을 시도해야만 합니다.

예를 들어 나의 조교는 원주민 여성인데 개인 재산, 개인 자격증, 토지 매입 등에 대한 한 법학 교수의 강의를 듣다가 그녀는 이렇게 말했습니다. "저의 공동체에서는 그런 일은 불가능합니다. 우리는 토지를 매입 또는 매도할 수 없습니다. 왜냐하면 토지는 우리에게 속한 것이 아니라 우리가 토지에 속해 있기 때문입니다." 그 교수는 그녀에게 답했습니다. "이보세요. 나는 민법을 강의하고 있어요. 나는 다른 것에는 관심이 없어요." 그녀는 울면서 내 연구실로 왔습니다. 그녀는 무지한 자로 "만들어져" 있었고 무지가 그녀 안에서 "만들어지고" 있었습니다. 민법을 배우기 위해 그녀는 자신의 지식을 잊어야만 했습니다. 이것이 지식과 무지 사이의 다른 관계입니다.

네 번째로 지식의 생태학을 이해하는 것이 과학을 무시하는 것을 의미하지는 않습니다. 과학은 매우 중요한 지식입니다. 과학은 멋진 것들을 생산합니다. 그러나 우리는 과학을 반헤게모니적으로 이용해야 합니다. 과학은 어떤 목표를 위해 매우 유익합니다. 그러나 다른 것을 위해서는 그렇지 않습니다. 과학은 여러 다양한 것들 중에서 하나의 지식이므로 지식의 생태학 내에서 이용되어야 합니다. 어떤 것을 위해서는 매우 소중하지만 다른 것을 위해서는 그렇지 않기 때문입니다. 달에 가는 것은 매우 가치 있습니다. 그러나 생물 다양성을 지키는 것만큼 가치

있지는 못합니다. 지식의 생태학은 지식들 사이의 추상적 위계를 받아들이지 않습니다. 왜냐하면 위계라는 것은 우리가 추구하는 목표의 기능에 대해서 구체적인 것이고, 논란 속에 있는 것이고, 실용적인 것이기 때문입니다. 이것은 내가 볼 때 우리가 과학을 더 조심스럽게, 소박한 방식으로 바라보도록 만듭니다.

과학의 내부적 복수성에 대한 여러 권의 책들이 출판되어 있습니다. 페미니즘적 인식론, 탈식민주의적 인식론 등은 과학이 여러 가지 방식으로 만들어질 수 있음을 보여주었습니다. 즉 과학을 하는 다양한 형식이 있다는 것을 말입니다. 내부적 복수성만이 아니라 외부적 복수성도 있습니다. 과학이 있고, 다른 지식들이 있는 것이고, 이는 서로 정확하게 절합시켜야 합니다. 이럴 때 추상적인 위계는 거대한 실수와 위험이 될 수 있음을 아는 것이 중요합니다. 여러분에게 아시아의 한 사례를 들어보겠습니다. 인도네시아 발리의 논들은 수 세기 동안 힌두교 물의 여신의 사제들에 의해 관리되는 관개 시스템을 가지고 있었습니다. 녹색 혁명이 당도했을 때 이를 통해 중국의 옥수수가 도입되었고 아시아에 자본주의적 농업조직이 도입되었습니다. 그러자 농업개혁의 기술자들은 즉각 말했습니다. "우리는 이 관개 시스템을 폐지해야 합니다. 이들은 사제일 뿐이고 이것은 종교적 체계입니다. 과학이 아닙니다. 파괴해야 합니다." 그다음 해에 쌀 생산이 50% 감소했습니다. 이듬해에는 다시 50%가 감소했습니다. 또 다음 해에 다시 50%가 감소했습니다. 과학적 관개는 작동하지 않았고 인도네시아 정부는 우려 속에서 더 합리적인 조치를 취했습니다. 사제들이 다시 복귀하도록 했고 쌀 생산은 다시 과거의 방식으로 돌아갔습니다. 30년 뒤에 미국의 젊은 컴퓨터 모델링 전문가 두 명이 이 논의 관개 문제를 연구하러 갔습니다. 그리고 사제들의 조치가 그 어떤 과학적 체계보다 효율적이라는 결론을 내렸습니다. 다시 말해 조상으로부터 전해 내려온 관개 체계와 과학적 체계의 양립 불가능성은 나쁜 과학의 산물이고, 30년 뒤에야 사제들의 관개 체계가 물의 이용의 측면에서 더 낫다는 것이 알려졌습니다. 여기서 추상적 위계에서 구체적 위계로 옮기는 것이 중요하다는 점이 드러납니다. 지식들 사이에 예측할 수 없는 많은 문제들이 있습니다. 왜냐하면 개념들이 서로 다르고 범주들도 다르기 때문입니다. 예를 들어, 서구 과학의 자연 개념과 빠차마마[6]의 개념은 서로 다르고 소통 가능하지 않습니다. 왜냐하면 빠차마마 개념은 우주적 조화의 일부를 구성하기 때문입니다. 그 조화 안에 인간 사회 공동체가 있습니다. 따라서 언어학적인 번역만이 아니라 문화들 사이에서 번역을 해야만 합니다. 즉 우리는 내가 "인식론적 살해"라고 부르는, 지식의 단일문화가 행한 지식의 분배를 제한할

---

6. [옮긴이] Pachamama. 빠차마마는 안데스 원주민들이 숭배하는 여신으로 어머니 자연, 어머니 대지를 의미한다. 당연히 풍요로움의 여신이다. 농사를 짓거나 목축을 할 때 원주민들은 빠차마마에게 제사를 지낸다. 중요한 것은 빠차마마가 여성성을 상징한다는 점이다.

상호문화적 번역체계를 창설해야 합니다. 인식론적 살해는 지식을 살해하고 이는 이 지식을 사용하는 사회 집단을 살해하는 것과 같습니다. 이런 일이 원주민에게 일어났음을 우리는 알고 있습니다. 그렇다면 어떻게 상호문화적 번역을 할 수 있을까요? 나는 아프리카의 예를 들어보겠습니다. 여러분도 알다시피, 이 문제는 우리가 상상할 수 있는 것보다 더 글로벌한 문제입니다. 아프리카의 철학이 있는지 없는지를 알아내는 문제가 여기 있습니다. 많은 사람들은 없다고 생각합니다. 보편적 철학만이 있다고 봅니다. 다른 사람들은 아프리카의 철학이 있지만 통약 불가능하다고 합니다. 즉 아프리카의 철학이 유럽의 철학과 결코 접점이 없다는 것입니다. 왜냐하면 아프리카의 철학은 유럽 문화에서 유래하지 않고 아프리카 문화에서 유래하기 때문입니다. 유럽에서 철학이 발전했다는 더 사실은 과도기적인 것입니다. 마지막으로 비록 철학이 다르더라도 서로 대화할 수 있다고 말하는 아프리카의 철학자들이 있습니다.

여러분은 서구 철학에서 가장 중요한 개념 중의 하나가 데카르트의 주장, 즉 "나는 생각한다. 고로 나는 존재한다"임을 알고 있습니다. 가나의 어느 철학자가 주장합니다. "나는 이 말을 여기 우리 언어로 번역할 수 없다. 왜냐하면 우리 언어에서 생각한다는 것은 어떤 것을 구체적으로 측정하는 것이기 때문이다. 그래서 나는 추상적인 것의 용어로 생각할 수 없다. 다른 한편, '나는 존재한다'는 단언도 우리 언어로 가능하지 않다. 왜냐하면 존재란 항상 여기 또는 저기에 있음을 의미하기 때문이다. 나는 이 공동체 또는 저 공동체에 있다. 이런 '존재' 개념에는 추상적인 것이 전혀 없다. 그러나 이것이 우리 철학이 열등하다는 조건이 될 수 없다. 여기 우리 철학에 많은 것이 있다는 것을, 그리고 단지 그것이 서구 철학으로 번역될 수 없을 뿐임을 나는 보여줄 것이다." 그러고 나서 이 철학자는 빠차마마의 생각과 가까운 자연 개념들에 관한 분석을 시작합니다. 물론 아프리카 버전으로 말입니다. 중요한 것은 이 개념들 중 일부는 서구 언어로 번역될 수 없다는 점입니다. 그렇다면 서구 철학은 제한되어있는 것이고 그러므로 상호문화적 번역의 가능성은 완벽합니다. 왜냐하면 상호문화적 번역은 모든 문화, 모든 철학이 불완전하다고 생각하는 것에 기초하기 때문입니다.

여섯 번째, 지식의 생태학은 단지 인간, 호모사피엔스의 지배가 아니라 또한 신화의 지배입니다. 이것이 무슨 말인가요? 이성의 지배이지만 또한 환상, 생각, 열정, 정열의 지배라는 뜻입니다. 사회적 변혁이라는 대의를 위해, 냉정한 순수 이성만으로는 변혁할 수 없다는 의미입니다. 나는 왜 인권을 위한 투쟁에 개입할까요? 왜냐하면 인권 침해를 내가 보고 있기 때문입니다. 왜냐하면 나의 위장이 내가 이성적으로 이야기할 수 없는 어떤 것을 느끼기 때문입니다. 따라서 이런 지식, 이성과 환상 사이의 복잡한 관계를 만들어야 합니다.

이제 지식의 생태학의 마지막 특징이 드러납니다. 그것은 객관성과 중립성 사이의 구별입니다. 우리는 객관적이기를 원하지만 중립적이기를 원하지 않습니다. 이것이 무슨 말일까요? 객관성은 우리가 비판적 거리를 가지고 어떤 사회적 현실의 모든 가능한 관점들을 분석하도록 해주는 모든 방법론을 사용하는 것입니다. 그리고 사회과학의 방법론들은, 객관성을 형성하는 데, 독단주의와 거리를 두는 데, 이데올로기적 폐쇄를 제한하는 데, 비판적 거리를 유지하는 데 매우 유익합니다. 그러나 중립성 없이 항상 우리가 어느 쪽에 서는지 물으면서 그렇게 합니다. 어떤 일에 대해서는 억압자의 편에 서게 되고 다른 일에서는 피억압자의 편에 서게 됩니다. 따라서 지식의 생태학을 위해서는 우리가 어느 편에 있는지 아는 것이 근본적입니다. 객관적인 것은 중립을 의미하지 않습니다. 그리고 이 점이 지식의 생태학에서 나에게 가장 중요한 부분입니다.

이 생태학은 우리가 아주 큰 겸허함을 갖게 하고, 아주 깊은 자아 성찰로 우리를 이끄는 연구 프로그램입니다. 지식은 우리 즉 사회과학자들, 철학자들, 사회학자들이 운용하는 지식과 거리가 있는 많은 다른 지식이 존재할 때 완전해집니다. 그리하여 아주 큰 불완전성의 느낌이 있게 됩니다. 이것이 우리를 깊은 자아 성찰로 이끕니다. 우리는 지금 성 아우구스티누스가 『고백록』의 끝에서 다음과 같이 썼던 그때와 비슷하지만 조금은 다른 상황에 있습니다. "나는 나 자신에게 하나의 문제가 되었다." 물론 이 이야기는 성 아우구스티누스가, 성인의 삶을 살기 전 방황하던 자신의 삶을 언급하며 했던 말입니다. 오늘날 우리는 우리 자신에게 문제가 되고 있습니다. 지난 죄를 고백하기 위해서가 아니라 미래를 바라볼 때 그렇습니다. 특히 우리의 모든 도구들이 도착적인 것 쪽으로 기울어져 있고 과거의 문제들이 다시 돌아올 수 있음을 생각할 때 그렇습니다.

상호문화적 번역은 우리가 주의를 기울이지 않으면 미묘한 방식으로 식민화를 하는 방법이 될 수 있습니다. 이 점에 대해 자기 성찰하지 않으면 안 됩니다. 그렇지 않으면 우리는 진정한 의미에서 앞으로 나아갈 수 없습니다. 과거의 잘못들이 다시 저질러지지 않는다는 보증과 함께 앞으로 나아가야 합니다. 그리고 이러한 자세는 한편에서는 우리가 아주 진지한 인식론적 신중함을 갖게 합니다. 그리고 동시에 다른 한편에서 그것은, 우리가 글로벌한 인식적 정의에 근거한, 글로벌한 사회정의를 실제로 성취하는 또 다른 형태의 지식을 위해 계속해서 싸울 수 있는 에너지를 우리에게 줄 것입니다. 감사합니다.

루이스 타피아의 논평

오늘 보아벤투라 드 소우자 산투스의 발표가 우리에게 준 윤리적 사유는 다성적으로 생각할 가능성의 조건입니다. 즉, 우리 사이에 서로 '다른' 목소리로 말하고 알고 번역하고 변혁할 가능성의 조건입니다. 이런 의미에서 나는 오늘 발표된 것에 대부분 동의하면서 몇 가지 점에 대해 간략히 언급하려고 합니다. 특히 몇 가지를 강조하고 싶습니다. 그것들은 우리가 직면하고 있고 또는 직면하지 않으면 안 되는 문제들, 과제들과 연결되어 있습니다. 그중 하나로 첫째, 사회과학의 식민적 기원을 둘러싸고 문제를 제기해야 한다는 것입니다. 사회과학은, 사회적인 것에 대해 진리를 생산하면서 세계의 식민적 '북'의 생산과 절합의 전략의 중요한 일부를 구성해왔습니다. 보편적인 것 또는 보편적 진리라는 생각은 처음에는 추상적이었나 이후에는 일부 유럽 종족이 육화한 것으로 이해되었고, 다른 종족과 문화들 사이에서 위계 서열과 열등성을 생산하면서 배제의 형식의 일부를 이루었습니다. 이는 우리가 대학에서 사회과학을 가르치면서 무엇을 해야 할 것인가라는 문제를 우리에게 제기합니다. 우리는 작은 로칼local의 문제들을 생각하기 위해 보편적 진리를 재생산하게 될 전문가를 양성하는 일을 계속하고 있습니다. 이로써 우리는 국제노동분업을 떠맡는 것을 의미하는 식민적 질서를 재생산하게 되고 이를 통해 우리는 기본적으로 사유의 생산자가 아닌 운용자가 됩니다. 또한 우리는 우리를 윤리적, 인식적 주체가 아니라 도구로서 형성하는 일을 수행합니다.

이런 의미에서 나는 볼리비아와 같은 나라들에서, 스스로 과학성을 갖추었다고 자부하는 지식 생산의 형식을 탈식민화하는 것은 매우 중요한 과제라고 봅니다. 왜냐하면 특히 보편적 자원으로서 사회과학을 구성하는 결과 중 하나는 다른 게 아니라 상당 부분의 개인과 집단의 능력을 인식적 평등성에 근거하여 인정할 가능성을 처음부터 배제하는 것이기 때문입니다. 이런 의미에서 근대적 합리주의는 처음부터 모순적입니다. 한쪽에서는 이성적 존재라는 점에서 모든 인간들이 평등하다는 명제를 제출했습니다. 그러나 곧이어, 식민화된 종족들의 대부분을 그 능력에서 배제하기 위해 그 동일한 사고를 이용했습니다. 즉 그들을 스스로 생각할 능력이 없는 주체로 간주함으로써 그들을 지배하고 그들이 다른 사람을 위해 노동하도록 만드는 것을 합리화했습니다. 이런 의미에서 사회과학을 탈식민화하는 것은 사고의 보편성이라는 생각을 비판하고 부수는 것에 머무는 것이 아니라 문화들 사이 또한 각각의 문화들, 사회들 내부에서도 이성의 복수성을 생각할 수 있는 다른 방식으로 이동하는 것입니다. 이것은 지식의 첨단 생산을 자부하는 일부 메트로폴리탄 국가들에서 사회과학이 직면하고 있는 어떤 문제들을 암시합니다.

보아벤투라가 1990년대 초반부터 사회과학에 관해서 주장했던 포스트모던적 사유의 특징 중 하나는 다른 무엇보다 타자에게 무감각한 이러한 이성을 폐기하자는 것이었습니다. 이러한 이성은 타자를 대신해 사유하고 타자에게 지시를 내리기 위해 타자를 이용합니다. 그럴 때 스스로 보편적인 인식 주체라고 자처하는 그 주체는 탈감각화됩니다. 보편적 인식 주체로 자임하는 것은 육적인 인식적 주체의 관점에서는 중성화되는 것이고, 따라서 상호주체성이 중요하게 되고 그만큼 정치화됩니다.

사회과학의 구성과 근대 철학의 재구성이 지닌 또 다른 특징은 그것들이 자아 중심적이고 인종주의적인 사고라는 것입니다. 보편적 주장의 특이성은 바로 인종주의입니다. 이 인종주의는 당대의 첨단에 자신을 위치시키는 것을 의미합니다. 결국 이 말은 근대과학이 목적론적 가치관을 상정함을 의미합니다. 즉 진보적 시간의 직선에서 보편적 사회는 이제 막 야만의 세계에서 벗어나 모습을 드러내며 구성되는 사회들보다 훨씬 앞선 것으로 자신을 위치시킵니다. 따라서 우리가 현재의 지식 생산을 비판하고 재구성할 수 있는 방식 중 하나는 일직선을 상정하는 이러한 역사적 시간 개념을 포기하는 것입니다. 그러한 시간 개념 속에서는 특권성, 또는 열등성으로 특징지어지는 서로 다른 위치에 서 있게 됩니다. 이를 벗어버리면 우리는 더 풍부한 삶을 살아갈 수 있을 것입니다. 결국에는 역사적 시간이 복수라는 점이 중요합니다. 이는 곧 지식의 형식이 다양함을 의미합니다. 이는 사회적 삶의 구성이 다양한 형식을 가진다는 것을 의미합니다.

이런 의미에서 예를 들어, 우리는 지식의 생태학으로 제안된 몇 가지 특징들을 몇몇 문화들의 성격과 함께 조명할 수 있을 것입니다. 라미로 꼰다르꼬Ramiro Condarco는 안데스 지역사회의 특징으로 "공동생활의 보충성"을 들고 있습니다. 다시 말해, 쉬운 말로 표현하면 안데스 지역 문화의 특징은 '복수의 보금자리들과 생태 수준들'[7]을 가진다는 것입니다. 따라서 이 지역 주민은 복수의 공간, 복수의 직업 형식을 이용하여 서로 다른 수준에서 재화와 주체를 유통하면서 보충적으로 살아갈 수 있습니다. 공동생활의 보충성의 형식 또는 지식의 생태학을 실험하는 그 문화들은 다른 문화와의 관계를 번역하고 그 다른 문화와 더 평등한 방식으로 공존할 준비가 더 잘 되어있다고 말할 수 있습니다. 이런 일은 근대 자본주의 사회에서는 일어나지 않습니다. 자본주의 사회에서는 서로 다른 지식들 사이에, 즉 존재하고 살아가는 다양한 형식들 사이에 있는 위계 서열을 없애기가 훨씬 어렵습니다.

이제 다음 이야기를 하고자 합니다. 정치적인 것과 관련된 두 번째 측면을 다룰 것입니다. 지식과 근대 사회질서 구성의 특징들 중 하나는 규제와 해방 사이의 연결이라고 하셨습니다. 규제는 질서의 생산과 관계가 깊습니다. 따라서 제도적인 것 안에서 어떤 규율적 틀이 인간 삶을 규제할 때 그것은 착취와 억압의 형식을 가질 수밖에 없습니다.

사법적 경로를 거치는 이 질서화와, 사회적 관계의 규칙성에 대한 사고를 통제하려는 사회과학의 주장들, 즉 규제 모델이면

---

7. [옮긴이] 예를 들어, 안데스 원주민 농민은 자신의 고향에서 농사를 지으며 살다가 주말에는 가끔 도시의 시장에 나가 약초를 팔거나 원주민 고유의 점술로 돈을 벌기도 한다.

서 자신이 진리의 모델이라고 자처하는 이 일반 이론 사이에는 강한 연계가 존재합니다. 이는 동시에 어떤 질서 내에서 무언가를 위해, 어떤 합의를 둘러싸고 우리를 훈련시키는 형식이 됩니다. 이런 의미에서 근대 사회과학의 구조 자체는, 근대적 규제가 만들어낸 결과의 일부라고도 할 수 있는 그러한 주체를 생산해내는 전략에 속합니다. 왜냐하면, 선 바깥에 있는 자들뿐 아니라 선 안에 있는 자들에 대해서도 권력은 행사되기 때문입니다. 이는 지식의 형식이 정치적 함의를 가짐을 의미합니다. 지식의 형식이 정치사회적 질서를 창출하거나 또는 그것을 재생산하고 사회적 불평등을 만들어 낸다는 점을 강조하고자 합니다. 그리하여 사회과학은 식민적 불평등을 생산해온 역사의 일부를 구성합니다. 또한 근대의 제국적 자본주의와 강하게 연계됩니다. 비록 사회과학이 해방의 어떤 국면과 행동을 만드는 데 이용되기도 하였지만 말입니다.

아주 간략하게 이것이 라틴아메리카에 가져온 효과들에 대해 말씀드리고 싶습니다. 근대적 사고는 이 대륙이 독립 이후 얼마간은 식민주의의 산물인 봉건 지배 형식을 유지하고 재창조하는 데 도움을 주었습니다. 나중에, 특히 20세기에 근대과학의 담론이 제기한 보편성, 합리성, 해방의 사고는 국민혁명과 어떤 경우에는 국가적인 대중혁명을 일으키는 데 도움이 되었습니다. 이 혁명들은 우리의 나라들에 해방의 사유를 심었고 그것은 민주화의 형식이 되었으며, 그로써 다른 정치 이데올로기들과 함께 평등의 사고가 도입되었습니다. 사회과학은 인종주의와 봉건주의가 심각한 라틴아메리카의 나라들에 평등의 사고를 도입하는 형식이 되었습니다. 유럽적이고 앵글로색슨적임이 분명한 보편적 이성의 인종중심주의를 도입한 것도 사실이지만 말입니다. 따라서 사회과학의 역사는 사회과학이 분명한 방식으로 그러나 은밀하게 전 세계에서 식민적 자본주의의 질서를 조직하고 재생산하는 형식들 중 하나로 기능해왔음을 보여줍니다. 다시 말해, 불평등의 다양한 형식 중 하나로 기능해왔습니다. 그러나 또한 해방적 기능도 있었습니다. 비록 최종적인 해방으로 생각할 수는 없지만 말입니다. 그리하여 나는 이렇게 불완전한 해방이라는 것이 우리가 성찰하는 데 분명한 시사점을 준다고 생각하고, 본질주의적인 어떤 것으로 비판받는 해방의 사고 너머로 움직이는 데 이런 진단이 필요하다고 생각합니다. 해방이 본질주의라고 비판하는 사람들은 우리가 어떤 원초적 본질로 되돌아가기 위해 스스로를 해방시켰다고 말합니다. 내가 간략하게 언급하고 싶은 다른 것은 과학과 해방의 연결에 관해서입니다. 즉 지식의 생태학이 도입되면서, 이제 우리는 일반과학, 자아중심적 과학이기도 한 사회과학을 통해서 사유하는 것만이 아니라 고유한 무언가를 통해서 생각하는 것이 가능해진다는 주장에 대해서 약간의 이견을 제시하고 싶습니다. 내가 여기서 묻고 싶고 간략히 대답하고 싶은 것은 우리에게 고유의 것이란 과연 무엇인가라는 질문입니다. 어떤 식으로든 대답할 수 있을 것입니다. 아이마라, 과라니, 케추아인의 강한 기준들이 있을 것입니다. 그러나 우리 대부분에게 그것은 우리의 일부는 될 수 있겠지만 우리 고유의 것은 아닙니다. 결국 우리는, 특히 사회과학을 공부하고 연구하고 근대의 식민적 합리성으로 형성된 우리는 어떤 식민적 형식을 통해서 고유의 것을 생각할 수밖에 없게 됩니다. 이런 의미에서 우리에게 남은 것은 이미 우리를 구성해버린 것을 변혁하는 것입니다. 그것은 오랫동안 우리가 더 성숙하고 발전된 근대성, 보편성을 형성해야 한다는 전제하에 우리를 더욱더 근대적인 주체로 규율해왔고 우리는 이 또한 변혁해야 합니다. 실제로 지금까지 볼리비아의 신자유주의 개혁은 우리가 보편적이고 환원적인 의미에서 더 근대적으로 된다는 목표 속에서 진행되어 왔습니다. 왜냐하면 세계적으로 사회주의가 몰락하면서 장벽이 걷혔기 때문입니다. 나는 보편적 이성과 전 세계에 일반적으로 적용이 가능한 정치학, 경제학, 인류학적 모델이 있다는 생각을 지지하기 위해서 몇 가지 자기결정의 로칼적local 경험들이 있음을 강조하고 싶습니다. 이러한 사유는 해방의 생태학을 제시하면서 계속해서 더 완전해지고 있습니다. 오늘 보아벤투라가 발표한 내용은 정말로 우리에게 필요한 것입니다. 그리고 그가 우리에게 제안한 것은 우리 고유의 것을 생각하기 위한 자원을 확장하라는 것입니다. 다른 말로 표현하면 나는 개인적으로 이렇게 생각하는데, 고유의 것을 생각하는 것은 타자의 것도 생각하는 것이라고 봅니다. 그렇게 하면 상호주체적으로 더 좋은 방식으로 세계를 건설할 수 있게 될 것입니다. 이 과정을 북돋기 위해서는 잘 들어야 하는 것이고 감각적, 육적 존재감을 가져야 하는 것인데, 사회과학 탈식민화의 중요성을 생각하는 사람의 연설을 듣는 것만으로는 부족합니다. 물론 사회과학의 탈식민화는 볼리비아 같은 곳에서는 다른 곳에서보다 훨씬 더 필요성이 큽니다. 현재의 국면에서는 주체들을 규율하고 내부적 지배의 대상으로 만들고 있는 메트로폴리탄 국가에서보다 이곳에서 더 필요성이 큽니다. 이런 의미에서 볼리비아인으로서 그리고 발전학 대학원CIDES의 구성원으로서 나는 참석해주신 것에 대해서 여러분께 감사를 드리는 바이며, 앞으로도 이런 대화를 지속할 수 있기를 바랍니다. 감사합니다.

4장

사회운동을 위한 '대중대학'에 대한 토론

<"그레고리아 아빠사"
여성 인권 증진 센터>(엘알토)
2007년 3월 30일

루르데스 몬떼로의 소개글[1]

3월 말에 이르러, 산안드레스 국립대학교 발전학 대학원의 오랜 기간 동안의 고집스럽다고 해도 좋을 만한 집념 덕분에, 우리는 탁월한 사회과학자인 보아벤투라 드 소우자 산투스 선생님을 엘알토시에서 맞이하게 되었습니다.

오전에는 공동체와의 만남이 있었고, '대중대학'이라는 장기 프로젝트에 대한 토론이 있었습니다. 이는 학자와 사회운동 세력이 함께하는, 깊이 있는 풍부한 토론이었습니다. 오후에 중간 그룹의 소수의 리더들과 만난 드 소우자 교수님은 지칠 줄 모르는 연구 정신을 보여주셨고 우리가 여러 주제에 대해 깊은 성찰을 하도록 이끌어주셨습니다. 현재의 맥락, 에보 모랄레스의 정부, 사회운동의 역할, 특히 미래를 건설하는 데서 엘알토가 수행해야 할 역할 등에 대해서입니다. 우리는 투쟁의 동료들이고 같은 꿈을 꾸는 형제들인 여러분과 그 만남의 종합적 결론을 공유하고 싶습니다. 이들은 명료한 정신으로 현재의 정부를 구축 중의 과정으로서 간주하고 접근하였습니다. 모두의 공동 운명을 정의하는 일에 애정을 보였으며, 그리고 동시에 깊은 비판의식을 보여주었습니다.

---

1. 이 장은 《"그레고리아 아빠사" 여성 인권 증진 센터》의 자료로 공개된 바 있다. [Lourdes Montero는 위 센터의 대표이다. 보아벤투라 드 소우자 산투스와의 토론을 정리하여 자료집으로 간행하면서 작성한 소개글로 보인다.]

일반적으로 엘알토는 슬로건들이 난무하는 곳이라고 평가됩니다. 비타협적 리더가 억압적인 조작을 할 때 대중이 격앙된 반응을 보인다는 말을 우리는 얼마나 자주 들어왔습니까? 그러나 이런 관점을 불식시킬, 가치 있는 다양한 목소리를 오늘 우리는 들을 수 있었습니다. 명석함, 비판정신, 책임성과 나라의 미래에 대한 깊은 염려 등을 지닌 여성과 남성 지도자들은 그들의 희망, 실망, 계속해서 투쟁하겠다는 강한 의지 등에 대해 자신의 경험에 기초하여 우리에게 말하였습니다. 즉 그들은 정치를 하고 있는 것이며 이럴 때 정치는 더 나은 미래를 꿈꿀 가능성이라는 의미일 것입니다.

드 소우자 선생은 형제애를 기초로 하여 우리로 하여금 어떤 현실과 마주하게 만듭니다. 엘알토는 단순하게 말해서 자기 자신을 성찰할 권리를 잃었습니다. 자신의 핵심을 응시하는 것만을 지속할 수 없기 때문입니다. 그 대신 나라 전체를 바라보아야 하는 상황입니다. 거기서부터 넓은 의미에서 현재의 정치적 순간을 응시하는 책임을 떠맡아야 하기 때문입니다. 드 소우자 선생님이 우리에게 피할 수 없는 도전을 제기하는 이유가 여기에 있습니다. 우리는 도시, 정부, 조직, 동네, 가족으로서 고강도 민주주의의 사례가 되어야만 합니다. 우리 의식에 남아 깊이 울려 퍼질 것이 분명한 다음과 같은 명료한 문장을 말씀해주신 것에 대해서 감사할 따름입니다. "엘알토가 급진적으로 민주적이지 않으면 엘알토에서 시작하는 볼리비아의 고강도 민주주의를 위한 투쟁은 아무런 의미가 없습니다."

개입들[2]

1. '천연가스 전쟁' 이후 우리는 에보 모랄레스를 믿었습니다. 그를 위해 투표했습니다. 그러나 그는 우리를 배신하고 있습니다. 왜냐하면 국유화가 제대로 진행되지 못하고 있기 때문입니다. 우리는 다른 방식의 국유화를 원했습니다. 나는 묻습니다. 무엇 때문에 우리는 투쟁했습니까? 남편들은 우리가 거리로 나가지 못하게 했습니다. 그러나 우리 여성들은 천연가스가 어떻게 될지, 어떤 미래가 우리를 기다릴지를 알고 있었습니다. 따라서 이를 알고 있는 이상, 우리는 거리로 나갈 수밖에 없었습니다. 남편들이 안 나간다면 우리의 미래를 위한 일이기 때문에 우리 여성들이 나가야 한다는 생각이었습니다. 진정한 국유화 과정이 시작되었는지는 모르겠지만 제대로 이행되고 있지 못합니다. 물 전쟁도 마찬가지였습니다. 우리는 여기에서 일리마니 물 회사가 떠날 것을 요구했습니다. 그러나 정부는 무슨 일을 했지요? 정부는 그들에게 보상을 했습니다. 그러나 우리는 그런 것을 원하지 않았습니다.

---

2. 이 절은 드 소우자 산투스와의 토론을 정리하여 자료집으로 간행하면서 그날 제기된 논평과 질문을 정리한 내용으로 보인다.

우리는 지금까지도 계속 투쟁 중입니다. 우리는 투쟁을 포기하지 않았습니다. 우리의 자연자원을 우리가 관리한다는 내용의 제안을 제헌의회에 하기도 했습니다. 우리는 모랄레스가 대통령이 되기를 기대했던 것 같습니다. 그리고 진정한 국유화가 이루어지기를 희망했습니다. 우리는 다국적 기업들이 떠나기를 원했습니다. 우리가 모든 것을 운영할 수 있었습니다. 그러나 여기 주인은 다국적 기업들뿐입니다. 그들은 우리가 10월의 시위[3]에서 요구했던 방식의 산업화를 생각하고 있지 않습니다.

2. 오늘날 우리가 우리 대통령에 대해 의심하는 것은 고용이 없어 고통을 받고 있기 때문입니다. 여러분은 미디어를 통해 수많은 볼리비아인들이, 우리의 남편과 자식들이 외국으로 나가고 있는 상황에 대해 들었을 것입니다. 왜냐하면 여기에는 일이 없기 때문입니다. 상황은 나아지지 못했습니다. 생활필수품 가격도 오늘날 모두 오르고 있습니다. 그러나 아무도 우리를 지켜주지 않습니다. 〈이웃 공동체 연맹〉, 〈지역 노조 본부〉[4] 같은

---

3. [옮긴이] 2003년 10월을 가리킨다. 당시 대통령인 곤살로 산체스 데 로사다는 천연가스 채굴을 하는 외국기업에 주는 로열티를 대폭 인상하는 신자유주의 정책을 펼쳤고 이에 반대하는 대규모 시민 저항이 2003년 10월에 일어났다. 이 시위로 인해 로사다 대통령이 사임하고 카를로스 메사가 취임했으나 그도 시민 저항에 의해 2005년 6월 사임하게 된다. 그리고 2005년 12월에 에보가 대통령으로 당선된다.

4. [스페인어판 편집자] 〈이웃 공동체 연맹〉(Federación de Juntas de Vecinos)는 FEJUVE라는 약어로 불리며, 〈지역 노조 본부〉(Central Obrera Regional)

기관도 마찬가지입니다.

우리는 계속해서 투쟁하고 있습니다. 왜냐하면 요즘 엘알토에서 무슨 일이 일어나고 있는지 아십니까? 우리 모두는 가스 한 통을 얻기 위해서 새벽에 나가 거리를 봉쇄하지 않으면 안 됩니다. 가스를 생산하는 것은 우리입니다. 생산자인 우리들은 엘알토와 볼리비아 전국의 각 가정에서 천연가스와 연결되는 혜택을 누려야 마땅합니다. 그러나 그렇지 못합니다. 다른 나라들은 우리의 가스 덕분에 가스 연결이 되고 있습니다. 브라질과 아르헨티나는 외채도 갚았다고 합니다. 그러나 우리는 무엇을 했나요? 우리는 계속해서 다른 나라들에 구걸하고 있습니다. 자연자원이 고갈될 시점까지 20년을 더 계속해서 그들에게 이런 식으로 제공할 수는 없습니다.

3. 나는 마음속에 깊은 유감을 품고 말씀드립니다. 현 정부 집권 1년 만에 나의 동료들은 절망하고 있습니다. 이런 가치들에 대해서는 다른 사람에게 강요해서는 안 되고 정부를 지지해야만 합니다. 이제 막 1년이 되었기에 아직 결과를 알 수 없습니다. 20년 동안 나라가 망가졌다면, 그 후 20년 동안에는 나라의 숨통이 끊겼을 것이고, 다시 복구하는 것이 쉽지는 않을 것입니다. 그러나 우리가 비관주의자로서 어떻게 정부를 지지할 수 있

는 COR라는 약어로 불린다.

을까요? 우리가 어떻게 변화에 기여할 수 있을까요?

가스 전쟁 이후 우리는 이런 상태로 모든 것을 남겨두었습니다. 이제는 자기비판을 조금 해야 한다고 생각합니다. 우리가 잘 투쟁해왔는지요? 무조건 정부를 추종하지는 않았는지요? 우리는 정부로부터, "알겠어요. 우리가 이 일을 하겠습니다."라는 편지가 올 때까지 기다릴 수 없습니다. 우리는 진짜 무슨 일이 일어나고 있는지 이야기하기 시작해야 합니다. 천연가스에 대해 아마 우리는 총체적으로 계약들을 재검토해야 할 것입니다. 이런 작업은 개인적인 것이 아닙니다. 우리가 만일 개인주의자에 머문다면 우리가 원하는 것을 얻기가 힘들 것이고 우리는 굴종하고 말 것입니다. 지금 우리가 패배한다면 20년 뒤가 아니라 500년 뒤에도 똑같을 것입니다.

이런 말이 어떻게 들리든 간에 나는 현재 시민들이 표현을 하지 않고 있다고 봅니다. 제안할 것이 있으면 그것을 위해 투쟁해야 합니다. "여기 나의 제안이 있소. 당신이 그것을 어떻게 포용하는지 보겠소." 이것으로는 안 됩니다. 우리는 싸워야 합니다. 계속해서 싸워야 합니다. 그러나 잘 조직된 방식으로 계속 싸워야 합니다.

4. 우리가 에보 모랄레스에 대해 말할 수 있는 것은 그가 '무언가를 하고 싶기는 했던 것 같지만 — 확실히 알 수 있는 방법은 없지요, 그렇지 않나요? — 제대로 하지 않고 있고 수행할 의지도

보이지 않고 있다' 정도입니다. 〈최고 법령 21060〉[5]이라는 증거로 충분합니다. 폐기할 것이라는 이야기가 있었습니다. 그러나 도대체 그동안, 중요한 일을 한 것이 있기는 한가요? 제55조는 무효가 될 거라고 합니다. 그러나 그것으로는 충분하지 않습니다. 그동안 최고법령이 헌법 위에 군림해 왔고 그 결과 이 나라는 신자유주의 정부가 통치했었습니다. 〈최고법령 21060〉이 존재하는 한 우리가 원하는 것은 그것이 무엇이든 할 수 없을 것입니다. 왜냐하면 모든 것이 이 나쁜 법령에 근거하고 있기 때문입니다. 문제는 우리가 "에보 모랄레스가 제대로 일을 수행하지 못하고 있습니다."라고 말하면 "어머나, 어쩌면 좋아! 이 여자는 〈포데모스〉[6] 지지자군!"이라는 이야기밖에 안 나온다는 것입니다.

최악인 것은 우리가 제헌의회가 너무 빨리 꾸려지도록 했다는 것입니다. 제헌의회에서 아무런 목소리도 나오지 않고 있습니다. 최근에 구성된 제헌의회 의원들이 이제야 '요구들'을 수집

---

5. [옮긴이] 1985년에 빅토르 에스텐소로 대통령이 심각한 경제 불황과 초인플레이션의 경제위기 상황에서 공포한 최고법령을 가리킨다. 중앙은행의 강력한 외환통제 정책을 필두로 노동법 분야에서도 노동자의 이익을 보장하기보다는 국가 경제를 통제하는 성격을 가진 법령이다. 본문의 발언자는 에보가 이 법령을 폐기하기로 약속했는데 지키지 않고 있다고 비판하고 있다. 아래에 언급된 제55조는 노동자가 해고될 시의 퇴직금 지급에 대한 규정이다.

6. [옮긴이] Podemos. 2014년 출범한 스페인의 좌파 정당으로 기존의 정당 문법을 따르지 않고 시민들의 자발적 아이디어를 소중히 하는 네트워크 방식의 정당이다. 볼리비아의 급진파에게 스페인의 급진적 개혁을 실천한 정당 지지자냐고 비꼬는 발언으로 보인다.

하고 있다는 이야기가 나오고 있습니다. 그들은 대중이 무엇을 원하는지 이미 알고 있었어야 합니다. 그리하여 그들은 "여러분의 제안을 읽었고 우리에게 필요한 것은 바로 그거라고 생각합니다."라고 말했어야 합니다. 그러면 우리는 그것에 무언가를 덧붙일 수 있을 것입니다. 나로서는 제헌의회가 중요한 결과를 내지 못할 것 같습니다. 왜냐하면 거기에 누가 있나요? 거기에 여러 명의 기업가가 있기 때문입니다. 도리아 메디나가 민주주의를 지킬까요? 자기 기업에서 착취를 하는 자가 민주주의와 노동자 계급을 지킬까요? 그들이 거기에 있는 한 제헌의회는 기능하지 않을 것입니다.

5. 우리는 에보에 반대하는 것이 아닙니다. 우리는 에보가 우리와 같은 사람이라고 생각했고 그래서 에보가 드디어 집권할 수 있었다고 생각합니다. 그러나 동일한 정책이 계속되고 있습니다. 우리는 이렇게 이야기해야 한다고 생각합니다. "저기, 대통령님, 대체 이게 무슨 일이지요? 우리에게 설명해주십시오. 왜냐하면, 우리는 계속해서 배고픔, 극빈, 부패의 고통을 당하고 있기 때문입니다." 우리는 여성으로서 2003년 이후의 상황을 분명히 의식하고 있습니다. 우리는 남의 도움 없이 이 나라가 바뀔 수 있다는 희망을 품어왔습니다. 그리고 우리가 할 수 있는 일을 실천했습니다.

우리는 손해를 보는 천연가스 계약을 하고 있습니다. 우리는 국제 가격에 팔고 있지 못합니다. 국제 가격이 10달러일 때 우리는 4달러에 팔고 있습니다. 그렇다면 우리는 무엇에 대해 말하고 있냐고요? 우리는 약간의 돈으로 인해 즐거워하고 있습니다. 그러나 그조차도 어디에 써야 할지를 모르고 있습니다. 사람들은 여전히 가난하고 직업도 없습니다. 그러면 우리는 무엇을 하고 있는가요? 우리의 자원을 추출하고 있습니다. 얼마 안 있어 과거 우리 광업에 닥쳤던 일이 반복될 것입니다. 즉 우리의 가스 광구는 완전히 비게 될 것이고 우리는 그때도 똑같이 가난할 것입니다.

6. 나는 어떤 상황을 분명히 하지 않으면 안 된다고 생각합니다. 정부의 태도에 대해 오해하는 해석들이 있습니다. 2월과 10월 투쟁, 그리고 그전의 모든 투쟁을 거쳐 우리가 의식적으로 우리 동지인 에보 모랄레스가 정권을 획득하도록 했다는 것은 사실입니다. 그러나 많은 사람들이 보기에 현재 성과가 없습니다. 우리들은 경제 위기에 절망하며 성과가 없다고 항의합니다. 그러나 수백 년 동안 착취당하고 파괴되고 부서지고 타락한 정부를 빨리 변혁한다는 것은 불가능하다는 사실을 나는 압니다. 하루아침에 이 문제를 해결할 수 없습니다.

선거운동 중에 여성들은 정치를 했습니다. 어느 정당을 위해서가 아니라 전통적 정치인들의 사진을 들고 커다란 그림을 만들었습니다. 우리는 말했습니다. "이들은 타락한 사람들이다.

다시 뽑아주면 안 된다. 이들은 불법적으로 부자가 되었고 20년 동안 의회, 시장실, 대통령실에서 권력을 유지했다. 그들의 자식, 손자들도 다시 거기에 돌아오면 안 된다. 그들을 지지하는 사람들은 그들을 높이 올려놓고 자신들은 낮은 데 있게 된다." 나는 10월의 요구사항들은 대단히 현명한 것들이었고, 그것들이 무엇이었는지 대중은 똑똑히 기억하고 있으며, 제대로 이행되지 않는다면 여기서 변화되는 것은 하나도 없다고 봅니다.

7. 또한 에보가 투쟁을 하지 않은 많은 사람들에 둘러싸여 있다는 사실을 인정해야 합니다. 그들은 우리를 대표하는 다른 사람들로, 배고픔과 추위를 겪지 않은 사람들입니다. 매일매일 여기 엘알토에서 우리가 겪고 있는 차별과 억압을 겪지 않았습니다.

그리하여 우리의 동지 에보가 정부를 바꾸기를 원하더라도 하루아침에 그렇게 할 수는 없을 것입니다. 우리는 우리의 동지들이 어떤 기관에 가서 아무것도 할 수 없다는 것을 인정해야만 합니다. 왜냐하면 우리는 그런 사무실에 앉아서 일할 수 있는 충분한 지식을 가지고 있지 못하기 때문입니다. 그런 기관들을 지배하는 사람들은 아직 신자유주의 체제의 사람들입니다. 우리는 우리 사람들을 가지지 못한 반면 그들은 계속해서 그 기관들을 지배할 것입니다.

그러나 이런 일을 정부가 우리에게 좀 더 자세하게 설명했다면 좋았을 것입니다. 하지만 아쉽게도 그런 점이 부족했습니다. 또한 그들도 문제가 있습니다. 내부적으로 통합되어 있지 않습니다. 그곳에 우파가 개입해 있기 때문입니다. 이들은 우리에 싸움을 걸어왔습니다. 그들이 기초 단위 특히 예를 들어 엘알토의 조직들에 내려와야 했을 때 그랬습니다. 우리는 그들이 계획하고 있는 일이 무엇인지 알고 싶습니다. 변화를 위해 우리가 어떻게 도와야 할지 알고 싶습니다. 그러나 그런 일을 그들은 하고 있지 않습니다.

8. 보아벤투라 박사님, 나는 월요일부터 선생님께서 하신 발표를 쭉 들어왔다는 것을 말하고 싶었습니다. 그리고 학자들이 말하는 것이 현장에서 얼마나 멀리 떨어져 있는지 인식해야만 한다는 것도 말하고 싶었습니다. 그리고 또한 볼리비아와 에보 정부에 대해 선생님이 우리로부터 들어야 한다고 말하고 싶었습니다. 여러 사람들이 이야기를 했습니다. 왜냐하면 여기서 이론이 아니라 실천이 우리를 일으켜 세웠다는 것을 배웠기 때문입니다. 사람들은 우리가 이론 없이 혁명을 하고 있다고 말했습니다. 그러나 나는 오래전부터 사회운동가였는데 지금 이 순간 이 역사적 순간이라고 생각합니다.

이 정부는 1년 안에 끝나지 않을 긴 과정의 일부입니다. 2011년 또는 그 뒤에나 끝날 것입니다. 잘 모르겠습니다. 그러나 하나의 과정입니다. 우리는 〈사회주의 운동당〉MAS 7 소속이 아니지만 이 과정을 지지합니다. 나 자신도 에보를 지지하는 것보다 이 과정을 지지하는 것이 더 중요하다고 생각합니다. 나는 〈사회주의 운동당〉보다 이 과정을 더 지지합니다. 그런데 박사님, 이 정부의 10월의 요구에 대한 대응이 불충분하다고 말하고 싶습니다. 이 정부는 매일매일 평가를 받고 있습니다. 그러나 우리는 정부의 임기가 끝날 때 진지한 평가를 해야 할 것입니다. 하지만 정부는 매일 평가를 받습니다. 그러나 20여 년간 아무것도 완수하지 못한 신자유주의자들에게는 아무것도 말하지 않고 있습니다. 우리는 정부에게 지난 1년 3개월에 대한 평가와 결산을 할 것을 요구합니다. 그러나 하나의 긴 과정이므로 우리는 견뎌야 합니다. 나는 우리가 10월 시위를 통해 이 나라에서 가장 경제적, 정치적으로 강력한 자를 무너뜨렸다고 생각하며, 다른 이들은 하루살이들에 불과하다고 봅니다. 왜냐하면 우리가 가장 힘이 센 자를 엘알토의 추진력과 신비한 역능으로 전복했기 때문입니다.

9. 엘알토 역사에서 중요한 문제는 '10월'이 아닙니다. 우리는 2003년 10월의 시위가 신자유주의를 패배시켰다고 믿었습니다. 엘알토 주민들이 저지른 실수 중의 하나입니다. 우리 모두 말했

---

7. [옮긴이] Movimiento al Socialismo. 에보 모랄레스에 의해 1997년 창설된 볼리비아의 사회주의 정당이다. 2006년부터 집권하고 있다. 2019년에 정치적 위기(사실상의 쿠데타)로 패퇴되었다가 2020년에 다시 집권했다.

습니다 "우리가 신자유주의를 패배시켰다"고. 그리고 우리는 꽃과 화관을 바쳤습니다. 이제 우리는 오직 10월만을 기억합니다. 이렇게 해서는 안 됩니다. 동지들, 우리는 단지 신자유주의를 구석으로 몰고 약간 망가트린 정도를 했을 뿐입니다.

대중의 요구에 비해 이 정부는 부족합니다. 세미나에서 선생님 또는 다른 누군가 말했는지 모르겠지만 볼리비아식 길에 대해 말씀하셨습니다. 나는 선생님께 말씀드립니다. 볼리비아식 길은 아직 끝나지 않았고 이 정부는 우리가 찾던 그 정부가 아니고 그것의 일부일 뿐이라고 말입니다. 제발 부탁드리는데 잘 이해해주길 바랍니다. 에보 동지는 50년 전부터 시작된 모든 투쟁을 자기 자본화했습니다. 하지만 역사는 〈사회주의 운동당〉과 함께 시작된 것이 아닙니다. 역사는 훨씬 오래된 것입니다. 광부들과 원주민과 농민의 투쟁은 볼리비아 민중의 위대한 투쟁입니다. 나는 에보 동지와 그 정부를 조금 흠이 있더라도 지지해야 한다고 믿습니다. 우리는 지금처럼 약간 까칠하고 엄격해야만 합니다. 왜냐하면 우파가 스스로 재조직하는 일이 일어난다면 우리에게 맹공을 할 것이 분명하기 때문입니다. 그들은 우리의 이 즐거운 시기를 용서하지 않을 것입니다.

10. 동지들, 우리는 지금 무엇을 하고 있나요? 진실을 말하겠습니다. 〈이웃 공동체 연맹〉의 과거 리더들은 모두 의회에서 추방되었습니다. 모르시나요? 사실 가끔 우리는 모른 척하고

그대로 견딥니다. 이것이 진실입니다. 우리는 가끔 곁가지로 들어갑니다. 엘알토는 보상이 없는 국유화, 복구, 산업화를 원한다고 말해왔습니다. 2년이 지난 지금 아무것도 없습니다. 〈지역 노조 본부〉의 어느 위원회는 께마도궁[대통령 관제]으로 갔고, 첫 번째 청원에서 우리가 가내 가스 설치의 증가를 원한다고 이야기했습니다. 왜냐하면 천연가스의 국유화, 자연자원의 방어는 엘알토의 경우 객관적으로 가내 설치로 해석될 수 있을 뿐이기 때문입니다. 에보 동지는 뭐라고 말하나요? "우리는 흰코끼리에 투자할 수 없다. 왜냐하면 엘알토에는 가스 사용 시설이 없기 때문이다." 그렇다면 진실을 말하기 시작해야 합니다. 여기에서 아무도 그에게 요구하고 있지 않고 아무도 그를 해치지 않을 것입니다. 그러나 에보는 우리에게 진실을 이야기해야 합니다.

11. 여러분은 지금 잘못하고 있습니다. 나는 이제 무슨 일이 일어나려는지 생각하기조차 두렵습니다 … 만일 이 역사적 기획이 … 신자유주의 세력이 귀환한다면 무슨 일이 일어날 것인지 이렇게 토론하는 공간도 갖지 못할지도 모릅니다. 분명히 '10월'은 아주 급진적이었습니다. 새로운 정치적 논쟁이 있었고 새로운 투쟁 방식도 있었습니다. 이런 이야기를 하곤 합니다. "좋습니다. 근데 우리 엘알토 사람들이 투쟁하는 이유가 무엇이지요? 이제 우리는 무엇을 요구해야 하나요? 새로운 선거를 요구하는 것인가요? 우리는 무엇을 하려고 하는 것인가요?" 우리는

지금 정당을 가지고 있지 않습니다. 정치적 조직도 없습니다. 그렇다면 어떤 정치적 방향을 건설해야 합니다. 그런 것이 없었기 때문에 메사[8]가 집권했던 것입니다. 10월의 정신은 그 상황을 바꾸려는 것이었습니다. 10월은 우리 자신이 스스로의 정부를 만들 것을 제안했습니다. 이것은 아주 중요한 약속이었습니다.

12. 나는 엘알토 사람들의 비판적 능력을 높이 평가합니다. 나도 이 비판적 능력에 동참하고 있습니다. 그러나 실제로 가끔 나는 화가 나고 열이 날 때가 있습니다. 왜냐하면 우리는 계속해서 고통을 당하고 있고 슬퍼하는 태도를 가지고 있기 때문입니다. "우리는 너무 가난합니다." 우리는 전진할 수 없습니다. 우리는 우리와 똑같은 얼굴을 가지고 있는 형제들을 무너뜨리느라 엉망이 되고 있습니다. 그리고 나를 가장 분노하게 하는 것은 이 말이 옳다는 사실입니다. 왜냐하면 역사적으로 우리를 억압한 사람들이 우리가 움직이기 시작한 기차에 올라타 마음껏 그것을 이용하기 때문입니다. 그렇지 않나요? 이 정부도 문제가 많은 것을 여러분은 보고 있지 않나요? 대중운동이 바보짓이 된 것을 보고 있지 않나요? 우리가 10월에 했던 일이, 망할 놈의

---

8. [옮긴이] 카를로스 메사(Carlos Mesa)는 2003년 볼리비아 대통령이 되었으나 2005년 6월에 사임했다. 에보 모랄레스가 대통령에 당선되기 직전에 대통령이었던 인물로, 이후에도 계속 대통령직에 도전했다. 2020년의 대선에도 출마했으나 에보의 정당에서 출마한 후보인 루이스 아르세에게 패배했다.

짓이 된 것을 보고 있지 않나요? 우리는 억눌려 사는 운명인 것을 보고 있지 않나요? 그렇다면 이 순간 당신은 무엇을 말하겠습니까? 정말로 우리가 살고 있는 현실은 매우 복잡합니다. 우리가 만들고 있는 담론을 우파들이 매우 잘 이용할 수 있습니다. 비판적으로 되지 말자는 것이 아닙니다. 그러나 아십니까? 조심스러워야 합니다. 무조건 비판할 것이 아니라 긍정적인 것도 보아야 합니다. 그렇지 않은가요? 나는 여러분 각자가 엘알토 이후를 생각하자고 말하고 싶습니다. '동네' 너머를 바라보기 시작합시다. 〈지역 노조 본부〉, 〈이웃 공동체 연맹〉 너머를 바라봅시다. 우리가 하게 될 토론의 종류를 여러분은 모릅니다. 아무것도 두려워할 필요 없습니다. 우리가 잃어서는 안 되는 것은 그 용감함, 삶의 의미, 투쟁 정신입니다. 그리고 이런 생각은 기본적으로 내가 다음의 내용에 주목하도록 만듭니다. 사발레따는 볼리비아가 가시적인 정치적 지평을 갖고 있지 못하다고 문제 제기합니다. 지금 벌어지고 있는 일이 이것 아닌가요? 그리고 이 문제가 매우 생각할 거리가 풍부한 이유는 그것이 대학이나 학계에 대한 문제가 아니고 엘알토, 〈그레고리아 아빠사〉에 관한 일이기 때문입니다. 그래서 다시 진지하게 말씀드리자면, 우리 정치적 지평을 기획하기 시작합시다. 하나의 나라로서 우리가 무엇을 원하는지를 기획해봅시다. 엘알토 바깥에서 사람들이 엘알토를 평가하는 방식은 매우 흥미롭습니다. 이것을 아무것도 아닌 것으로 무시할 수는 없습니다. 우리는 정치적 지평을 다시 세우는 데 기여해야 합니다. 단지 엘알토 또는 '동네'만 생각하는 것으로는 부족합니다. 나라를 다시 세울 능력을 가집시다. 그러나 정말로 진지하게 합시다. 그리고 10월은 짓밟히고 말았다는 것을 여러분은 알고 있습니다. 그러나 결코 나의 삶에서 생명이 더 이상 희생되는 일은 없을 것입니다. 결코, 결코, 결코.

13. 현재 시점에 많은 볼리비아인들이 제헌의회가 완성되고 결과가 나오기를 기다리고 있습니다. 기다리는 사람 중에 나도 포함됩니다. 그러나 작년 8월부터 지금까지 제헌의회가 아무것도 한 일이 없어 매우 걱정됩니다. 일주일 전에 제헌의회 의원들이 주민들의 의견을 수집하려고 엘알토시를 방문했습니다. 그런 정보들이 체계화되고 새 헌법에 반영될지 아니면 그저 휴지통에 들어가거나 또는 기록에만 남고 말지 나는 모릅니다. 제발 그렇게 되지 않기 바랍니다. 주민과의 모임에서 나왔던 모든 것들이 제헌의회 안건에 포함되기를 바랍니다. 그러나 숨겨진 쟁점은 대통령의 재선 여부입니다. 5년, 10년, 20년, 더 길게 또는 50년을 더 집권할지, 하나로 통합된 국가, 공화국 아니면 공동체적 사회국가[9]가 될지가 잠재적 관심사입니다. 이것들이 제헌의회에서 논의되고 있을 것이고 어떤 결과가 나올지 모릅니다.

---

9. [옮긴이] 과거 에보 정부의 부통령을 지낸 지식인 가르시아 리네라는 통치 이데올로기로 "공동체적 사회주의"를 제시한다. 이것은 원주민 조상들의 공동체(아이유 공동체) 정신을 오늘날 재구축하고자 하는 비전이다.

우리 지역의 대표자들은 한 번도 우리와 모임을 가지지 않았습니다. 제발 적어도 나를 대표하는 제헌의회 의원이 국가의 헌법을 잘 알았으면 합니다. 그리고 제헌의회가 출범하기 전에 진행되는 모든 모임에서 우리 젊은이들, 여성들이 만든, 많은 제안들을 우리 의원들이 잘 알았으면 좋겠습니다.

14. 이 모든 시기 동안 대통령이 한 일은 무엇인가요? 나는 그가 덕이 있는 인물이고 잘한 일도 못한 일도 있다고 생각합니다. 장관직에 여성들을 임명한 것이 나를 가장 기쁘게 했습니다. 왜냐하면 중요한 결정을 내리는 직책에 여성이 기회를 가진 적이 한 번도 없었으므로 이 점이 매우 기뻤습니다. 또 다른 측면에서는 의회에 나와 같은 인종의 여성들이 있고 제헌의회에 같은 인종의 남성들이 있어 기쁩니다. 그러나 여성부 차관직을 없앤 대통령의 태도가 불쾌했습니다. 여성들은 지금 더 버려진 것으로 느낍니다. 또한 이 정부가 인종주의 ─ 아이마라, 케추아, 까라에 대한 인종주의 ─ 를 조금 강화한 것 같다는 점에 대해서 나는 비판적으로 보고 있습니다. 분명히 이야기합시다. 이미 이야기가 되고 있지만, 더 분명히 해야 할 것은 동부와 서부의 차별, 반달 지역[10]의 차별이 있다는 것입니다. 나는 이 정부가 제

---

10. [옮긴이] media luna. 산타끄루스, 베니, 판도, 따리하 등 볼리비아 동부 네 개의 주가 모여있는 모양이 반달과 같아서 이렇게 불린다. 대체로 에보 모랄레스와 MAS에 대한 반대 여론이 우세한 지역이다. 볼리비아의 국토는 이처럼

때 조절을 했어야 한다고 믿습니다. "좋다. 여기에 있는 나는 볼리비아인이다. 동부, 서부 상관없이 모든 볼리비아인을 위해 통치한다."라고요.

15. 나는 우리가 2003년에 아주 막강했다고 말하고 싶습니다. 왜냐하면 그때 우리가 깨어났기 때문입니다. 그러나 우리는 이를 유지할 능력을 가지지 못했습니다. 교활한 자가 있었기 때문입니다. 이를 무시해서는 안 됩니다. 제도적 기관들과 조직의 상층부와 비정부기구(이하 NGO)들도 아마 이를 이용한 것 같습니다. 자기 활동을 자랑하지 않는 NGO가 있느냐고 모두 말합니다. 그들은 주로 책을 출판하는데 이것이 실질적 기여를 하는지 모르겠습니다. 그러나 그들은 이를 자신들의 성과로 삼습니다. 나는 NGO와 공적 기관들을 엘알토화시켜야 한다고 말합니다. 하나의 예가 엘알토 공립대학UPEA입니다. 이 기관의 기부자는 대부분 가난한 주민들 또는 농민들일 것입니다. 학술기관들, 국가기관들이 엘알토 주민의 감각을 해석하고 책임지고 육화할 수 있도록 해야 할 것입니다. 그렇게 되지 않는 한 우

동서로 나뉘어 있다. 서부는 수도인 라빠스, 교외인 엘알토, 코차밤바에 이른다. 동부는 브라질과 인접해있으며 경제적, 정치적으로 매우 중요하다. 천연가스 같은 자연자원이 매장되어있고 목축업도 발달해있기때문이다. 특히 볼리비아 전체 국민의 70%가 원주민인 데 반해, 동부 지역은인종적으로 백인과 메스티소가 많고 원주민은 소수이다. 중심도시는 산타끄루스로 이곳에서 2019년 지방자치 운동세력을 기반으로 극우 쿠데타가 일어났다.

리의 간절한 열망을 구체화할 수 없을 것이고 우리는 항상 속고 말 것입니다. 그렇지 않은가요? 우리는 힘을 가지고 있습니다. 우리에게 부족한 것은 방향성입니다.

16. 에보 모랄레스와 관련하여 나는 그를 매우 존경합니다. 왜냐하면 그는 밑바닥에서부터 노력했고 그리하여 현재의 위치를 쟁취한 지도자이기 때문입니다. 나는 그렇게 생각합니다. 그러나 여기에 있는 동지들의 의견에도 공감합니다. 즉 이 정부는 원주민의 정부이고 그 첫걸음을 내딛고 있는 정부입니다. 아기는 첫걸음을 뗄 때 넘어집니다. 맞는 말입니다. 2년밖에 안 되었습니다. 그러나 2년은 전 과정의 일부입니다. 삶 자체가 과정입니다. 국유화가 되면 마법의 지팡이가 생겨서 우리 모두 일을 하게 될 것이고 에보가 집권했기 때문에 모두가 행복해지는 일이 벌어지리라고 생각할 수 있는 사람은 아무도 없습니다. 그렇지 않은가요? 나는 그에게 시간을 주어야 한다고 믿습니다. 더 시간을 주고 그를 쉽게 비판하지 않을 것입니다.

17. 고유의 정치적 도구를 갖는 것은 중요합니다. 그것이 바로 〈사회주의 운동당〉이 초기에 가졌던 생각이었습니다. 그러나 이 정부의 통치과정에서 위 조직의 지도자들이 어떻게 정부의해 선별되어 다양한 부처에 자리 잡게 되었는지 우리는 알고 있습니다. 사회운동 세력은 심판이면서 정부의 일부가 될 수는

없습니다. 정부는 고유한 정치적, 사회적 프로그램을 가져야 합니다. 그리고 사회운동 세력은 이 변화의 과정에 필요한 사회적 통제를 하기 위해 존재하는 것입니다. 그러나 그들이 내부로 들어간 이상 어떻게 심판이면서 동시에 정부의 일부일 수 있나요? 사회운동 세력도 그들 자신이 선발되었다고 생각해야 합니다. 그러나 만약 그들이 사회 집단들과 스스로를 동일시하지 않는다면 다른 어디에 그들의 자리가 있을 수 있나요? 정부 안에 있나요? 정부가 사회적 기초 세력과 스스로 동일시를 하나요? 많은 기초 세력은 정보를 제공받지 못하고 있고 그곳에서는 변하지 않는 지도자들이 계속 자리를 보전하고 있습니다. 또한 중요한 기관들이 동일한 종류의 문제를 가집니다.

확실히 볼리비아에서는 아주 중요한 정치적 과정이 있었습니다. 그리고 그것이 현재 라틴아메리카의 전체 사회운동 세력이 참고할 사례가 되고 있는 것도 분명합니다. 하지만 우리는 사회운동이 수행할 역할이 무엇인지 다시 생각해야 합니다. 과거와 같은 역할을 계속하게 될까요? 전에는 정부가 노동자, 농민과 맺은 협정이 있었음을 잊지 말기 바랍니다. 그러나 그 협정은 아무것도 남기지 않았습니다. 민중민주연합정부에, 그리고 1952년 혁명 때도 있었습니다. 사회운동 세력은 그대로였고 볼리비아는 바뀌지 않았습니다. 지금 우리는 똑같은 시점으로 되돌아왔습니다. 중립적 위치는 없습니다. 각각의 분야는 지도자 또는 누군가가 정부에 들어가기를 바랍니다. 그런데 우리는 지금 과거와 똑같습니다. 우리는 이 정부를 돕고 있지 않습니다.

정부가 바뀌었고 원주민 정부가 들어선 것이 맞습니다. 그러나 이 모든 과정에서 우리 사회운동은 무엇을 하고 있고 어떻게 협력하고 있는지요? 각각의 사회운동 조직은 항상 그들의 목표를 위해 싸우고 있고 매우 분과적인 비전을 가지고 있습니다. 그리고 우리는 통합을 이야기합니다. 통합은 2003년에 이루어졌습니다. 사회운동 세력 중에서 참여한 집단들도 있었고 참여하지 않은 집단들도 있었습니다. 그리고 당시 항상 집안에서 요리만 하고 사회운동에 참여하지 않던 여성들이 나라에서 일어나고 있는 모든 종류의 부정의에 맞서 싸우기 위해 거리로 나왔습니다.

2003년은 사회운동의 성과였을 뿐만 아니라 너무 많은 우리나라의 부정의에 지친 풀뿌리 사람들의 성과였습니다. 그러나 지금은 사회운동으로서의 우리의 역할이 무엇인지 그리고 이 정부를 강화하기 위한 우리의 기능이 무엇인지, 또 미래의 리더십은 무엇이 될지 생각할 시간입니다. 젊은 동지들이 말했듯이 담론을 건설할 수 있다는 것은 맞습니다. 그러나 우리가 원하는 리더십의 종류는 무엇인지요? 우리는 항구적 리더십을 원하는지요? 또는 진정한 풀뿌리 참여가 이루어지는 자율적 리더십을 원하는지요? 이 질문에 우리는 도달해야 합니다.

18. 지도자들이 모든 기층의 전면적이고 절대적인 목소리

가 될 수 없습니다. 풀뿌리 민중 또한 사회운동에 주어진 정치적 노선과 방향에 기여한 몫을 가집니다. 그런데 만약 지도자들이 그 풀뿌리 민중을 잊는다면⋯우리는 국가의 변화에 있어 우리가 원하는 방향성이 무엇인지를 잃어버리고 있습니다. 그렇다고 풀뿌리 민중을 떠나서 별도로 담론을 만들어야 한다는 것이 아닙니다. 그렇게 한다면 우리는 커다란 실수를 저지르고 말 것입니다. 이것이 바로 사회운동이 다시 생각해야 할 다른 역할, 다른 기능입니다. 우리는 실수하기를 원하지 않습니다. 〈이웃 공동체 연맹〉에서 나가서 정치권력의 공간에 들어간 많은 사람들이 아젠다를 이행하고 있지 않습니다.[11] 그렇다면, 우리는 사회운동으로서 무엇을 해야 할까요? 우선 기획을 해야 합니다. 전에는 풀뿌리 민중이 미디어를 통해서 사회운동의 문제점을 말하곤 했습니다. 그러나 모든 변화를 수용하고 있는 것처럼 보이는 원주민 정부가 들어선 이후 우리는 모두 침묵하고 있습니다. 자기비판을 해야 할 때인데 말입니다. 이는 변화를 거부하자는 것이 아니라 "이 부분에서는 실수하고 있다"고 말함으로써 변화에 기여하자는 것입니다.

우리가 여기서 비판을 하는 이유는 역사적 과정을 더욱 강

---

11. [옮긴이] 볼리비아 사회운동의 핵심 단체인 〈이웃 공동체 연맹〉(FEJUVE)은 에보 집권에 혁혁한 공을 세웠지만, 일부 지도부를 제외하고 정치권력에 직접 참여하는 것을 자제하였으며 사회운동의 정체성을 지켰다. 이런 맥락은 라틴 아메리카의 좌파 사회운동을 이해하는 데 매우 중요한 부분이다.

화하고 싶어서입니다. 이 역사적 과정은 에보 모랄레스의 몫인 것만이 아닙니다. 우리의 몫이기도 합니다. 우리는 역사적 과정을 원주민 형제들과 함께 열어젖혔습니다. 그러므로 우리는 이 역사적 과정을 정확하게 지킬 권리를 갖고 있습니다. 왜냐하면 그렇지 않으면 우리는 전쟁에서 패배하기 때문입니다.

보아벤투라 드 소우자 산투스의 답변

여러분과 함께할 기회를 마련해주신 데 대해서 감사드립니다. 나는 나의 감정을 억누르는 것을 좋아하지 않습니다. 나는 지금 이 모임의 강렬함에 감동받았습니다.

엘알토는 세계적으로 유명합니다. 오늘날 엘알토에 대한 책들이 쓰이고 있습니다. 나는 이 도시가 신비함을 가지고 있는 것을 알았고 오늘 여기서 토론의 통찰력과 투명함, 그리고 문제 분석 능력을 목격하고 그 신비함을 확인했습니다. 우리는 소중한 동지들의 노력 덕분에 〈그레고리아 아빠사〉에서 모임을 가졌습니다. 특히 볼리비아의 사회투쟁에서의 여성들의 탁월한 역할에 의해 모임이 가능했습니다. 그 정통성을 이어받아 오늘 이 모임이 소집될 수 있었습니다. 내가 지금 막 경청한 여성들의 토론이 보여준 가치는 내가 보기에 세계적으로 매우 독특한 것입니다.

여러분은 지금 볼리비아에만 속하는 것이 아니라 세계에도 속하는 어떤 중요한 역사적 과정의 맨 앞에 있다는 것을 알아야 합니다.

이 과정이 실패해서는 안 된다는 것은 어떤 공동의 역사적 책임입니다. 왜 나는 이런 주장을 할까요? 현재 국면의 의미는 무엇일까요? 나로서는 이것이 원주민 투쟁의 역사적 결실이라고 보기 때문입니다. 1537년에 교황 바오로 3세는 "원주민도 영혼이 있다"는 교황 교서 또는 칙령을 쓰지 않을 수 없었습니다. 470년 전까지 사람들은 원주민에게 영혼이 없다고 생각했습니다. 그리고 지금 21세기 초에 원주민이 한 나라의 대통령까지 되고 있습니다.

오늘 우리가 살고 있는 것은 지금으로부터 약 500년 전에 시작된 과정입니다. 나는 원주민들이 역사적 인내를, 그들이 천년의 길을 걷는 데 익숙하다는 것을 잘 알고 있습니다. 볼리비아는 내 생각에 원주민 투쟁으로 급진적 변화를 성취할 수 있다는 것을 보여주는 이 대륙의 가장 훌륭한 증거 중 하나입니다. 왜냐하면 1537년의 교황 교서 이후 지금까지 엄청난 파괴, 배제, 약탈이 이어졌음에도 불구하고 여러분은 훌륭하고 강하고 급진적인 사회운동을 통해 원주민 대통령에게 권력을 주는 것을 이룩했기 때문입니다. 이 모임에서 실망도 표현되었고 서로 다른 입장이 노골화된 것도 물론입니다. 아마 우리는 역사적 과정의 초입에 있는 것 같습니다. 따라서 많은 일들이 열려있고 많은 것들이 혼란스럽고 불확실합니다. 하지만 성취된 것들, 승리한 것들이 이제 되돌릴 수 없다는 것을 여러분은 분명히 알고 있습니다.

따라서 나는 이 모임에서 너무 많은 것을 배우고 있고, 정말 감동적입니다. 토론을 하는 내내 여러분은 급진적 명료함과 위대한 낙관주의를 서로 결합하고 있습니다. 10월의 아젠다 앞에 여러 문제들과 실망들을 제기하고 있고 에보 정부가 오늘날 어떠한지에 대해서도 문제 제기하고 있습니다. 여러분은 부패의 위험과 정부가 약속을 제대로 이행하지 못하는 위험에 대해 분명하게 인식하고 있습니다. 그러나 동시에 나는 이 역사적 과정이 에보 모랄레스와 함께 실패한다면, 여러분이 수십 년 내에 더 나은 에보를 가지지 못할 것이라는 점을 의식하고 있다는 아주 분명한 느낌을 가지게 되었습니다.

이것이 모든 비판, 거리, 이견과 함께 특히 엘알토에서 느끼는 개인적, 집단적 긴장감과 함께 이 과정을 강화하기 위한 이유가 됩니다. 나는 이 과정을 설명할 수 있는 사람이 아닙니다. 나는 단지 오늘 여기서 내가 들은 것에 대해 나의 관점을 여러분에게 전할 뿐입니다.

우선 국가적 문제가 반복적으로 제기되었습니다. 나는 엘알토가 나라를 생각할 역사적 권리를 가지고 있다고 생각합니다. 왜냐하면 세계적으로 엘알토는 볼리비아가 최근에 겪어낸 변화의 격발자, 추진자로 유명하기 때문입니다.

물론 우리는 그 변화가 수 세기 전부터의 투쟁에서 온 것임을 알고 있습니다. 18세기의 원주민 투쟁, 1952년 국민혁명의 투쟁은 강력했고 필수 불가결했습니다. 또한 21세기에 일어난 2002년, 2003년의 투쟁도 매우 강력했음을 알고 있습니다. 그로 인해, 엘알토가 나라의 계획을 생각할 역사적 책임성을 가지게 되었습니다. 사실, 엘알토는 그저 자기 자신만을 바라볼 기회는 잃었습니다. 나라 전체를 바라보아야 하니 자신의 배꼽을 볼 수 없게 되었습니다. 나는 중간 단계의 지도자들이 이를 알고 있다고 확신할 수 있습니다. 이들은 정치적 과정을 더 넓은 시각에서 바라볼 책임성을 가진 것입니다.

이런 점에서 우리가 무엇을 해야 할지 그리고 어떻게 그것을 할 수 있을지를 놓고 서로 다른 견해들이 표현되는 것은 매우 흥미롭습니다. 그러나 사회운동 세력이 자신의 역사적 기능이 정치적 아젠다를 여는 데 있음을 알고 있음은 분명합니다. 과거에는 정당들이 아젠다를 열었고 지금은 사회운동이 아젠다를 열고 있습니다. 그러므로 지금 이들의 큰 책임은 열린 아젠다를 유지하기 위해 투쟁하는 것입니다. 다시 말해 몇 가지 해결책만이 유일한 것으로 당연시되지 않아야 합니다. 왜냐하면 대안들이 있기 때문입니다.

여러분에게 누군가가 대안이 없다고, 그래서 외길밖에 없다고 이야기하면 그 말을 믿지 마십시오. 유일한 출구를 강조하는 것은 사회운동이 위험에 처할 것이 분명한 반대 논리로 끌려가는 것입니다. 언제나, 항상, 특정한 대안들이 있습니다. 모든 기술적 해법에는 대안적 기술이 있고 모든 기술은 정치적입니다.

하지만 한 가지 분명해 보이는 점을 강조하고 싶습니다. 사회운동은 정부가 아니고 또 정부가 되려고 하지도 않습니다. 그것은 사회운동의 역할이 아닙니다. 사회운동의 역할은 항상 어떤 과정의 조건들의 강화를 돕는 거대한 힘이 되는 것입니다. 그 기능은 현재의 정부가 더 강력하게 앞으로 나가고 더 멀리 전진하여 약속들을 이행할 수 있도록 힘을 주고 보장하는 것입니다. 나는 여러분에게 다른 나라의 사례를 들어보겠습니다. 그곳 브라질에서는 사회운동 세력의 친구인 룰라가 집권했을 때 곧 사회운동 세력은 해체되었습니다. 이 금속노동자가 집권에 성공했을 때 사회운동은 모든 것이 다 해결되었다고 생각했습니다. 정부에 들어간 그 친구가 노동자, 농민이 원하는 모든 것을 다할 거라고 생각했습니다. 그리하여 그들은 무장해제했고 휴식했고 모든 투쟁을 해체했습니다. 그리고 실제로 일어난 일은 다음과 같습니다. 룰라는 신자유주의 정책과 구조조정 정책을 채택했고 오늘날 브라질은 몇 년 전보다 더 부정의한 나라가 되었습니다.

그러나 여러분, 나를 비관주의자로 인식하지 말아 주십시오. 내가 지지하는 어떤 긍정적 정책들도 분명히 있고 나는 룰라 정부에 대해 연대하는 사람입니다. 그러나 더 강한 사회정책을 취하도록 내부에서부터 그를 압박하는 것이 모든 변화의 과정에서 핵심적이라고 생각합니다.

나는 여기 볼리비아에서 브라질과 정반대의 사례를 볼 수 있다고 생각합니다. 사회운동 세력은 해체되지 않았고 모든 것이 잘 될 거라고 쉽게 생각하지도 않았습니다. 이 모임은 나에게 사회운동이 계속해서 정부를 압박하기 위해 움직일 것이라는 매우 분명한 메시지를 줍니다. 그리고 나는 사회운동 세력이 압박한다는 것을 아는 것이 에보에게도 대단히 유익하리라고 생각합니다. 왜냐하면 에보 정부는 매일 매시간 위로부터의 압박을 받고 있기 때문입니다. 여기에 아래로부터의 압박이 없으면 균형이 깨질 수 있습니다.

에보도 인간입니다. 그리고 나는 내가 여기서 들은 이야기 중에서 걱정되는 부분에 대해서 말씀드리고 싶습니다.

여러분은 최근의 정치사회학에서 가장 중요한 이슈 중 하나인 전통적인 리더십 개념을 가지고 있습니다. 그것은 서구 문화에서와는 반대되는 지도자상을 개념화한 것입니다. 즉 "복종함으로써 통치한다."입니다. 이것은 내가 콜롬비아의 띠꾸나 원주민 및 다른 많은 사회운동에서 배운 원칙입니다. 오늘 토론에서는 서구적 리더십에 대한 이야기가 나오는 것 같습니다. 아니면 이렇게 이야기할 수도 있습니다. 지도자이기 때문에 자신의 풀뿌리 지지층에 인사해야 하는 사람이 아니라, 대통령이기 때문에 인사받고 싶어 하는 사람이라고 말입니다. 아닙니다. 이와는 반대로 아무도 그에게 인사할 필요가 없고 그가 인사를 해야 하는 것입니다. 그가 명령하고 통치하는 사람이기 때문입니다.

그러나 엘알토는 다른 도전과제를 가지고 있습니다. 사람들이 말하듯이 이중의 책임성입니다. 이는 나라를 다스리기 전에 집을 다스리는 것과 같습니다. 엘알토는 10개의 행정구를 가지고 있는 도시입니다. 엘알토는 정치적 기획을 가지고 싶어 합니다. 급진적 민주주의를 원합니다. 그러나 중요한 것은 여기에서 바로 지금부터 실행하는 것입니다. 민주주의적 문화가 없는 도시에 살면서 국가에서 급진적 민주주의를 위해 투쟁한다는 것은 아무 의미가 없습니다. 여러분은 이 도시가 참여적 민주주의의 모범사례가 되도록 할 역사적 책임감을 가지고 있습니다.

조직에서 드러나는 내부의 문제들에 나도 놀랐습니다. 나로서는 엘알토가 왜 오늘날 라틴아메리카의 약 1,200개 도시에 존재하는 도시행정 전략인 참여예산제[12]를 완전히 자기 것으로

---

12. [옮긴이] 라틴아메리카의 참여예산제는 지방정부들에 의해 추진되고 있는데 특히 브라질에서 발달했다. 모범적인 사례가 브라질 남부의 도시인 포르투 알레그레시다. 브라질의 참여예산제는 1988년 민주주의를 급진화할 목적으로 창설된 제헌의회와 밀접한 연관이 있다. 당시 신생정당이었던 〈PT〉는 주민의 정치 참여를 확장하는 지방자치 개혁 열풍 속에서 1990년 포르투 알레그레 지방선거에서 승리한 뒤 참여예산제를 성공적으로 실행했다. 2000년에는 브라질의 약 70개 도시에서 참여예산제가 실행되었다. 이에 비해 볼리비아의 참여예산제 도입은 저조한 편이다. 볼리비아에서는 1994년 산체스 데 로사다 정부에 의해 추진되었는데 우파 성향의 이 정부는 노조와 주민의 의사를 경시했다. 라틴아메리카는 자유주의적 정치 전통이 강해 소위 좌파 정부들이 출현하기 이전인 1980년대부터 지방분권화가 실현되면서 강도 높은 주민자치가 시행되는 민주주의가 작동하고 있었다. 이로 인해 새로운 좌파 정당들이 지방자치를 통해 새로운 좌파적 이상을 펼칠 수 있었다.

만들지 못했는지 이해하기 어렵습니다. 이 제도는 국가 자원을 분배하는 가장 투명한 방식입니다. 부패를 배척하는 더 적절한 대안은 없습니다. 물론 여러분은 그 어떤 대안적 처방도 무조건 따를 필요는 없습니다. 왜냐하면 각 도시는 그곳의 관습과 상황에 적응해야 하기 때문입니다. 그러나 진정한 참여예산제라는 아이디어는 내 생각에 우선적으로 도입할 가치가 있습니다.

내가 여러분에게 이야기하고 싶은 것은 여기 엘알토의 사회운동 조직들이 고강도 민주주의의 모범사례가 되어야 한다는 것입니다. 왜냐하면 엘알토가 급진적으로 민주적이지 않으면, 엘알토에서 시작하는 볼리비아의 고강도 민주주의를 위한 투쟁은 아무런 의미가 없기 때문입니다. 그렇게 되면 여러분은 국가적 신뢰를 잃게 될 것입니다. 이런 중요성을 바탕으로 나는 여러분의 모든 에너지, 열정, 가능성을 이해하고 있습니다. 그러므로 나는 아무런 선동의 의도 없이 말씀드리고 싶습니다. 나는 지금 이 순간, 거의 나 자신이 엘알토 주민이라고 느끼고 있습니다. 대단히 감사합니다.

5장

국가의 재발명과
복수국민국가

산타끄루스 데 라 시에라
2007년 4월 3일~4일

들어가며[1]

가까운 기억을 돌이켜보면 현재 볼리비아의 제헌 과정은 2002년 원주민 종족들의 행진에서 그 출발점을 찾을 수 있습니다. 거기서부터 국가의 현실에 상응하는 복수국민국가 건설을 위한 제헌의회의 필요성이 제기되었습니다. 정치체제의 격렬한 위기를 드러낸 2003년 10월의 반란 운동은 곤살로 산체스 데 로사다의 실각을 가져왔습니다. 그리고 그해 11월에 원주민, 농민 조직들이 산타끄루스에 모여 제헌의회를 소집할 구체적인 필요성을 제기했습니다. 거의 1년 뒤인 2004년 9월, 참여적, 주권적, 근본적 성격의 제헌의회를 소집할 법률안을 작성하기 위하여 〈원주민·농민 통합조직〉(이하 〈통합 조직〉)[2]이 결성되었습니다.

이와 동시에 기업농 및 다국적 추출 산업자본과 연계된 기

---

1. 이 장은 CENDA, CEJIS, CEDIB 등 세 기관의 연합체에 의해 출판(코차밤바, 2007)된 바 있다.
2. Pacto de Unidad Indígena, Originario y Campesino. 이 조직에 가입한 운동단체들은 〈볼리비아 농민 노동자 조합 연맹〉(CSUTCB), 〈볼리비아 경작자 조합연맹〉(CSCB), 〈"바르똘리나 시사" 볼리비아 원주민 여성 농민 전국 연합〉(FNMCIOB-"BS"), 〈볼리비아 원주민 종족 연맹〉(CIDOB), 〈아이유와 꾸야수유 전국위원회〉(CONAMAQ), 〈산타끄루스 원주민 종족 협의체〉(CPESC), 〈용수 관리자와 식수 공동체 체계 전국연합〉(ANARESCAPYS), 〈무토지 농민운동〉(MST), 〈베니의 모세뇨 원주민 종족 연맹〉(CPEMB), 〈과라니 종족 회의〉(APG), 〈아프리카계 후손 문화운동〉 등이다.

득권 과두지배세력은 지방자치의 형식하에 국가의 탈중앙화, 분권화를 요구하기 위한 목소리를 내기 시작했습니다. 〈산타끄루스 시민위원회〉(이하 〈시민위원회〉)[3]가 주도하여 작성한 이 수칙은 이 나라에서 실패한 타락한 정치 및 경제 권력의 지역적 재결집을 추구했고 지금도 추구하고 있습니다. 그리하여 2006년 3월 4일 의회가 〈제헌의회 소집 특별법〉과 함께 〈지방자치 국민투표 소집법〉을 통과시킨 것은 우연이 아닙니다. 2006년 5월부터 〈통합 조직〉의 운동단체들은 제헌의회 구성을 위한 통합적 건설과정을 시작했습니다. 8월 5일 의회 개회에 앞서 의회의 여성 의장과, 〈통합 조직〉 소속 단체의 의원들, 그리고 부통령에게 새로운 정치적 헌법의 제안서를 제출했습니다. 그 서류에는 "복수국민국가, 그리고 원주민·농민 종족들의 자결성을 위하여"[4]라고 되어 있었습니다. 이 제안의 특징을 이루는 세 가지 축은 (1) 볼리비아를 복수국민국가로 구성할 것을 요구하고, (2) 영토의 재조정을 제안하며, (3) 원주민·농민·종족 공동체의 영토성과 토지에 대한 방어를 요구한 것이었습니다.

2007년 3월과 4월 두 달 동안, 제헌의회는 9개 주를 각각 순회하는, 영토에 관한 면담을 진행했습니다. 4월 2일과 3일에는

---

3. [옮긴이] el Comité Cívico de Santa Cruz. 2019년의 정치적 위기 즉 사실상의 쿠데타를 성공시킨 핵심주체가 바로 이 시민위원회였다. 2020년에 열린 총선에서 패배하여 실패로 돌아갔지만 말이다.

4. [옮긴이] Por un Estado Plurinacional y la autodeterminación de los pueblos y naciones indígenas, originarias y campesinas.

산타끄루스에서 영토 관련 면담이 진행되었습니다. 이보다 앞서 3월 26일에서 31일까지 〈통합 조직〉에 참여한 조직들은 그들의 제안을 세공하는 강도 높은 작업을 수행했습니다. 이 제안은 동부 블록에 의해 제출되었습니다. 제헌의회 회기 동안, 여러 명의 지식인과 연대적 동지들은 이 과정과 〈통합 조직〉의 제안들에 대해 함께 숙의하기 위해 우리를 방문했습니다. 보아벤투라 드 소우자 산투스 선생이 라빠스에서 열리는 국제학술대회에 참여한다는 점을 기회로 삼아 우리가 그를 초청하게 된 것은 이런 상황 속에서였습니다. 우리는 산투스 선생이 〈통합 조직〉을 구성하는 원주민 종족들에 대한 생각과 성찰들을 우리와 나누어주기를 바랐습니다. 그의 산타끄루스 방문은 이 도시에서 진행된 '영토 면담'의 일정과 우연히 일치했습니다.

가브리엘 레네 모레노 대학에서 열린 '영토 면담'에서 동부 블록의 조직들은 〈통합 조직〉의 제안을 제출하려 시도했지만 저지당했습니다. 거기서 과두지배계급은 원주민의 영토적 자치권을 배제하고 종속시키는 주 정부의 자치권을 제안하면서 인종주의적 불관용을 드러냈습니다. '지방자치와 분권화 위원회'에서 〈산타끄루스 원주민 종족 협의체〉CPESC의 지도자인 라미로 갈린도가 원주민의 자치권과 영토적 조정을 제안하려 하였을 때, 〈시민위원회〉의 구성원들은 소리를 지르고 모욕적인 말을 던지고 육체적 공격을 하며 이를 막았습니다. 이렇게 해서 건설적이고 민주적인 공간을 열고 토론하지 못하는 그들의 무능력이 드러났습니다.

보아벤투라는 '영토 면담'의 여러 위원회 회의를 참관했습니다. 4월 3일 화요일에 그는 산타끄루스의 꼬르떼스 호텔에서 세미나를 열었습니다.[5] 세미나의 제목은 〈국가의 재발명과 복수국민국가〉였습니다. 그리고 그는 다음날 〈볼리비아 원주민 종족 연맹〉CIDOB의 여러 지도자들과 토론 모임을 가졌습니다. 이 장은 보아벤투라의 개입과 꼬르떼스 호텔의 세미나 및 질의응답, 그리고 〈볼리비아 원주민 종족 연맹〉이 산투스와 함께 진행한 토론 모임 기록의 일부를 편집한 것입니다. 우리는 산투스에게 감사를 표하며, 그의 생각과 그와 나눈 대화가 복수국민국가 건설 과정에 대한 성찰을 깊이 하는 데 큰 도움이 되었다고 믿습니다. 이 복수국민국가라는 제안은 〈통합 조직〉 제안 당시 원주민 종족들이 제기했던 것입니다.

보아벤투라 드 소우자 산투스의 발표

여기 산타끄루스에서 아주 갈등이 심한 상황인데 내가 이 시점에 이 주제에 대해 이야기를 나누게 된 것은 순전히 우연입니다. 나는 국제학술대회[6]에 초청을 받았습니다. 나는 나중에

---

5. 보아벤투라의 산타끄루스 체류와 꼬르떼스 호텔에서의 토론은 〈통합조직〉을 지원하는 일부 조직들의 기여 덕분에 가능했다. 그 조직들은 CEJIS, CENDA, CEDIB, CEFREC, 산타끄루스의 CIPCA 등이다.

산타끄루스로 이동할 생각이었습니다. 그런데 제헌의회의 '영토 면담 위원회'와 우연히 날짜가 겹쳐 나는 어제와 오늘 그 위원회를 관찰할 수 있었습니다. 나로서는 위원회의 장단점을 알게 되어 아주 소중한 교훈을 얻게 되었습니다.

오늘 나의 목적은 이런 것입니다. 지금 여러분의 나라에서, 그리고 의심의 여지없이 이 대륙에 있는 주변 국가들에서도 나타나고 있는, 국가와 민주주의에 대한 문제제기가 놓여 있는 국제적, 대륙적 맥락을 살피고, 그와 관련하여 어떤 분석적인 명료성을 제공하는 것으로 기여할 수 있기를 희망합니다.

나는 오늘날 우리가 매우 역설적인 시대를 살고 있다고 생각합니다. 한편에는 긴급함의 감정이 존재합니다. 지구를 몰락시킬 수 있는 생태위기 그리고 우리가 견디기 힘들 정도로 너무 강력한 사회적 불평등 앞에서 무엇인가 긴급하게 해야 할 필요를 느낀다는 것입니다. 즉 오늘날 너무나 거대한 자본주의의 파괴적 창조성 앞에서 느끼는 절박한 감정입니다. 거기에 현실을 바꾸려고 시도하는 많은 사람들의 긴급함이 있습니다.

다른 한편에는, 거의 정반대의 감정이 있습니다. 우리가 필요로 하는 변혁은 장기 과제이고 문명적 성격을 가진 것입니다. 즉, 지금 모든 것을 바꾸기는 불가능하다는 것입니다. 왜냐하

---

6. 볼리비아, 라빠스에서 산안드레스 국립대학교의 발전학 대학원(CIDES-UMSA)과 〈꼬무나 그룹〉에 의해 3월 26일에서 30일까지 열린 〈국가와 사회를 다시 생각한다〉 학술 세미나를 말한다.

면 그것을 위해서 권력을 가지는 것으로는 불충분하기 때문입니다. 근대국가 자체를 변혁하는 것이 필요하기 때문입니다. 이 근대국가의 마지막 위기는 신자유주의에 의해 만들어졌습니다. 따라서 역사를 잊지 않은 채 완전히 다른 국가를 재창설 또는 재창조하는 것을 말합니다. 왜냐하면 우리는 '0'에서 출발할 수 없기 때문입니다. 이런 문제 제기는 오늘 이 대륙의 여러 나라에서 공통적입니다. 그리고 다른 이유에서지만 아마 유럽에서도 그럴 것입니다.

그렇다면 이 같은 거의 정반대라고 할 수 있는 두 개의 감정을 고려하는 것이 근본적일 것입니다. 짧은 시간 안에 모든 것을 해야 한다고 압박하는 긴급성의 감정과 장기적 변혁을 요구하는 문명 전환적 감정 두 개 말입니다. 이 둘을 구별하지 않는 것은 단기와 장기 사이에 큰 혼란을 일으킵니다. 그리고 또한 정치 투쟁의 많은 도구들을 혼동시킵니다. 예를 들어, 개혁 또는 혁명과 같은 정치적 개념들은 오늘날 혼란스러운 개념들입니다. 한편으로 우리는 선거 과정과 같은 개혁적인 과정을 가지고 있습니다. 이를 통해서 심원한, 거의 혁명적이라고 해도 좋을 법한 변화를 의도하거나 만들어낼 수 있다는 것을 베네수엘라나 이곳 볼리비아가 보여주었습니다. 반면에 멕시코의 사빠띠스따처럼 혁명적인 것처럼 보이는 단절의 과정이 실제로는 그 실천에 있어 개혁적 사건일 수 있습니다. 그리고 내가 자주 언급하는 것이지만, 개혁적 과정인데 그 자체로는 개혁적인 것처럼 보이지 않는 브라질의 룰라의 경우도 있습니다. 간략히 말해 개념들의 혼란이 있는 것입니다. 내 생각에 이런 것을 지적하는 것이 중요하다고 봅니다. 왜 이처럼 우리에게 분명히 할 것을 요구하는 개념들의 혼란이 생겨나는 것일까요? 지금처럼 정치적 이론과 정치적 실천 사이의 거리가 멀었던 경험을 우리는 해보지 못했다고 나는 생각합니다. 이렇게 거리가 생긴 이유로는 네 가지 요인을 들 수 있습니다.

첫째로, 정치이론은 기본적으로 글로벌 '북'의 5개의 나라에서 발전되었습니다. 즉, 프랑스, 영국, 독일, 이탈리아, 미국입니다. 이 나라들에서 19세기 중반부터 보편적인 것으로 인식되는 모든 이론적 틀이 발명되었고 이것이 모든 사회에 적용되었습니다. 그런데 오늘날 점점 우리는, 이 개념들이 우리 사회들에 아주 쉽게 적용되지 않는다는 것을 인식하고 있습니다. 나 자신도 박사과정을 마치고 포르투갈로 돌아왔을 때 미국에서 배운 개념 중 많은 것이 나의 사회, 남유럽의 일부인 포르투갈에 적용될 수 없음을 인식했습니다. 당시 포르투갈은 48년 독재의 마지막 단계에 있었습니다. 당시 모든 곳에서 핵가족이 이야기되고 있었는데 포르투갈에서는 어디를 봐도 대가족뿐이었습니다. 또한 복지국가에 관해 이야기가 되고 있었는데 나에게는 복지사회만 보였습니다. 따라서 개념들이 우리나라의 현실에 적합하지 않다는 점이 개념들을 명확히 해야 할 필요가 제기되는 첫 번째 이유입니다.

두 번째로, 정치 이론이 '북'에서 진행된 사회 변혁에 대한 이론으로 발전되었다는 것입니다. 따라서 그 이론은 일반적으로 변혁 실천이라고 할 수 있는 것과는 매우 거리가 멀었습니다. 왜냐고요? 왜냐하면 최근 30년간 중요한 변혁 실천은 '남'으로부터 오고 있기 때문입니다. 다시 말해, 우리는 '북'에서 생산된 이론과 '남'에서 생산된 실천을 가지고 있는데, 이 둘이 서로 소통되지 못합니다. 위대한 정치이론가들은 스페인어, 포르투갈어를 할 줄 모릅니다(더군다나 아이마라어 또는 케추아어는 더 모릅니다). 따라서 실천의 모든 변혁적 현실을 잘 모르고 그 결과 그것들은 눈에 보이지 않거나 소외됩니다.

세 번째로, 모든 정치이론이 단일문화적이라는 것입니다. 역사적 배경이 유럽중심적 문화입니다. 따라서 유럽중심적 문화가 원주민 문화처럼 비서구적인 다른 종류의 문화나 지역과 어떤 식으로든 함께 살아야 할 때 그 맥락에 제대로 적응할 수 없는 것입니다.

마지막으로, 비판이론이 오늘날 가장 중심적 현상인 식민주의에 대해 제대로 인식을 못 했다는 것입니다. 이에 대해서는 뒤에 가서 더 언급할 것입니다. 정치이론과 사회과학은 일반적으로 라틴아메리카 나라들의 독립이 식민주의에 종지부를 찍었다고 믿었습니다. 그러나 독립 후에도 식민주의는 다른 형식으로, 즉 사회적 식민주의 또는 내부 식민주의의 형식으로 계속되었습니다. 그리하여 그들은 식민주의를 사법적 인류학, 사법적 사회학의 주제가 아니라 하나의 소재로 생각했습니다. 다시 말해 식민주의는 역사학만의 주제로 넘겨졌습니다.

이런 모든 이유들로 인해서 우리가 세계를 바라보고 그 속에서 일어나는 변혁을 바라볼 때 이제 우리에게는 변혁적 대안이 필요하지 않은 것입니다. 우리에게 필요한 것은 대안들에 대한 대안적 사고입니다. 왜냐하면 우리의 시각과 개념들이 세계에서 일어나고 있는 해방적 경험의 모든 풍부함을 제대로 파악할 능력이 없기 때문입니다.

그렇다면 일단 나의 담화의 일부를 마치면서, 여러분에게 추천하고 싶은 것들이 무엇인지를 말씀드리겠습니다.

첫 번째로, ' "남"으로부터 배워라'입니다. '남'은 글로벌 자본주의의 발전으로 인해 더 많이 고통을 당한 나라, 민족, 대중을 가리킵니다. 왜냐하면 항상적 발전 속에서 결코 발전된 국가의 틀에 이르지 못하며 저발전 국가로 그대로 유지되었기 때문입니다. 따라서 '남'으로부터 배운다는 것은 세계를 이해하는 일이 세계를 서구적으로 이해하는 것보다 훨씬 더 광범하다는 것을 의미합니다.7 오늘날 우리는 공유하고 보고 분석할 다른 세계관이 있다는 분명한 인식을 가져야 합니다. 이 방향의 첫 번째

---

7. 이 생각은 나의 책 『남으로부터 이해한다』(*Conocer desde el Sur*)에 들어있다. 그리고 『해방적 정치 문화를 위해』(*Para una cultura política emancipatoria*)의 스페인어 제2판은 2008년에 볼리비아에서 산안드레스 국립대학교-발전학 대학원과 라틴아메리카 사회과학원, 플루랄(Plural)사에 의해 출판되었다.

발걸음은 세계가 무한하게 다양하다는 점에 대단히 유의하는 것입니다. 이 다양성은 문화적입니다. 그런데 21세기 초반의 우리 시대에 새로운 점은 문화적인 것이 또한 경제적, 정치적이라는 사실입니다. 그렇기 때문에 우리에게 국가의 재창설과 민주주의의 재창설 같은 문제가 제기되는 것입니다.

제가 제안하는 두 번째 단계는 우리 사회의 모순들에 대해 더 광범한 해석을 하는 것입니다. 자본과 노동 사이에 모순이 존재하는 것은 맞습니다. 그러나 또한 자본과 자연, 개인과 국가, 파편화와 정체성 사이의 모순 등 다른 모순들도 존재합니다. 어떻게 사회가 서로 다른 권력의 별자리같이 조직되는지 알아야 합니다. 오늘날 모든 대중문화를 지배하는 착취, 가부장제, 상품의 물신주의 등의 권력은 매우 복합적입니다. 대중문화는 사람들에게 소비 이데올로기를 만든 권력을 기초로 하여 세워져 있고 매우 산업화되어 있습니다(소비의 가능성이 작더라도 적어도 소비 이데올로기는 확고합니다). 우리 사회의 다른 권력 형식은 성차별주의, 인종주의가 만든 불평등한 정체성의 차이입니다. 이것은 서로 거리를 두고 차이를 만드는 불평등과 억압의 형식입니다. 분명히 이 모든 것은 타자를 약함의 관점에서 바라보는 어떤 공통적인 배치라고 할 수 있습니다. 그러나 그 약함은 다양합니다. 권력관계에서 가장 약한 부분은 무식자, 약자, 뒤처진 자, 잉여인 자, 로칼적local인 자 또는 특수한 자가 될 수 있습니다. 비생산적인 자, 불임인 자, 또는 게으른 자일 수도 있습니다. 이것들이 우리 사회의 일부 집단을 위계 서열의 아래쪽에 위치시키는 의미 체계를 만들어내는 메커니즘이자 수단입니다. 그래서 나는 이 두 개의 단계가 우리의 문제 해결을 돕는 것 같습니다. 이제 이 대륙에서 우리가 목격하고 있는 사회 변혁의 특징이 무엇인지를 보기로 합시다. 또한 아프리카, 아시아에 대해서도 알아보기로 합시다. 지금 라틴아메리카에서 사회 변혁이 특히 강력합니다. 왜냐하면 여러분도 알다시피, 여러 이유들로 인해서 이 대륙에 대한 미국의 간섭은 항상 매우 강했는데 현재 다소 줄어든 것처럼 보이기 때문입니다. 이 것이 이 대륙에 새로운 민주주의의 가능성을 발전시킬 좋은 기회를 열고 있는 것 같습니다. 새로운 실천 중에서 우리가 주목하는 것은 여럿입니다.

첫째로 새로운 언어, 다양한 담론, 문제 해결에 대한 다양한 상상력을 들 수 있습니다. 그것들 중 일부는 이미 좌나 우로 특징지을 수 없습니다. 예를 들어 세계사회포럼[8]에는 "더 좋은 다른 세상이 가능하다"고 투쟁하는 많은 사회운동 조직들이 있습니다. 그러나 그들은 이렇게 이야기합니다. "좌와 우는 우리와 상관없는 서구적 이분법이다. 우리에게는 이미 중요하지 않은

---

8. [옮긴이] 세계사회포럼은 2001년 브라질의 포르투 알레그레시에서 최초로 열렸으며, 신자유주의 세계화에 대항하여 대안을 모색하는 전 세계의 지식인과 사회운동 활동가들이 모여 자유롭게 대화하는 포럼이다. 보아벤투라는 여기에 주도적으로 참여하고 있다.

것이다." 그런데 이것은 어떤 의미에서는 혼란을 일으킵니다.

둘째로, 이 대륙에는 변혁을 할 새로운 행위자들과 새로운 실천들이 있습니다. 원주민 운동은 이미 오래전부터 중심적 역할을 해왔는데 특히 1970년대와 1980년대 이후 그러했습니다. 그리고 또한 페미니즘 운동, 농민운동, 그 밖의 다른 운동들이 있습니다.

세 번째, 새로운 조직의 형식과 문화가 있습니다. 예를 들어, 〈아메리카 대륙 자유무역 협정〉ALCA에 대항한 대륙의 투쟁은 정당과 사회운동 사이의 새로운 절합으로 가능했습니다. 정당은 이미 대중의 이익을 지키는 유일한 대의조직이 아닙니다. 사회운동에 다른 집단적 사회적 행위자들이 있습니다. 지금 이 순간, 둘의 관계는 긴장되고 어렵습니다. 왜냐하면 두 가지 근본주의 시대에 우리가 살고 있기 때문입니다. 사회운동의 반정당주의 근본주의와 정당의 반운동주의 근본주의입니다. 이는 언젠가는 해결되어야 할 과정입니다.

넷째, 나는 새로운 '영토성'이라고 부를 만한 것이 있다고 생각합니다. 세계화와 함께 모든 것이 탈영토화되고 전 지구화할 것이라는 생각이 있었는데 갑작스럽게 영토성과 영토가 핵심적 측면을 가지게 되었습니다. 서구의 모든 이론가들은 21세기 세계에서 토지와 영토성은 영향력을 잃게 될 거라고 말했었습니다. 그러나 정반대로 오늘날 라틴아메리카, 아프리카, 아시아에서 토지와 영토성은 매우 강한 요구를 제기하고 있습니다. 다양한 형식을 가지는 요구입니다. 농촌적이며 동시에 도시적 요구입니다. 오아하까, 엘알토의 봉쇄, 부에노스아이레스의 피케테로스의 도로 봉쇄 등은 도시 점유의 형식들입니다. 과거 전통적 틀에는 없던 영토성의 새로운 형식들입니다.

다섯 번째, 어떤 '비상품화'입니다. 오늘날 변혁의 형식은 자본주의적 시장에 없는 연대적 조직들, 공동체 조직들, 대중경제의 조합 조직들 같은 방식을 만들려 합니다. 예를 들어, 물 민영화에 대항하는 투쟁은 이 나라에서 아주 강했고 지금도 강합니다. 현재 남아프리카공화국에서도 강합니다. 그곳에서 이 재화를 공공적 재화로 유지하기 위해 투쟁하고 있습니다. 내 생각에 이것은 이론화된 적이 없는 새로운 것이라고 생각합니다. 또한 인간과 자연 사이의 새로운 관계도 이론화된 적이 없습니다. 여기에 미리 예상치 못한 분야가 있습니다. 생태적 투쟁 같은 것은 원주민 농민 투쟁을 통합시킬 수 있는데 원주민의 자연에 대한 개념과 더불어 자연에 대한 기존의 개념을 전복시킬 가능성도 있습니다. 예를 들어, 빠차마마는 오늘날 이 대륙의 많은 생태운동가들의 개념과 매우 가깝습니다.

이 대륙에서의 새로운 변혁운동의 또 다른 특징은 평등에 대한 투쟁이 또한 차이의 인정을 위한 투쟁이라는 사실입니다. 만약 여러분이 정치이론, 특히 서구의 좌파이론에 대해 잘 아신다면, 그곳에서는 항상 평등에 대한 투쟁이 있었지만 그것이 차이의 인정을 위한 투쟁이 아니었음을 알 것입니다. 하지만 오늘날 차이의 인정을 위한 투쟁 없이 평등을 위한 투쟁은 이미 불가능합니다.

마지막으로 내가 볼 때 매우 중요한 특징은 대중교육이라는 아이디어입니다. 이는 과학적 지식 외에 다른 지식이 있다는 생각으로, 서로를 이해하는 데 중요합니다. 오늘날 과학은 너무 중요하고 너무 풍요로운 지식임이 틀림없습니다. 나도 사회과학자입니다. 나도 이를 매우 중시합니다. 그러나 오늘날 우리는 과학만으로는 부족합니다. 만일 내가 달로 가길 원한다면 나는 과학을 이용합니다. 그러나 내가 생물다양성을 보존하기를 원한다면 원주민의 지식도 필요하게 됩니다. 따라서 나는 오늘날 내가 '지식의 생태학'[9]이라고 부르는 것이 필요하다고 주장합니다.

이 모든 것의 결과는 무엇이 될까요? 나는 모든 변혁 투쟁의 지평에는 세 개의 커다란 변혁이 놓여있다고 생각합니다. 이 지평은 아주 복합적인 역사적 지평입니다. 신자유주의 경제 모델은 실패했습니다. 그러나 아직 포스트신자유주의가 어떻게 될지 아무도 모릅니다. 포스트자본주의가 될지 아니면 단지 다른 형식의 자본주의가 될지 모릅니다. 다른 한편, 국가의 문제

---

9. 이 개념을 더 깊이 이해하기 위해, 졸저 『21세기의 대학』(*la Universidad del siglo XXI*)을 참조하라. 그리고 졸저 『대학의 민주적이고 해방적인 개혁을 위해』(*Para una reforma democrática y emancipatoria de la Universidad*)는 산안드레스 국립대학교-발전학 대학원과 플루랄(Plural)사에 의해 2007년 볼리비아에서 출판되었다.

와 민주주의의 문제가 있습니다. 나는 이 발표에서 오직 국가와 민주주의에 대해서만 말씀드리겠습니다.

첫째, 나는 지금 이 대륙에 살고 있는 우리가 고려해야 할 두 개의 맥락이 있다고 생각합니다. 이 두 맥락은 복수국민국가라는 개념의 부상과 관계가 있습니다. 거기서부터 상호문화성과 탈식민성의 개념들이 나옵니다. 이것이 의미하는 바를 알아봅시다.

복수국민국가라는 개념은 세계의 많은 국가들에서 오늘날 공감을 얻고 있습니다. 복수국민국가인 나라들이 많이 있습니다. 캐나다도 스위스도 벨기에도 그렇습니다. 역사적으로 국가에 대한 두 개의 개념이 있습니다. 하나는 자유주의적 개념으로 국민과 국가 사이의 일치를 지향합니다. 즉 국민을 국가의 지정학적 공간에 소속된 개인들 전체의 총합으로 생각합니다. 따라서 근대 국민국가에서는 보통 하나의 국민, 하나의 국가라고 이야기합니다. 그러나 다른 개념도 있습니다. 국가에 대한 비자유주의적인 공동체적 개념입니다. 이 개념은 반드시 국가를 소환하지 않습니다. 예를 들어, 우리는 중부 및 동부 유럽에서 독일인들이 오랫동안 어떻게 국가 없는 국민이었는지 알고 있습니다. 왜냐하면 그들의 정체성은 정치적 정체성이 아니라 문화적 정체성이었기 때문입니다. 여기서 우리는 국민의 두 번째 전통 즉 공동체적 전통이 바로 원주민 종족들이 발전시킨 전통이라는 것을 알 수 있습니다. 이 같은 국민의 개념은 단순한 독립이 아니라 자결성의 개념을 함축합니다. 원주민 종족들은 캐나다에서도 결코 독립을 주장하지 않았습니다. 그들은 단지 자결성의 더 강한 또는 더 약한 형식을 주장했습니다.

그렇다면 복수국민성은 분명히 근대국가를 재창설하도록 강제합니다. 왜냐하면 근대국가는 우리가 알다시피 하나의 국민만을 가지는 국가이기 때문입니다. 그런데 현재 하나의 국가 안에 서로 다른 국민 개념들이 결합되어야 할 필요가 존재하기 때문입니다.

따라서 상호문화성은 단지 문화적인 것이 아니라 정치적 특성을 가지게 됩니다. 게다가 공통의 문화를 상정합니다. 공통의 문화, 공유되는 문화가 없다면 상호문화성도 없습니다. 그러면 복수국민적 사회에서 공유되는 문화는 무엇인가요? 그것은 각각의 사회가 복수국민성, 복수국민적 공존을 조직하는 특유의 방식을 말합니다. 다시 말해, 공통의 문화, 공유되는 문화, 공유되는 나라를 의미합니다. 이런 사회는 특유의 방식으로 상호문화적 공존의 방식을 계속 만들어갑니다. 따라서 볼리비아는 벨기에를, 벨기에는 캐나다를 복사할 수 없습니다. 사회들은 서로 다릅니다. 예를 들어, 인도는 복수국민성의 아주 흥미 있는 예입니다. 오늘날 매우 강한 구성적 실체를 가지고 있습니다.

세 번째 개념은 탈식민성입니다. 이것은 무엇인가요? 이는 사람들이 말했듯이 식민주의가 독립과 함께 끝나지 않았고 독립과 탈식민주의 사이에는 매우 긴 기간이 필요하다는 것을 인정하는 것입니다. 예를 들어, 브라질은 독립 이후 184년이 지난 작년부터 겨우 브라질 사회가 인종주의적 사회라는 것을, 적극적 조치 쿼터제, 긍정적 차별의 체계가 필요하다는 것을 인정했습니다. 지금까지 아프리카계 주민의 사회적 배제는 계급 문제로 인식되었고 그에 대한 특별한 인식이 없었습니다. 이제서야 그것이 계급 문제일 뿐만 아니라 인종문제임을, 그리고 이와 싸우기 위해 적극적 조치가 필요함을 인정하고 있습니다. 이것은 사람들에게 고통스러운 일입니다. 왜냐하면 브라질에서 인종적 민주주의가 작동하고 있다고 믿고 있었기 때문입니다. 이제 그들은 마침내 자신들이 인종주의 사회임을 인정하고 있습니다. 어떤 이유에서인지 흑인들의 95%가 가난한 한편, 백인 빈곤층은 40%에 불과하기 때문입니다. 즉 단순하게 계급 문제가 아닌 어떤 것이 있는 것입니다. 무언가 다른 일이 일어나고 있습니다. 따라서 인종주의를 제거하기 위해서는 그것을 정확하게 인정하는 것이 필요합니다. 이것이 바로 탈식민성이라는 생각입니다. 이는 두 가지 매우 중요한 문제의식을 가집니다.

하나는 국가가 결코 문화적으로 중립적일 수 없다는 것입니다. 왜냐하면 만일 중립적이라면 객관적으로 지배 문화에 유리하기 때문입니다. 다른 하나는 기억의 문제입니다. 식민주의의 오랜 기간 동안 범해진 역사적 부정의에 대해 일부는 역사를 기억하고 싶어 하지 않고 일부는 잊고 싶어 하지 않습니다. 우리는 이런 시기를 통과해야만 합니다.

다른 한편, 집단적 권리의 문제가 있습니다. 역사적 정의를 구하기 위해서는 개인적 권리만으로 충분하지 않다는 생각입니다. 공동체적 권리, 집단적 권리를 인정해야 합니다. 이는 두 가지 형식이 있습니다. 기본적 형식과 파생적 형식입니다. 나중에 이에 대해 이야기할 것입니다. 왜냐하면 나는 어제 집단적 권리가 개인적 권리와 충돌하는 것을 보았고 그런데 이것은 우리가 주제로 삼아야 할 오류이기 때문입니다. 그리하여 탈식민성에 따르면, 역사적 부정의가 있었다면 억압받은 주민을 위한 긍정적 차별의 과도기가 있어야 합니다. 구체적 조치는 경우에 따라 다를 수 있습니다. 어떤 사회에서는 부의 재분배를 통해 그리고 정치적 행위를 통해 그것을 할 수 있습니다. 예를 들어, 호주는 1992년에 원주민들에게 행해진 약탈, 파괴에 대해 공식적으로 사과했습니다. 다시 말해 호주에서는 이후 원주민들에게 유익한 방식으로 부의 재분배가 이루어졌습니다.

지금 우리가 관통하고 있는 이 기간은 나에게 한 가지 분명한 점을 드러내는데 여러분 또한 그 점을 분명히 볼 수 있기를 바랍니다. 통합을 시도하는 하나의 국가는 반드시 동질적이지 않을 수 있습니다. 동질성 없는 통합의 방식을 우리가 찾아야만 하지만 말입니다. 이를 국가의 기하학적 변수라고 부를 것입니다. 어떻게 이런 일이 가능할 수 있을까요? 여러분이 지금 속해있는 것과 같은 헌법적 틀 안에 이런 체계들을 어떻게 포함할 수 있을까요?

세 가지 형식의 입헌주의가 있습니다.

첫째, 과거의 입헌주의는 18세기까지 존재했는데 매우 오래 지속되었습니다. 이는 이미 구성된 민족들이 살아가던 방식을 추인한 것이었습니다. 즉 비공식적 입헌주의였고 이미 형성된 민족들을 추인한 것이었습니다.

두 번째, 근대적 입헌주의는 위의 것과 정반대입니다. 이는 사람들의 자유로운 행위에 근거한 것으로서, 국가 안에서 평화롭게 살기 위해 사회계약을 통한 규범을 부과하는 것입니다. 이는 계약적 부과입니다. 근대적 입헌주의는 이중의 평등성을 수용하는 새로운 행동입니다. 즉 시민들 또는 개인들 사이의 평등성과 독립 국가들 사이의 평등성입니다. 그러나 물론 우리는 이 근대적 입헌주의의 문제점들이 나타나는 것을 즉시 보게 됩니다. 오늘날 우리의 상황을 이해하기 위해서는 근대적 입헌주의가 출현하게 된 맥락을 알아야만 합니다. 근대인들이, 조금 이상한 이 입헌주의의 형식을 만들어냈을 때 그들은 무엇에 맞서 싸웠던가요? 삶의 지나친 단순화라는 것을 쉽게 알 수 있는 이 입헌주의의 형식 말입니다. 가족이 있고 문화가 있고 언어를 말하고 마을, 농촌, 도시에 모여 살며 정체성을 가졌던 사람들이 갑작스럽게 '개인들'로 바뀐 것입니다. 문제의 핵심은 개인이기 때문입니다. 이것은 아주 지나친 단순화입니다. 왜 이런 일이 일어났을까요? 왜냐하면 그들은 신성로마제국의 관습과 삶에 맞서 싸웠기 때문입니다. 즉 봉건적 충성에 맞서서, 자신들이 해방되고 싶은 봉건적 정체성에 맞서서 싸웠기 때문입니다. 따라서 그들은 그들의 삶과 관습과는 반대되는 모순적인 생각을 만들어냈습니다. 봉건적 관습과 삶의 생각들이 부상하는 부르주아의 발전을 가로막고 있었기 때문입니다. 이 부르주아의 발전이 근대적 입헌주의 기획의 배경이었습니다.

따라서 근대적 입헌주의는 모든 면에서 단일문화를 지향합니다. 그리하여 근대적 입헌주의의 근본 개념은 '인민주권'과 인민의 동질성입니다. (즉 모든 인민이 동질적이라는 생각입니다.) 유엔이 창설될 당시 대부분의 라틴아메리카 국가들은 내부에 인종적 소수자가 없다고 선언했습니다. 인종적 다수가 있다는 것을 인정한 국가도 일부에 불과했습니다. 인민의 동질성에 대한 자유주의적 개념의 힘이 얼마나 큰지 알 수 있습니다. 근대적 입헌주의는 전 유럽적 입헌주의와 비유럽적 조직의 형식들과 구별되기를 원했습니다. 다른 한편 근대적 입헌주의는 전통적인 입헌주의와 비교해서 규범성에 대한 지나친 강박관념을 가지고 있습니다. 후자는 훨씬 유연하고 약간 비공식적 성격까지 가졌고 인민의 결정에 의존했습니다. 이제 대의정부, 법의 우선성, 삼권분립, 개인의 자유, 공공 영역, 정규군…등을 관통하는 제도적 규범성을 만들어 내야 했습니다.

이 모든 것은 하나의 민족과 하나의 문화로 하나의 국가를 만들기 위한 것입니다. 이것은 비록 오늘날의 우리가 보기에는 놀라울 정도의 또 다른 단순화이기는 하지만 매우 흥미로운 것도 사실입니다. 유럽에는 실제로 아주 많은 문화가 있으니 말입니다. 왜 갑자기 국가의 문화가 하나의 문화여야 했을까요? 하나의 문화를 선택해야 한다면 왜인가? 왜냐하면 하나의 국가 안에 여러 문화가 있지만 그중 단 하나만이 가장 발달한 것이고 공식문화의 자격이 있다고 생각하기 때문입니다. 나머지 모든 문화는 무관한 것이고 오직 가장 발달한 문화만이 문제가 됩니다. 어떤 방식으로든, 이것은 16세기의 모든 논쟁에 스며들어 있었습니다. 그리고 이것은 스페인인과 포르투갈인 들이 왜 이 대륙에 처음 오면서도 '이민자'로서 도착하지 않았는지, 이 같은 문화적 우월성 개념을 가지고 있었기 때문은 아닌지, 그 이유를 설명하는 데 중요합니다.

마지막으로 국가는 하나의 정체성을 가지며, 국기와 국가國歌를 가집니다. 특히 자신의 교육체계와 사법체계를 가집니다. 이것들은 오랫동안 허구였던 '하나의 국가'의 창설에서 통합을 가능케 하는 커다란 두 체계입니다. 오직 군부에게만 영토는 동질적인 것이었습니다. 왜냐하면, 실제로 나머지 모든 것은 이질적이었기 때문입니다. 이렇게 국가 창설의 신화가 만들어졌습니다.

이 근대적 입헌주의는 유럽에서는 시민사회의 부상을 의미했습니다. 그러나 아메리카에서는 위로부터 부과되었습니다. 왜냐하면 여러분도 알다시피, 여기서는 아프리카 대륙과는 반대로 독립이 토착민에 의해 이루어진 것이 아니라 정복자의 후손들에 의해 이루어졌기 때문입니다. 아프리카의 역사적 과정과는 완전히 달랐습니다. 왜냐하면 이 체계(근대적 입헌주의)가 극소수의 사람들로 이루어진 매우 작은 시민사회에 부과되었기 때문입니다. 즉 식민적 부과였기 때문입니다. 따라서 이 근대적 입헌주의는 독립 이후의 새로운 시대에도 식민주의가 지속될 수 있게 했습니다.

그러나 이제 새롭게 부상하고 있는 제3의 입헌주의가 있습니다. 여기 볼리비아에서 내가 목격하고 있는 것이고 또한 다른 나라들에서도 출현하고 있습니다. 이 새로운 입헌주의는 1980년대에 시작되었습니다. 당시 이 대륙의 일부 헌법들에 복수국민성, 복수문화성, 복수종족성, 상호문화성 등이 명문화되었습니다. 예를 들어, 콜롬비아의 경우에는 헌법에 이 새로운 성격이 매우 강하게 나타났습니다. 이것은 대단히 중요한 역사적 성과라고 생각합니다. 그것은 어떤 역사적 과정의 개시를 알리는 성취입니다. 여기 볼리비아에서 이 역사적 과정은 매우 복잡한 과정이 으레 겪기 마련인 모든 어려움과 함께 심화되고 있습니다. 물론 많은 위험이 있습니다. 그러나 우리는 다른 종류의 입헌주의의 출현을 실제로 목격하고 있습니다.

내가 보기에 어떤 위험들이 있는지를 말씀드리겠습니다.

이 입헌주의는 어디에서 유래했습니까? 부분적으로는 어떤 식으로든 사회 속에 숨어있던 과거의 입헌주의에서 왔습니다. 아이유족, 마르카족을 비롯한 과거의 여러 종족들, 또는 다른 이름의 과거의 입헌주의는 지배적 사회 속에서도 유지되었습니다. 그러나 눈에 잘 보이지 않았습니다. 아무도 그것의 효력을 보지 못했습니다. 어떤 역사적 순간에 이 눈에 안 보이는 헌법성이 보이게 되었고 근대 입헌주의와 경쟁하고 충돌하는 또 하나의 과거로부터의 입헌주의로 보이기 시작했습니다. 이것이 오늘 우리가 목격하고 있고, 여러 나라(예를 들어, 에콰도르 그리고 곧이어 페루에서도 나타나길 바랍니다)에서 시도하고 있는 상호문화적, 복수국민적, 복수문화적 입헌주의입니다. 이 시도들은 단일문화적 근대국가의 틀 안에서 나타나는 모순을 절합하는 형식입니다. 이 비공식적 헌법성은 아주 오래된 것입니다. 과거에 사회 속에 있었고 이제 정치행위자들의 행동에 의해 눈에 보이게 되었습니다. 이 행위자들은 이를 정치 아젠다로 부상시켰습니다. 이 입헌주의는 몇 가지 특징으로 인해 근대적 입헌주의와 구별됩니다. 첫째 동시적인 것과 현대적인 것 사이의 등가성입니다. 근대성의 뚜렷한 특징들 중의 하나는 동시성을 동시대성에서 분리하는 것이었습니다. 왜 그랬을까요? 왜냐하면 진보의 화살을 앞으로 쏘았기 때문입니다. 앞에 있는 것이 진보이고 뛰어난 것이고, 모든 다른 것은 뒤떨어진 것이기 때문입니다. 따라서 가장 저발전된 국가들이 발전된 국가들보다 더 발전할 방법은 결코 존재하지 않았습니다. 왜냐하면 시간의 화살의 논리가 그 가능성을 차단하기 때문입니다. 하지만 동시대성 없는 동시성이라는 생각은 일상생활의 여러 상황에서 표현됩니다. 어떤 농부가 세계은행의 중역과 만난다면 그 만남은 동시적입니다. 그러나 그것이 동시대인 사이의 만남은 될 수 없습니다. 그 농부는 잉여적 존재이고 뒤떨어진 존재입니다. 그 은행의 중역 또는 농공학 엔지니어는 진보적 존재이고 앞서 있는 존재입니다. 우리는 동시성은 가지고 있으나 동시대성은 없습니다. 상호문화적 복수국민적 입헌주의는 동시적인 것과 동시대적인 것 사이의 등가성을 다양한 방식으로 실천하고 있습니다. 마침내 각자 자기의 방식대로, 동시대인이 되는 것입니다.

두 번째로 내가 강조하고 싶은 것은 어떤 법다원주의입니다. 여기서 분명한 것은 이 나라들이 단일한 사법체계를 가질 수 없다는 것입니다. 사법체계가 통합되지만 단일하지는 않은 것입니다. 다시 말해 적어도 두 개의 다른 사법체계가 있게 됩니다. 하나는 유럽중심적이고 다른 하나는 원주민 중심적입니다. 이 둘은 완전히 분리된 것이 아닙니다. 분리된다면 국가의 단일성이 보장되지 않기 때문입니다. 따라서 공존의 형식을 찾아야만 합니다. 예를 들어, 적절한 새로운 헌법재판소가 필요하고 그럴 때는 헌법재판소 자체가 갈등을 해결할 능력이 있는 복수국민적, 상호문화적, 탈식민적인 것이어야 할 것입니다. 왜 이것이 중요한가요? 왜냐하면 이것은 상호문화성과 서로 다른 문화들의 공존을 실천하며 살아가는 매우 흥미롭고 매우 일상적인 방식이기 때문입니다. 원주민적 체계 내에서 적법한 절차가 공식적인 사법체계 내에서도 적법한 절차인가요? 그렇지 않습니다. 하지만 원주민적 체계 또한 마땅한 자기 절차는 가지고 있습니다. 상호문화적 입헌주의에서 중요한 것은, 차이가 존재한다면 단일성을 위한 합의를 목표로 할 것이 아니라 차이들을 인정하는 합의를 지향해야 한다는 것입니다. 바로 여기에 상호문화적 입헌주의의 근본 원칙이 있습니다. 즉 차이들은 각각에 적합한 제도를 요구하고 유사한 것들은 공유된 제도를 요구한다는 것입니다. 따라서 국가는 내부에 존재하는 복수국가들의 문화적 정체성에 적합한 제도들과 함께 공유된 제도도 마련해야 할 것입니다. 이것은 어렵기는 하지만 가능한 일입니다. 발칸 지방에서 일어난 내전처럼 끔찍한 방향으로 발전하는 경우도 있을 수 있습니다. 그러나 매우 긍정적으로 참조할 만한 다른 경우도 있습니다. 북아일랜드에서 가톨릭교도와 프로테스탄트 사이에 수십 년간의 전쟁을 끝내고 약 일주일간 통합정부가 세워졌습니다. 북아일랜드에서는 종교적 차이가 곧 국민적 차이입니다.

복수국민적, 상호문화적, 탈식민적 입헌주의의 세 가지 핵심은 무엇인가요? 첫째는 상호인정, 둘째는 지속성입니다. 우리는 창설적 행동에 대해 이야기할 때 그것의 정통성에 관해서 이야기합니다. 그러나 독창적이라는 것은 역사를 잊는 것을 의미하지 않습니다. 반대로 과거의 모든 과정을 알아야만 합니다. 왜냐하면 추구하는 것이 역사적 정의이기 때문입니다. 따라서 이미 일어난 일을 잊어서는 안 됩니다. 지속성이라는 생각이 유지되는 것이 매우 중요합니다. 셋째는 동의의 문제로 모든 것이 합의가 있어야 합니다.

나는 이 원칙들이 쉽게 지켜지지 않을 거라고 생각합니다. 왜냐하면 복수 국민적 공존은 그 자체로 매우 어려운 일입니다. 그것은 특히 분권화된 사회와 민주적 공생을 요구합니다. 이것들은 어느 정도 긴장감을 가지고 시작될 수밖에 없습니다. 아주 잘되는 경우라도 적응하면서 차츰차츰 앞으로 나아갈 것입니다. 다른 말로 하면 구체적인 형식들이 많은 동일성과 차이를 드러낼 것입니다. 하지만 시간이 지나면서 그리고 세대 간 차이를 보이며 도시화와 함께 조금씩 섞이게 될 것입니다. 결론적으로 말해, 아주 긴 호흡의 역사적 과정입니다.

분명히 복수주의, 복수국민적 입헌주의에 대해 반대가 있습니다. 그것은 무엇인가요? 무엇이 그 같은 분리를 만들어내나요? 공존이 불가능하지는 않지만 어렵게 만드는 것은 무엇인가요? 국가를 빈껍데기로 만든다는 것입니다. 사실, 분리는 위험합니다. 파편화는 매우 확실한 위험입니다. 많은 나라들에서 오늘의 경험은 — 볼리비아 혼자 겪는 것이 아닙니다 — 우리에게 복수국민성이 대세임을 알려주고 있습니다. 이것은 신자유주의가 근대국가를 해체하고 단일문화적 국민국가체제를 해체한 결과로, 신자유주의의 일종의 '사악한 성과'라고 할 수 있습니다. 오늘날 복수국민성의 요구는 아시아, 아프리카 그리고 이곳에서 일어나고 있습니다. 역사적인 과정입니다. 따라서 나는 볼리비아가 대세를 따라가야 하고 그것을 거스를 수 없다고 말해야만 합니다. 이런 역사적 의미에서, 복수국민성이라는 생각은 내가 보기에 불가역적인 흐름입니다. 제헌의회는 그것을 인정하는 정도에 있어서 더 멀리 갈 수도 적게 갈 수도 있을 것입니다. 왜냐하면 이미 이 모든 것이 열린 과정이기 때문입니다. 하지만 이와 관련된 의식과 기본적 합의가 부재한다면 내전이라는 대안밖에 남지 않을 것입니다. 어떻게 이런 일들이 어떻게 관리되는지 지켜보는 것은 매우 중요합니다. 왜냐하면 잘못하면 우리는 원시사회로 후퇴하게 될 것이기 때문입니다.

두 번째 이의 제기는 복수국민적 입헌주의가 비민주적인 소수민족 집단 거주지enclaves를 형성한다는 것입니다. 우리는 공동체에 대해 말하곤 합니다. 한편에는 외부인이 보기에 이해가 잘되지 않는 정부 형태를 가진 공동체들이 있고, 다른 한편에는 내부에 민주주의의 문제를 가지고 있는 공동체들이 있습니다. 예를 들어, 때때로 여성들의 권리가 존중받지 못하는 경우가 있습니다. 이 점에 대해서 나는 다음을 꼭 말씀드리고 싶습니다. 오늘날 우리가 복수국민성이라는 아이디어를 진지하게 생각할 때 다른 무엇보다 확실한 것은, 라틴아메리카에서나 아프리카에서나 문화는 밖에서 볼 때만 정태적이라는 점입니다. 그러나 문화는 원주민 문화건 농민문화건 이슬람 문화건 항상 바뀝니다.

예를 들어, 나는 이슬람권에서 여성 인권의 평등성을 위해 투쟁하는 많은 이슬람 여성들과 함께 일했습니다. 그녀들은 인권에 대한 서구적 개념을 채택하고 싶어 하지 않습니다. 하지만 재화 접근성과 평등을 쟁취하기 위해 이슬람 내부 사회를 변혁하고 싶어 합니다. 아프리카에서도 마찬가지로 여성들은 토지에 대한 권리가 없었습니다. 오늘날에는 가지고 있습니다. 전통적 성격이 강한 당국도 바뀌었습니다. 예를 들어, 남아프리카공화국에서는 국가 헌법 이외에 지방 헌법이 매우 다양하게 존재하는데, 이 지방 헌법들은 국가 헌법의 근본적 규범성을 존중합니다. 여러분이 속해 있는 종족이나 민족도 아마 자치적으로 각자의 지방 헌법을 만들 수 있을 것입니다. 그러나 지방 헌법은 국가 헌법을 존중해야 합니다. 예를 들어, 남아프리카공화국의 헌법은 공동체 또는 자치 조직들이 자신의 헌법을 만들 수 있도록 허용하지만, 국가 헌법을 존중하는 한에서이고, 여성의 권리를 비롯한 몇 가지는 반드시 존중해야 합니다. 그리고 이는 전통적 당국이 여성의 토지권을 보장하도록 강제했습니다. 왜냐하면 그렇지 않으면 어떤 지방 헌법도 헌법재판소의 승인을 받을 수 없기 때문입니다.

이런 의미에서 헌법의 일부로서 반드시 필요하지만 발전시키기 매우 어려운 규정이 있습니다. 이 나라의 변혁을 관리할 새로운 복수국민적 헌법재판소를 말합니다. 이와 비슷한 사례로 콜롬비아 헌법재판소가 있습니다. 10년 이상 작동하고 있는데 이런 새로운 가능성을 실현하기 위해 창설된 헌법재판소의 사례입니다.

세 번째 이의 제기는 집단적 권리가 개인적 권리와 충돌한다는 것입니다. 이것도 사실이 아닙니다. 다양한 형식의 집단적 권리가 있습니다. 기본적인 집단적 권리가 있고 파생적인 집단적 권리가 있습니다. 이것은 무슨 말인가요? 예를 들어 우리 모두가 교사 또는 노동자라고 가정해 봅시다. 그렇다면 우리가 노조를 조직할 때 우리는 우리의 개인적 권리, 노동 협상의 권리를 노조에 부여합니다. 이는 집단적 권리가 있음을 전제하는 것입니다. 즉 노조가 노동자 또는 교사들을 대표하는 권리입니다. 우리는 이를 파생적인 집단적 권리라고 부릅니다. 그러나 원주민 공동체의 집단적 권리와 같은 기본적인 집단적 권리가 있습니다. 이 경우에 개인들의 결정은 없습니다. 공동체 자체가 자신의 헌법을 가집니다. 이를 집단적 권리로 인정합니다. 이 집단적 권리는 상황에 따라 개인적 권리와 갈등을 빚을 수 있습니다. 예를 들어, 나는 콜롬비아에서 그런 갈등을 분석한 바 있습니다. 어느 원주민이 원주민 법률에 따라 〈원주민 까빌도[자치회]〉에 의해 처벌을 받았는데, 그가 적법절차가 없었다고 생각한다면 그는 헌법재판소에 제소할 수 있고 재판소는 이 상황을 평가하게 됩니다. 그는 자신이 속한 공동체의 사법 관할권을 자신이 인정하지 않으면 처벌을 받게 되고 아마도 공동체에서 추방될 거라는 사실도 알고 있습니다. 이것이 보통 공동체의 해결방안입니다. 왜 그럴까요? 왜냐하면 원주민 또는 농민 공동체는 권리와 동시에 의무가 있는 공동체이기 때문입니다. 의무를 원하지 않는 자는 또한 권리도 없습니다. 이는 이런저런 방식으로 절합될 수 있습니다.

기본적인 집단적 권리는 두 가지 방식으로 실현될 수 있습니다. 예를 들어, 개인적으로 어느 시크교도가 터번을 사용하고 싶을 때 그것은 개인적으로 실현되는 집단적 권리에 속합니다. 그러나 자결권과 같이 오직 집단적 방식으로만 실현되는 집단적 권리가 있습니다. 이처럼 다양한 나라들에서 강력한 역사적 정의를 회복하기 위해 매우 중요한 다양한 집단적 권리가 있습니다. 다른 사례가 인도의 경우입니다. 예를 들어, 불가촉천민, 최고 열등한 카스트 등이 있습니다. 이들은 헌법에 따르면 이제 불가촉천민이 아니지만 아직도 현실에서는 이런 구분이 작동되고 있습니다. 집단적 권리들과 연관하여 적극적 조치들이 필요한 경우가 있습니다. 왜냐하면 억압적 체계에 종속된 공동체가 있기 때문입니다. 이들은 불안정한 공동체로서 그들이 유지 보존되기 위해 집단적 권리가 꼭 필요합니다. 요약하자면, 집단적 권리와 개인적 권리가 병존할 가능성은 매우 큽니다.

마지막으로 검토해볼 상호문화적 입헌주의에 대한 이의 제기는 그것이 아주 높은 수준의 불안을 야기한다고 말합니다. 여기에 대해서는 어쩔 수 없습니다. 우리는 불안한 시대에 살고 있습니다. 불안, 불안정, 정체성의 위기와 함께 살아야만 합니다. 예를 들어, 오늘 나는 제헌의회에서 이와 비슷한 종류의 이야기를 들었습니다. 메스티소인 한 사람이 사회 속에서 메스티소의 위치가 어디인지를 물었습니다. 이 과정에서 일어나는 정체성의 위기인 것 같습니다. 이 과정은 점점 더 광범한 포용의 형식을 통해 불안을 다루는 법을 배울 것을 요구합니다. 오늘 내가 목격한 이 작은 일은 과도기의 모순을 드러내는 것입니다. 한편으로 볼리비아는 복수문화적, 복수국민적 국가임을 승인하는 데서 선봉장에 서있는 나라입니다. 그와 동시에, 예를 들어, 미국 같은 다른 나라들에서 우리가 보았던 것과 매우 비슷한 인종주의의 형식들을 볼리비아에서도 볼 수 있습니다. 이것은 바로 과도기의 혼란스럽고 어수선한 특징 그 자체입니다. 따라서 정치가들이 분석에 있어서 대단히 신중해야 하고, 주민 집단 또한 신중할 것이 요구됩니다. 무엇보다 민주적 공존의 틀 내에 머무는 것이 필요합니다. 사실 사회의 아주 중요한 부분(원주민)을 배제하고 과거와 동일하게 나아갈 수는 없다는 것을 알고 있지 않습니까?

국가에 관해 두 가지를 말씀드리고 싶습니다. 하나는 제도성, 다른 하나는 영토성입니다. 그러나 이에 앞서 다음의 이야기를 먼저 하고 싶습니다. 복수국민과 상호문화적 입헌주의의 특징이 한 가지 더 있습니다. 그것은 실험적이어야 한다는 것입니다. 모든 문제들을 헌법 안에서 전부 해결할 수는 없습니다. 일부의 문제들은 아마도 다음번의 제헌의회로 미루어야 할 것입니다. 예를 들어, 1994년에 남아프리카공화국에는 진정한 독립을 위해 새로운 헌법을 만들어야 할 긴급성이 존재했습니다. 흑인 다수가 권력을 가지고 있었는데, 그럼에도 문제가 있었습니다. 알려져 있다시피 그 경험은 세계적으로 가장 훌륭한 과도기의 경험으로 인정받습니다. 넬슨 만델라의 위대한 정치적 비전덕분에 타협이 가능했습니다. 그러나 해결할 수 없는 문제들이 있었습니다. 그리하여 당시는 이렇게 결론이 났습니다. "이 문제는 그냥 놔두자. 헌법재판소에 의해 점차 해결되도록." 이런 방식으로 해결책을 찾았습니다. 남아프리카공화국의 특이성, 그 헌법재판소의 특이성 덕분에 헌법재판소가 매우 존중받았기 때문에 해결이 가능했습니다. 물론 해결은 다른 방식으로도 가능할 것입니다.

나는 라빠스에서 이 새 헌법을 만드는 것은 실험적 국가 건설에 상응한다는 생각을 피력했습니다. 우리가 재창설의 과정에 있기 때문에 정확한 처방전을 가지고 있는 사람은 아무도 없습니다. 모든 해결방안이 전부 나쁜 결과를 가져올 수도 있습니다. 이런 상황에서 최선은 실험하는 것입니다. 예를 들어, 포르투갈에서 사회당 정부가 모든 시민을 위한 기본소득을 도입했을 때, 새로운 것이었기 때문에 어떻게 작동될지 누구도 예상하지 못했습니다. 따라서 정부가 실험 국가적 해석을 기초로 하여 1년간 3,500가구에 기본소득을 지급할 것이 제안되었습니다. 그리고 1년 뒤에 성과를 평가하여 전국에 적용하기로 하였습니다. 1년 뒤에 평가가 나왔을 때 많은 일들이 변했습니다. 실험적으로 적용해본 체계가 실제 적용에서는 몇 가지 측면에서 문제가 있는 것으로 확인되었습니다. 따라서 여러분들도 '실험'과 공존할 생각을 해야 한다고 봅니다. 비록 이런 이야기를 제헌의회 의원은 좋아하지 않고 정당들은 더 싫어하겠지만 말입니다. 그러나 헌법의 지평을 보다 넓히는 것이 좋다고 생각합니다. 예를 들어, 2008년부터 시작하는 새로운 입법 주기를 만들 수 있지 않으냐는 것입니다. 제헌의회 이후 새로운 선거를 치르는 것은, 나는 거대한 드라마를 만드는 것이라고 봅니다. 포르투갈에서 오랜 군부 독재 이후에 우리가 새로운 헌법을 만들었는데, 새 헌법은 즉각적인 총선 실시를 요구했습니다. 이미 존재하지 않는 헌법으로 집권하는 것은 아무 의미가 없기 때문이었습니다. 그러므로 실험주의의 가능성을 평가하기 위해서는 탁월한 분석 능력을 가지고 혁신적 해결책을 찾아야만 합니다.

왜 나는 여기서 실험주의라는 제안을 하는 것일까요? 두 가지 이유 때문입니다. 첫째는 이미 말했듯이 실제로 해결 방안이 없기 때문입니다. 많은 나라들에서 많은 제헌의회 의원들이 걱정하면서 이렇게 이야기합니다. "저기, 내가 이런 것을 제안해보려고 하는데요, 그 효과는 무엇일까요? 결과는 무엇일까요?" 그리고 많은 경우, 모든 것을 예상할 수는 없습니다. 실험주의는 처음부터 갈등의 완화를 목표로 합니다. 볼리비아에서는 갈등을 완화하는 것이 필요합니다. 그리고 이를 위해 어떤 실험주의 처방이 유익할 수 있습니다. 이후 재검토할 수 있는 하나의 틀과 시간 계획을 세우거나, 결과를 열어둔 채로 문제를 제기하는 방식 등이 도움이 될 것입니다. 제헌적 실험주의를 지지하는 두 번째 이유는 그것이 인민이 제헌권력을 유지하는 것을 허용하기 때문입니다. 제헌의회의 커다란 문제는 인민이 제안을 하고 헌법을 추진하는 힘을 가지지만 일단 헌법이 만들어지고 나면 인민의 권력이 사라진다는 것입니다. 구성된 권력은 과잉 지배하고 어떤 식으로든 제헌권력을 흡수합니다. 만약 우리가 실험적 사안들 또는 개방적 조항을 유지한다면 그것 자체가 인민을 조직하게 하고 평화적으로 제헌권력을 그들의 수중에 유지시키는 역사적 과정이 됩니다.

마지막으로 두 가지 사안에 대해 매우 간략하게 말씀드리고 싶습니다. 제도성과 영토성입니다. 우선 제도성을 살펴봅시다. 여러분이 나보다 더 잘 알고 상상하듯이 복수국민적 사회는 분권화된 사회여야 합니다. 하지만 그것이 국가가 강해서는 안 된다는 것을 의미하지는 않습니다. 국가는 강해야 합니다. 그러나 분권화의 수준을 견디기 위해 민주적으로 강해야 합니다. 왜냐하면 그렇지 않으면 나라를 마피아들이 다스리는 강한 국가가 됩니다. 이런 사례는 소련이 망한 뒤의 러시아가 분명히 보여줍니다.

그렇다면 어떤 틀 안에서 이 제도성이 만들어져야 하는가요? 여기서 나는 기하학적 변수를 고려하는 것이 근본적이라고 생각합니다. 즉 통일된 제도적 해결책은 없다는 것입니다. 국가는 공존하는 이중의 제도성을 가질 수 있습니다. 비록 어려운 일이긴 하지만 말입니다. 두 번째는 내가 이미 강조했던 것이라 길게 이야기하지 않겠습니다. 사법적 복수주의의 문제입니다. 나는 이 점을 강조합니다. 왜냐하면 많은 사람들은 일상생활에서 해결해야 할 갈등을 계기로 국가와 접촉하기 때문입니다. 많은 사람들에게 사법적 갈등은 그의 삶 자체입니다. 왜냐하면 토지와 관계있는 것이거나 이웃 사이의 분쟁과 관계있는 것이기 때문입니다. 그러나 빈곤 계급에게는 많은 경우 국가와의 공존은 그를 억압하는 경찰과 공존하는 것을 의미하며, 또 법적 소송도 물론 포함될 것입니다. 이 문제를 고려해야 합니다. 내가 여기서 제기하고 싶은 것은 유럽중심적 사법체계와 원주민적 사법체계라는 두 개의 사법체계 사이에 어떤 대화가 있어야만 한다는 생각입니다. 그리고 체계들의 분리 특히 형사 분야와 관련하여 체계들을 분리할 때 어떤 조심성이 필요하다는 것입니다.

두 번째는 상호문화적 민주주의에 관해서인데, 내가 보기에 복수국민, 상호문화, 탈식민적 국가는 상호문화적 민주주의가 필요합니다. 상호문화적 민주주의는 다음의 특징을 가지고 있습니다. 첫째 다양한 민주적 숙고의 형식을 가집니다. 단 하나의 숙고의 형식만 있는 것이 아닙니다. 우리나라에 생물다양성이 필요하듯이 민주다양성이 필요한 것입니다. 즉 민주주의의 다양성 또는 여러 형식의 민주주의 말입니다. 사실 유럽 자신도 다양한 민주주의 개념을 가지고 있습니다. 단순히 자유민주주의만 있는 것이 아닙니다.

둘째로, 상호문화적 민주주의가 탈식민적이기도 하려면 마땅히 긍정적 차별과 적극적 조치의 형식을 가져야만 합니다. 이 것은 무슨 의미인가요? 대의와 관련해서 상호문화적 민주주의 는 대의의 이중 기준 또는 이중 형식을 요구합니다. 양적인 기준 인 투표는 자유민주주의에서 소중한 기준입니다. 나처럼 독재 아래에서 살았던 사람들은 대의민주주의를 아주 높게 평가합 니다. 나는 대의민주주의를 낮게 평가한 적이 없습니다. 그래서 는 안 됩니다. 왜냐하면 우리는 독재사회에서 살아가는 것이 무 엇인지 알기 때문입니다. 우리가 대의민주주의를 비판할 수 있 다면 그것이 틀려서가 아니라 저강도라서, 다른 민주적 형식들 로써 그것을 강화해야 하기 때문에 비판하는 것입니다. 어떻게 강화할 수 있나요? 복수국민적 사회에서는 다른 대의의 기준 으로서 질적인 기준이 필요합니다. 예를 들어, 합의를 구축하는 형식들과 원주민 공동체 내부의 숙고 체계와 순번 체계는 복수 국민국가 내부에 매우 잘 통합시킬 수 있는 하나의 대의 형식입 니다.

다른 한편, 전통적인 서구 민주주의에도 직접 참여와 숙고 를 더 하는 많은 형식들이 있습니다. 그중 몇 개는 볼리비아에 있습니다. 예를 들어, 주민투표, 여론조사, 대중제안, 참여예산 제 등입니다. 오늘날 약 1,200개의 라틴아메리카 도시들이 참여 예산제를 시행하고 있습니다. 이들 중 일부는 원주민의 도시로서 이들은 참여예산제를 자신들이 거주하는 곳에 적용하기 위해 전면적으로 변혁했습니다. 에콰도르의 꼬따까치시와 과테말라의 케찰떼낭고시의 경우입니다. 그리하여 실제로 전통적이고 서구적인 참여의 형태와 원주민적인 참여 형태가 결합되는 경험이 일어나고 있습니다. 이런 고유의 형태를 아무런 두려움 없이 참여 민주주의의 형식으로 인정해야 합니다.

그러나 상호문화적 민주주의가 탈식민적이려면 새로운 근본원리로서 새로운 집단적 권리의 집합을 구비해야만 합니다. 예를 들어 물, 토지, 식량주권, 자연자원, 생물다양성, 숲, 전통적 지식 등에 대한 권리를 말합니다. 이것들은 상호문화적 민주주의가 터를 잡아야 하는 틀입니다.

마지막으로 '영토성'에 대해 말씀드리겠습니다. 나는 근대국가의 영토성이 동질적인 것이라는 생각은 허구라고 생각합니다. 오늘날 우리는 이 점을 잘 알고 있습니다. 국가의 위기가 그런 허구를 더 악명 높게 확산시켰습니다. 따라서 어떻게 동질적이지 않은 사회들이 분권화될 것인지 어떤 새로운 영토성을 건설할 것인지, 국가의 영토적 조직은 어떻게 될 것인지 검토할 필요가 있습니다. 내가 본 바에 의하면 여기 라틴아메리카 대륙만이 아니라 캐나다에서도, 또한 어느 정도는 인도에서도 다양한 자치의 형식이 있습니다. 분권화의 전통적 과정과 연결된 행정적 자치가 있습니다. 그리고 유럽의 지방화와 같은 정치적 자치가 있습니다. 내가 보기에는 이곳에서 이야기하는 주 수준의 자치가 유럽의 지방화와 연결될 것 같습니다. 유럽의 경우에는 포르투갈처럼 지방화를 거부하는 나라도 있고 스페인과 같이 국가의 지방자치의 개념을 변혁한 나라도 있습니다. 프랑스는 별로 성과가 없었고 한편 이탈리아는 좋은 성과를 거두었습니다. 따라서 행정적이고 정치적인 형식들이 다양하게 있다고 할 수 있습니다.

그러나 이것들 외에 선주민 자치체나 원주민 자치체처럼 문화적 정체성에 연계된 다른 자치의 형식들이 있습니다. 복수 국민국가를 만들기 위해서는 두 형식이 공존해야 합니다. 왜냐하면 자치가 한 가지 형식뿐이라면 그것은 이미 복수국민국가가 아닐 것이기 때문입니다. 헌법에 그 단어가 들어갈 수는 있습니다. 그러나 그것은 공허한 빈말일 것입니다. 따라서 서로 다른 자치의 형식이 동일한 수준으로 있어야 할 것입니다. 서로 다른 것이 동일한 수준에 있도록 하는 것은 복잡한 과제입니다. 그러나 해결책이 있다고 생각하면 불가능하거나 힘든 것은 아닙니다.

이곳에서 일부 주의 경우에 주 정부의 자치가 이미 인정된 상황이라면, 특히 이중 주민으로 구성된 영토에서는 탈영토적 성격의 원주민적 자치 형식을 가지는 것이 가능할 것입니다. 다시 말해, 원주민 자치의 경우에 탈영토성이 존재해야 합니다. 그렇지 않으면 그들의 외부에서 부과된 자치에 종속될 것이고, 이런 상황은 복수국민성이 없는 것과 다름없기 때문입니다. 이런 틀을 우리가 이해해야 한다고 생각합니다. 이런 종류의 자치들은 가변 기하학과 공존해야 합니다. 갈수록 공동체들의 동질성이 줄어들고 있기 때문입니다. 나는 걱정할 필요 없다고 말씀드리고 싶습니다. 서로 다른 정체성에서 출발해서 자치체를 구성해야 할 때가 있습니다. 복수국민성이란 그런 것이기 때문입니다. 그러나 그것은 국가의 건설이 복수국민적 공론이라는 또 다른 과정에 진입함을 전제하는 것입니다. 그리고 두세 세대가 지난 이후에는 지금과 전혀 다른 혼합된 형식이 나올 수도 있을 것입니다. 어떻게 될지 아무도 모릅니다. 따라서 실험주의가 필요합니다. 그러나 현재 우리가 놓여 있는 제헌 국면에서 서로 다른 두 형태의 자치가 지금 즉시 혼합될 수는 없을 것이라는 전제를 긍정해야 합니다. 그렇지 않으면 복수국민성이 사라지기 때문입니다. 평등성, 그리고 문화적 차이에 대한 인정에 기초한 민주적 공존을 전제하지 않고 혼합하는 것은 동화와 차별적 선택의 식민 지배를 유지하는 것을 의미합니다.

이 새로운 영토성은 또 다른 사고를 함축합니다. 복수국민적 입헌주의의 문제 또는 어려움은 국민 정체성, 국민적 연대, 국가 영토, 공동선 같은 것들을 다루는 데 있습니다. 정치사회학자로서 이 나라에 존재하는 불안, 혼란이 나는 놀랍지 않습니다. 이것들이 평화적이고 민주적인 틀 안에서 유지되면 상당히 긍정적이라고 생각합니다. 따라서 이 새로운 영토성의 특징은 국민적 연대임이 틀림없습니다. 이 국민적 연대는 특히 자연자원과 관계가 깊습니다. 이것이 내가 볼 때 핵심적인 문제입니다. 모두가 그것을 알고 있습니다. 새로운 영토성의 문제는 자연자원에의 접근을 포함하여 정치권력, 경제권력과 관계가 있습니다. 여기서 나는 원주민의 자치는 그들의 영토 안에 있는 자원 접근성에 대한 통제권을 포함해야 한다고 생각합니다. 그렇지 않으면 그들의 자치는 빈껍데기가 될 것입니다. 그러나 그 접근성은 국민적 연대의 틀 안에서 행사되어야 합니다. 이 점에서 탈식민적인 것은 우리가 두 가지 중요한 생각에 이르게 해줍니다. 첫째 오늘날까지 오랜 세월 동안 끔찍하리만큼 국민적 연대가 부족했다는 점입니다. 자원이 풍부한 영토에 가장 가난한 사람들이 살고 있는 이유를 어떻게 설명할 수 있을까요? 이것은 이 체계가 무언가 매우 부정의하고 불평등하고 잘못되어 있음을 보여줍니다. 둘째, 연대성은 여러 가지 형태로 재발명되어야 하며, 탈식민적 형식은 국민적 연대의 틀 안에서, 원주민 공동체를 위한 진정으로 긍정적인 차별 조치와 적극적 조치가 이루어질 것을 요구합니다.

나는 이곳에서만이 아니라 이 대륙의 여러 곳에서 원주민 운동과 함께 많은 작업을 하고 있습니다. 작년에 나는 꾸스꼬에 있었는데, 원주민 조직들이 구성한 〈안데스 협의체〉la Coordinadora Andina가 설립되는 자리에 있었습니다. 나는 원주민 운동 안에 국민적 연대가 있다고 봅니다. 그들은 아이마라족이면서 볼리비아인이고, 케추아족이면서 에콰도르인이고, 이런 이중의 정체성을 갖고 있는 사람들입니다. 문제는 그들이 강요된 국민적 연대나 부정의한 국민적 연대를 원하지 않는다는 것입니다. 그들이 원하는 것은 원주민 운동과 합의되고 자연스럽게 공유된 국민적 연대입니다.

마지막으로 다음을 이야기하고 싶습니다. 다양한 것은 분열된 것이 아니고 통합된 것은 동질적이지 않습니다. 그리고 평등한 것은 동일한 것이 아니고 서로 다른 것은 불공정한 것이 아닙니다. 차이로 인해 우리가 열등하게 취급될 때 우리는 평등을 주장할 권리가 있습니다. 그리고 평등이 우리를 특성 없는 존재로 만들 때 우리는 차이를 주장할 권리를 가집니다. 이것들이 아마 우리가 살고 있는 이 시대를 이해하고 국민 정체성의 새로운 형식이 매우 강한 로칼 정체성의 형식들과 공존해야 한다는 점을 이해하는 데 필요한 근본 규칙들일 것입니다. 게다가 원주민 종족들 외에 우리는 초국적 정체성과도 공존해야 합니다. 예를 들어, 아이마라족이 여러 나라에 살고 있는데 이를 정치적으로 잘 운용해야 합니다. 한 가지는 확실합니다. 어떤 문화의 구성원도 자신의 문화가 존중받고 있다고 느낄 때만 다른 문화를 인정할 준비가 되는 법입니다. 이것은 당연히 원주민 문화와 비원주민 문화에 공히 적용됩니다. 따라서 나는 여러분이 상호적이고 역사적인 무시와 이 무시의 역사적 부정의를 고려할 상호적 인식을 가지고 이 나라를 새로운 틀 위에 올려놓을 수 있을 것으로 기대합니다. 매우 민주적이고 아주 긍정적인 틀, 고강도 민주주의의 틀 위에 놓일 수 있을 것입니다. 둘 중의 하나일 것입니다. 즉 복수국민적 국가와 상호문화적 민주주의를 발명하든지 아니면 근대적 자유주의 국가로 돌아가든지 말입니다. 우리 후자의 가능성은 생각하지 맙시다. 근대 자유주의 국가가 현재 휩싸여 있는 위기는 불가역적이며, 만약 우리가 이 시기를 더 높은 강도의 민주주의, 그리고 더 깊고 넓으며 포용적인 의미의 볼리비아다움과 함께 살아내지 못한다면 최악의 상황이 펼쳐질 수도 있을 것입니다.

토론

이사벨 도밍게스 메네세스 여사 (사회자)　이 모임의 사회자를 맡을 것을 제안해주신 것에 대해서 감사드립니다. 저는 이사벨 도밍게스 메네세스입니다. 저는 〈"바르똘리나 시사" 볼리비아 원주민 여성 농민 전국연맹〉의 '새로운 국가 구조 및 조직 위원회'의 의장입니다. 이제 우리 형제인 보아벤투라 선생님께 질문을 드릴 기회를 드리겠습니다. 형제, 자매 여러분, 질문하시기 바랍니다.

아돌포 멘도사　탈영토성이라는 개념에 대해 이야기가 있었습니다. 이 개념은 '긍정적 정치'의 개념입니다. 이 개념이 볼리비아에서의 자치 문제를 논의할 때 모든 것을 연결하는 핵심인 것 같습니다. 헌법적 수준에서 자치의 평등성의 원리가 다음을 의미해야 합니다. 즉 자치체들 간의, 그리고 국가의 일반 수준 또는 복수국민 수준과 자치체들의 관계가 평등해야 한다는 것입니다. 이것은 볼리비아의 경우에는 삼중 결합을 의미합니다. 첫째 결합은 로칼 자치체와 중간 수준의 자치체 사이의 관계를 말합니다. 두 번째 결합은 중간 수준의 자치체와 중앙정부의 관계, 그리고 그와 동시에 로칼 자치체와 중앙정부의 관계를 말합니다. 세 번째 결합은 이들 자치 형식들 사이의 등가적 관계를 말합니다.

이런 의미에서 로칼 수준의 원주민 자치체들을, 예를 들어 주 차원의 자치체들과 분리하는 것 이상으로, 중간 수준에서 복수국민적 대의가 작동할 방법이 있다고 생각하시는지요? 또한 그 수준에서 원주민 종족과 민족들의 참여가 1인 1표라는 자유주의적 개념 이상으로 어떻게 확보될 수 있는지 질문하고 싶습니다. 특히 문화적 문제의식이 제대로 표현될 수 있는 질적인 수준의 민주주의의 형식에 대한 이해가 충분하지 않다면 어떻게 되는지 알고 싶습니다.

참가자 지식의 법률화 즉 국가가 모든 지식을 소유하는 것에 대한 비판이 필요하지 않을지 선생님께 여쭤보고 싶습니다. 선생님께서는 사회적 통제의 필요성, 자연자원에 대한 접근성의 통제를 말씀하셨습니다. 그러나 이 통제의 민주화를 주장하는 사람들은 대체로 지식이 없는 것으로 여겨집니다. 보통 그들은 대학 학위가 없기 때문입니다. 게다가 다른 문제가 있습니다. 신성로마제국 시대부터 지식과 과학은 법률화되어 왔습니다. 내가 보기에 자연자원은 그것을 자연자원이라고 여기는 문화가 없다면 자연자원이 아닙니다. 예를 들어, 석유는 이 세상에 조직된 사회가 존재하기 훨씬 전부터 존재했습니다. 그러나 매우 체계적으로 조직된 사회들(이집트, 바빌로니아, 로마)도 이를 자연자원으로 인정하지 않았습니다. 그리하여 제한과 관련된 문제들도 없었습니다. 그리스인들이 또는 로마 제국 후기에 증기기관을 장난감처럼 사용한 것을 산업혁명의 시작으로 볼 수도 있겠습니다. 어쨌든 저의 질문은, 우리가 근대 자유주의 국가를 비판할 때 그것의 폭력 독점 기능만이 아니라 지식 독점 또한 비판해야 하는 것 아닌지요?

참가자 안녕하세요. 저는 NUR대학[10]에서 왔습니다. 대학이 가르치는 철학적 원칙들 중의 하나는 다양성 안의 동일성이지요. 선생님께서 발표에서 강조하시는 많은 측면들을 저희도 공감합니다. 특히 복수문화성과 연관해서요. 하지만 한 가지 의문이 있습니다. 선생님께서 '긍정적 차별'에 대해 말씀하실 때 그것이 차별에서 어떤 유익한 점을 발굴하신다는 의미인지 또는 어

---

10. [옮긴이] 산타끄루스에 1984년에 세워진 볼리비아의 첫 번째 사립대학교이다.

떤 다른 의미인지요? 왜냐하면 그런 차별은 또한 배제적이 아닌지요? 저의 질문입니다.

벨라르 발렌시아 저로서는 법률적 복수주의가 건드리는 측면을 더 확장해서 설명해주신다면 좋을 것 같습니다. 왜냐하면 그것을 공동체적 정의로 그 의미를 축소하려는 경향이 있다고 보기 때문입니다. 그러나 우리는 그것이 훨씬 더 광범한 개념이고 국가의 새로운 모델에 아주 중요하다고 이해하고 있기 때문입니다.

참가자 저는 개인적 권리와 집단적 권리가 병존할 수 있다는 언급과 관련하여 말씀하신 것을 더 설명해주시면 감사하겠습니다. 오늘날 우리는 특히 생산수단의 집단화와 관련하여 매우 혼란스러운 상황에 부닥쳐 있기 때문입니다. 오늘 제헌의회 일정 중에 이 주제와 관련하여 심각한 대결이 있었습니다. 또한 선생님께서 개인화에 관해서도 말씀해주시길 바랍니다. 즉 새로운 헌법 체계에서 이 두 용어가 공존과 확장으로부터 어떤 영향을 받을 것인지 알고 싶습니다. 예를 들어, 토지의 문제에서 집단화를 요구하는 사람들이 있습니다. 즉 토지의 집단적 등록 말입니다. 다른 사람들은 토지등록의 개인화를 요구합니다. 집단적 권리가 개인적 권리와 상호 관련된다고 주장하셨는데 그것이 무슨 의미인지요?

보아벤투라 드 소우자 산투스 아돌포가 중간 수준의 자치의 문제를 논의 테이블 위에 올려놓았습니다. 이 문제는 매우 복잡하다고 생각합니다. 내가 생각하기에 로칼적 원주민 자치체의 탈영토성이라는 생각이 존중되고, 그것이 다양한 자치적 영토에 걸쳐 있게 되고(결국에는 하나 이상의 자치체에 걸쳐 있게 되겠지요), 그들 자신의 자치적 성격이 유지되고 주 정부 수준의 자치체와 중앙 정부와 동일한 위계 수준에서 관계를 맺을 수 있다면, 중간 수준의 자치체의 문제는 조직이라는 관점에서 해결될 수 있다고 봅니다. 중간 수준의 자치 기관이 정부와 관련해서, 계획과 관련해서 어떤 모습일지 우리는 모릅니다. 근본적으로 나는 중간 수준을 문화적, 지역적으로 인접한 많은 로칼 자치기관들의 통합적 배치로 이해합니다. 이것들은 어떤 목적을 위해 조직됩니다. 그러나 로칼 수준에서는 자연자원에 대해 기관들이 행사하는 통제의 틀 안에서 이루어집니다. 그 자치 기관들은 서로 다른 구조로 그러나 연합하여 구성될 수 있습니다. 다시 말해 헌법성이 없이도 존재할 수 있습니다. 왜냐하면 그들은 고유의 본원적 능력을 가지고 있고 그렇게 조직되기 때문입니다. 따라서 복수국민적 헌법의 국가는 국가의 '근간'으로 새로운 영토성을 보장해야 합니다. 그러나 어떤 혁신을 허용해야 하고 나중에 조직되는 공동체에 어떤 본원적 능력을 허용해야 합니다. 모든 문제를 실험주의의 정신에 따라 열어 놓아야 합니다. 탈영토적인 로칼 자치체들은 자신보다 넓은 다른 자치체의 영역 안에 있게 됩니다. 그러나 정치적, 행정적 관점에서 볼 때만 영역 밖인 것입니다. 왜냐하면 중앙정부와의 관계든 주 정부와의 관계든 동등한 조건으로 관계 맺기 때문입니다.

두 번째 질문도 아주 탁월한 질문입니다. 그 문제에 대해서만 탐구하는 별도의 세미나가 필요할 정도로 매우 복잡하고 장기적 범주를 가지는 질문입니다. 세 단계가 있습니다. 첫째 단계는 실제로 국가에 의한 지식의 법률화로 불리는 것입니다. 19세기에 완전히 자의적으로 출현했습니다. 모든 유럽 사회들은 많은 법률을 가지고 있었습니다. 도시들은 서로 다른 법률을 가지고 있었고 상인들도 마찬가지였습니다. 1804년에 프랑스 민법이 만들어지며 프랑스 사회에 존재하던 모든 법률이 빠르게 사라집니다. 그 민법이 국가의 규범으로 되었기 때문입니다. 모든 시민과 모든 사적 관계를 규정하게 되었기 때문입니다. 문자 그대로 국가의 법률화가 시작된 것입니다. 이것은 거의 끝이 없는 시작이었습니다. 자유주의 국가는 최대 국가가 될 가능성을 품고 있는 최소 국가입니다. 왜냐하면 잠재적으로 국가는 무엇이든지 입법할 수 있다는 생각이기 때문입니다. 그래서 우리가 국가는 최소가 되어야 한다고, 통제받지 않는다면 언제든 최대 국가가 될 수 있다고 말하는 것입니다.

두 번째 단계는 법률이 실제로 앵글로색슨들에 의해 사법 과학, 도그마 과학, 법학으로 변화된 것입니다. 왜 이렇게 되었을까요? 왜냐하면 그 당시 모든 지식을 과학이 흡수하는 과정이 있었기 때문입니다. 나는 라빠스에서 너무 강한 과학적 지식의 단일문화가 어떻게 만들어졌는지 알기 위해 이 문제에 전념하는 인식론 세미나를 개최했습니다. 법은 과학으로 인정받기 위해서 과학적인 법으로 변형되어야만 했습니다. 사실 법학에는 과학적인 것이 하나도 없습니다. 법학은 기술입니다. 관찰도 실험도 전혀 없습니다. 말로 하는 기술일 뿐입니다. 그러나 우리는 그런 우월적 힘 때문에 그것을 사법 과학[법학]ciencia jurídica이라고 부릅니다.

세 번째 단계는 그 커다란 법적이고 과학적인 권력이 국가가 사회적으로 개입할 수 있는 커다란 능력을 부여했다는 것입니다. 그러나 오늘날 우리는 그런 발전의 기획이 완전히 실패한 과정을 보여주는 많은 연구가 있음을 알고 있습니다. 어느 순간 탄자니아에서는 아프리카의 마을들이 너무 분산되어 있어 식수, 전기, 하수도 등을 설치하는 것이 불가능함을 알게 되었습니다. 왜냐하면 누구는 여기에 살고 또 누구는 저기에 살고 있기 때문입니다. 그리하여 엄청난 노력을 기울여 사람들을 공동체 마을에 모여 살게 했습니다. 경찰력과 과학적 법학의 힘으로 가능한 일이었습니다. 그곳에는 모든 인프라를 설치할 수 있었습니다. 그러나 사람들은 원래 살던 그들의 산, 숲, 땅을 더 원했습니다.

여기에 지식의 문제가 있습니다. 따라서 '지식의 생태학'이라는 생각을 건져내는 것이 매우 중요합니다. 왜냐하면 많은 다양한 지식이 있기 때문입니다. 자주 이렇게 이야기합니다. "원주민에게 자원을 지원하겠다. 그런데 그 주민들은 준비가 되어있지 않고 지식이 없다"고 말입니다. 그러나 첫째로 그들은 '다른' 지식을 가지고 있습니다. 예를 들어, 자원의 지속가능한 사용이 그들에게는 매우 중요합니다. 나의 연구 사례들 중에서 가장 충격적인 예가 콜롬비아에서 있었습니다. 우아스족los U'was의 경우였습니다. 그들의 성스러운 땅에서 석유 탐사가 시작되었을 때 원주민들은 집단적으로 자살하겠다고 발표했고 아무도 이유를 이해하지 못했습니다. 그들은 이야기했습니다. "우리는 죽고 싶지 않다. 그러나 여러분에게 하나의 자연자원인 것이 우리에게는 우리의 피다. 땅에 있는 피는 우리의 피다. 우리 땅의 피를 꺼내는 것은 우리의 피를 꺼내는 것이다." 보다시피, 자연자원에 대한 완전히 '다른' 개념이 있는 것입니다. 그런데도 우리는 같은 것, 즉 석유에 대해 말하고 있습니다.

우리가 시간적 차이를 인식하는 것은 너무나 중요합니다. 그래서 나는 다른 이야기를 하나 하고자 합니다. 왜냐하면 시간 개념이 얼마나 근본적인지를 이해하는 데 도움이 되는 이야기이기 때문입니다. 콜롬비아의 석유개발을 둘러싼 매우 큰 갈등이 있었습니다. 산업부는 석유 탐사를 간절히 원했고, 환경부는 원주민들의 이야기가 옳다고, 그러므로 이와 관련하여 여론조사가 있어야 한다고 말했습니다. 여론조사라는 것이 석유회사가 일부 원주민 지도자들을 타락시키고 거짓 조사를 하고 조작하고 실제 조사와 상관없이 "우리는 여론조사를 했다"는 식으로 진행된다는 사실을 알고 계실 겁니다. 이런 일은 이 순간에도 전 대륙에서 일어나고 있습니다. 그러나 이 갈등으로 인해 산업부 장관은 우아스족이 사는 산으로 가기로 결정합니다. 그리고 로칼 지도자들인 따이따족과 대화를 하기로 합니다. 그 장관을 둘러싸고 모두 모였습니다. 그리고 그는 지역개발의 모든 장점, 석유 자원, 석유탐사 등에 대해 이야기하기 시작했습니다. "여러분은 도로를 가지게 될 겁니다. 병원과 학교도 가지게 될 겁니다." 그리고 이야기 끝에 그는 물었습니다. "어떻게 생각하십니까?" 따이따족은 침묵을 지키며 아무 말도 하지 않았습니다. 장관이 보좌관들에게 말했습니다. "아마 내가 말을 조금 부적절하게 한 것 같습니다. 그러나 나는 그들에게 매우 정확하게 말했고 매우 솔직했습니다." 그리고 그는 다시 한번 따이따족의 생각을 알고 싶어 했습니다. 그들은 계속 침묵을 지켰습니다. 한 사람이 일어나서 말했습니다. "네, 우리는 여러분과 토론하고 싶습니다. 그러나 우리 조상님들과 상의해야만 합니다." 장관은 약간 당황했습니다. 그리고 말했습니다. "보세요. 여기 여러분은 살고 있고 조상들은 죽었고 이미 여기 없습니다." 따이따족 사람이 대답했습니다. "아닙니다. 여러분에게 조상들은 죽었지만 우리에게는 여기에 함께 계십니다. 우리 공동체 안에 우리와 함께 살아있습니다." 그러자 대단히 지적인 장관이 말했습니다. "그렇다면 조상님들이 여기 계시다면 그들과 상의

하십시오. 지금 즉시 상의하시지요." 따이따 사람이 말했습니다. "달에 달려있습니다. 상의하기 위해서 우리는 보름달을 기다려야 합니다." 그러자 장관은 지쳤고, 그들에게 말했습니다. "여러분은 진지하지가 않습니다. 나는 헬리콥터로 돌아가야만 합니다. 그런데 밤에는 비행할 수 없기 때문에 보고타로 돌아가야 합니다." 그러고는 떠났습니다. 다음날 보고타의 신문들은 상상력을 발휘합니다. "우아스족은 장관과 이야기하기를 거절했다." 물론 그들은 거절하지 않았습니다. 그들은 그들 고유의 조건, 시간대를 가지고 이야기하기를 원했습니다. 그러나 장관은 이해하지 못했습니다. 그건 그렇고 나는 오랫동안 독재가 있던 나라에서 살았습니다. 스페인에서는 프랑코가 있었고, 포르투갈에서는 살라사르가 있었습니다. 살라사르는 우리가 민주주의에서 살 준비가 되어있지 않다고 말했습니다. 가끔 나는 원주민 종족에 대해서도 같은 것이 말해진다고 생각합니다. "그들은 자연자원을 운용하고 다룰 준비가 되어있지 않다."고 말하곤 하지 않습니까. 그들은 물론 준비가 되어있습니다. 민주주의는 연습과 운용을 통해 적용됩니다. 그 과정에서 적용될 수 있는 연대적 기술들이 있고 다양한 지식들도 그들은 갖고 있습니다.

참가자 저의 질문은 이것입니다. 마르크스가 다른 비판에 앞서 종교에 대한 비판을 했듯이 근대국가를 이끌어 온 속임수에 대한 비판, 지식에 대한 비판이 필요하지 않은지요? 근대국가는 세속적임에도 실제로 신성화된 국가가 되지 않았나요? 세속화와 탈신성화는 동의어가 아니라고 생각합니다.

보아벤투라 드 소우자 산투스 오늘날 실제로 우리는 역사적 과정 속을 살아가고 있습니다. 에보는 2005년 말에 대통령으로 선출되었습니다. 1537년에 시작하여 2006년에 이르는 역사적 과정이 있습니다. 1537년에 교황 바오로 3세는 "원주민도 영혼이 있다"는 내용이 포함된 교황 교서 「숭고하신 하느님」을 공포합니다. 그리고 2006년에 원주민 한 사람이 한 나라의 대통령직에 오릅니다. 이것이 역사적 과정입니다. 따라서 어떤 인내를 가져야만 합니다. 이제 시간은 아마도 이 역사적 과정이 어떻게 진행될 것인지 보기 위해 가속적으로 흐를 것입니다. 종교의 문제… 전적으로 동의합니다. 실제로 근대국가의 모든 제도는 종교를 탈신성화하는 형식들로 채워져 있고 국가의 전능함은 하느님의 전능함입니다.

그러나 오늘날 종교의 문제는 조금 더 복잡합니다. 한편으로 우리는 오늘날의 기독교에서 복음주의자들을 통해 출현하고 있는 정치신학을 목격하고 있습니다. 그리고 특히 이슬람 세계가 공적, 사적 측면을 막론하고 사회의 전면적 재신성화를 추구하고 있음을 보고 있습니다. 다른 한편, 대중들의 영성의 회복이 일어나고 있습니다. 이것은 공식 종교가 아닙니다. 오늘날 우리가 우리를 움직이는 어떤 영성적 환경에 살고 있음을 점점 인식하고 있는 것입니다. 그것을 신이라 부르는 사람들도 있고 다르게 부르는 사람들도 있습니다. 이 영성은 특히 이 대륙의 원주민 종족들이 나에게 가르쳐준 것입니다. 핵심적인 생각은 우리 인간이 어떤 비물질적인 차원을 가지고 있는데 로고스의 논리로 인해서 그것을 중심 주제로 부상시킬 수 없는 상황에 부닥쳐있다는 것입니다. 그것은 우리가 너무나 많은 억압 가운데서도 왜 계속 살아가는지, 왜 저항하는지, 왜 전진하는지를 우리에게 설명해주는 어떤 신화적인 차원입니다. 나에게 아주 큰 교훈이 되어주는 것은 세계사회포럼입니다. 그곳에는 해방신학 운동이 있습니다. 그 운동의 참여자들에게는 영성이 변혁적 힘의 동력입니다. 나는 그들을 존경하지 않을 수 없습니다. 또한 나의 이론에 영성을 삽입하는 것이 힘든 이유가 내가 서구 근대성 특유의 합리성에 의해 훈련받았기 때문이라고 생각하지 않을 수 없습니다. 즉, 나 자신의 한계 때문입니다.

다양성과 복수문화성에 대해 말씀드리겠습니다. 아마도 '긍정적 차별'은 그렇게 좋은 명칭이 아닌 것 같습니다. '적극적 조치'가 더 좋은 것 같습니다. 이는 아주 깊은 역사적 부정의의 대상이 되었던 종족들에 대한 특별한 보상입니다. 그리고 자유주의적 틀 속에 있는 '기회의 평등'에 도달하기 위해서는 이 평등이 실제로 존재하기 위한 조건을 만들어내야 합니다. 이를 위해, 대학에 할당제를 도입하거나 또는 고용을 보호하는 형식 또는 대학 내에서 상호문화적 지식을 형성하거나 특별한 상호문화적 기술자가 될 수 있도록 하는 집단적 권리가 필요합니다. 우리는 단일문화적 국가에 대해 많은 이야기를 합니다. 그러나 라틴아메리카의 대학들 역시 완전히 단일문화적입니다. 아마 국가보다 더 단일문화적일 것입니다. 왜냐하면 적어도 국가는 매일매일 문제들과 부딪치게 되어있기 때문입니다. 대학은 자신의 배꼽만을 쳐다본 채로 닫혀있고 계속해서 19세기인 것처럼 생각합니다. 따라서 '다른' 대학을 발명해야 합니다.

자 이제 네 번째 질문을 보기로 합시다. 네, 실제로 공동체적 정의의 문제만이 아닙니다. 콜롬비아에는 오늘날 매우 강하고 흥미로운 사회운동과 공동체적 정의의 진보 정치가 있습니다. 그러나 원주민 특별 법원(사법권)은 다른 문제입니다. 왜냐하면 공동체적 정의는 도시의 지역 또는 자치구 등의 비원주민 지역에도 존재할 수 있기 때문입니다. 공동체적 정의의 형식들은 — 원주민 정의만의 특징이 아닙니다 — 전문적인 정의가 아니라 공식적 정의에의 접근이 불가능한 주민들을 위해서 이웃 사이의 저강도 갈등을 해결할 수 있도록 만들어진 것입니다. 이 공동체적 정의 또는 공정성의 정의는 민법, 형법, 행정법의 규범을 따르며 문제를 해결할 필요가 없는 정의입니다. 다만 공정성을 기준으로 합니다. 원주민의 정의는 다른 문제입니다. 그것은 자신의 문화적, 정치적 정체성을 긍정함으로써 공동체에서 원주민의 관습과 그것의 사용을 추구하며, 정의를 실천하는 원주민 공동체의 시도입니다. 앞서 예로 들었던 콜롬비아의 일부 원주민 공동체에서 일어난 논쟁과 같은 문제들이 있습니다. 많은 경우 원주민의 정의(사법)는 투옥을 형벌로 적용하지 않습니다. 그 대신 채찍질, 또는 때리기 등의 교정방식이 있습니다. 이것은 채찍질이 위헌 즉 고문의 형식이 아니냐는 헌법적 문제를 불러 왔습니다. 원주민의 정의는 문제를 바라보는 고유의 시각을 갖고 있습니다. 따라서 나로서는 원주민의 정의는 아주 강한 문화적 정체성의 일부를 실제로 구성한다고 생각합니다. 예를 들어, 꿈은 공동체 사법에는 들어갈 수 없지만 원주민의 정의에서는 증거가 될 수 있습니다.

토지와 집단적 권리에 대해 말씀드린다면, 이것은 아주 중요한 근본적인 문제입니다. 새로운 집단적 권리는 토지의 문제를 포함해야 한다고 나는 말했습니다. 질문에서 토지 등록의 집단화와 개인화에 대한 이야기가 나왔습니다. 중간 단계의 방식이 있습니다. 집단화는 보통 토지 국유화의 뉘앙스를 가집니다. 왜냐하면 토지는 예를 들어서 러시아 혁명 이후에는 전부 집단화되었기 때문입니다. 어떤 면에서 집단화의 문제는 국가에 의한 국유화의 문제와 동일시되었습니다. 그러나 꼬뮨적 공동체적 재산은 집단화가 아니고 국유화도 아닙니다. 또한 개인화도 아닙니다. 내가 보기에 복수국민국가에서 현존하는 재산 방식을 복구해야 합니다. 원주민 종족과 그들의 정체성에 있어서 꼬뮨적comunal 재산은 근본적인 것입니다. 이것을 복구해야 합니다. 그러나 이것은 세계은행과 맞서 싸워야 할 투쟁의 영역입니다.

이미 투쟁은 벌어지고 있습니다. 세계은행은 유일한 토지등록 방식을 '개인화'로 이해하고 있습니다. 그리하여 전 세계에 걸쳐 특히 아프리카와 라틴아메리카에서 꼬뮨적 토지를 없애기 위해 모든 노력을 하고 있습니다. 예를 들어, 멕시코는 에히도[11] 같은 공동체적 토지를 없애기 위해 엄청난 선전 노력을 기울였습니다. 여기 볼리비아에서도 가능하다면 같은 노력을 기울일 것입니다. 무엇을 위해 이렇게 하는 것일까요? 토지의 집중을 허용하기 위해서입니다. 왜냐하면 토지의 개인 등록은 토지의 매매를 가능하게 하기 때문입니다.

우간다에는 오직 6%의 토지만이 개인 소유입니다. 세계은행은 교육, 건강을 위한 중요한 융자를 해주는 조건으로 우간다가 모든 토지 재산을 개인화할 것을 요구했습니다. 이것이 얼마나 폭력적인지 보십시오. 교육과 건강을 위해서 융자를 준다면서 말입니다. 만약 우간다가 모든 토지를 개인화하지 않으면 융자를 주지 않을 것입니다. 내 생각에는 대학의 역할은 여기에 있습니다. 이와 관련된 중요한 역사가 있습니다. 한 법대 학생이 나의 조교였던 적이 있습니다. 그는 보고타에 법학을 공부하러 온 원주민 공동체 출신 학생이었습니다. 그는 우리와 함께 콜롬

---

11. [옮긴이] Ejido. 멕시코 헌법이 인정하는 토지의 공동체적 소유 방식이다. 에히도는 개인적인 매매나 상속을 할 수 없다. 20세기에 약간의 법률 개정이 있었으나 근간은 그대로 유지되고 있다. 멕시코의 고속도로 길가에는 토지 개인 등록을 권고하는 광고가 붙어있을 정도로 멕시코 사람들의 토지 공동체성은 강력하다.

비아의 정의와 민주주의에 대한 연구 프로젝트에 참여하고 있었습니다.[12] 그는 법대 1학년 학생이었습니다. 재산권에 대한 수업에서 법적 의무와 권리를 공부하고 있었고 교수가 개인적 재산에 대해 가르치고 있었습니다. 매입자, 매도자가 있고 토지는 사고파는 부동산이라는 것입니다. 그러자 그 학생은 이렇게 이야기합니다. "나의 고향에서는 이렇지 않다. 우리는 토지를 매입할 수 없다. 토지가 우리에게 속하는 것이 아니다. 우리가 토지에 속한다. 따라서 토지 매도, 매입이란 있을 수 없다. 토지는 꼬뮨적이다. 매매는 존재할 수 없다." 이에 교수는 그에게 대답했습니다. "나는 지금 민법을 강의 중입니다. 다른 것에는 관심이 없습니다." 이는 무지를 만들어내는 인식론적 폭력입니다. 다시 말해 그 학생은 공식 법을 배우면서 자신의 고유의 법에 대한 무지를 만들고 있었습니다. 따라서 이 경우 무지는 출발점이 아니라 도착점입니다. 왜냐하면 공식 법에 대한 지식을 배우면서 고유의 지식을 잃기 때문입니다. 만일 우리가 '지식의 생태학'이라고 부르는 것을 만들어낸다면 이런 일을 막을 수 있습니다. '지식의 생태학'이란 서로 다른 지식들 사이의 상호 작용의 가능성과도 같습니다. 어떤 지식들은 서로 양립 불가능한 것일 수 있고, 그렇지 않은 것들도 있을 것입니다. 다른 인식론적 틀을

---

12. 다음의 책을 참조하라. Boaventura de Sousa Santos y Mauricio Garcia Villegas, *El caleidoscopio de las Justicias en Colombia*, Bogotá, Siglo del Hombre Editores, 2001.

만드는 것이 가능합니다. 바로 거기에서부터 지식의 생태학을 통한 상호문화성의 가능성이 열릴 수 있을 것입니다.

참가자   나는 새로운 분쟁을 만드는 듯한 선생님의 주장을 듣고 불안감을 느낍니다. 볼리비아에서는 현재 사립대학을 방어하자는 서명 요청이 돌고 있습니다. 이 서명의 요구사항에는 대학의 연구 기능에 대한 가벼운 암시가 들어있고 이 서명 문건은 대학의 일에 개입하여 개혁하려 하지 말고 자신들의 재산을 건드리지 말라고 요구하고 있습니다.

결국 우리는 교육체계가 완벽하다는 교육계의 주제곡을 계속 듣고 있습니다. 마치 1200년, 1300년경의 수도원에 소위 그 당시 완벽한 지식이 집중되었던 것과 비슷한 교육의 문제를 앞에 두고 있습니다. 그렇다면 나의 질문은 이것입니다. 선생님께서 보시기에 새로운 대학의 역할은 무엇인가요? 왜냐하면 지식은 이 시대에 봉건화되어 연구를 책임지는 대기업에 속하는 것 같고 어떤 경우에는 유전자 조작의 경우에서처럼 생명을 공격할 수도 있는 것 같습니다. 새로운 대학의 역할이 무엇인지가 나의 질문입니다.

참가자   나는 어떤 면에서 이 민주적 과정에 대한 나의 개인적 권리를 주장했습니다. 민주적 과정에 대해서 우리 모두는 관용적이어야 할 것입니다. 선생님은 가브리엘 레네 모레노 대학에서 있었던 부정적 경험을 발표에 포함하셨습니다. 나는 그 같은 합리화에 대해 불복하면서 이 땅에서 태어난 시민으로서 말하고 싶습니다. 나는 우리가 다시 한번 일종의 실험주의로 떨어질까 봐 매우 걱정됩니다. 나는 선생님의 발표가 사회학적 관점에서는 매우 긍정적이라고 생각합니다. 하지만 엄밀한 과학의 관점에서는 내 생각에, 많은 약점이 있는 것 같습니다. 나는 역사적 유물론의 경험에 대해 이야기를 하고 싶은데 역사적 유물론은 국가를 파괴하고 새로운 사회를 건설하기 위해 계급투쟁을 이론화하는 능력을 발휘했습니다. 이 정치적 이론화를 신념의 문제, 일종의 신앙으로 만드는 능력을 보여주었습니다. 그리고 많은 세대들에게 언젠가 지상낙원에 도달할 가능성을 약속하였습니다. 나는 선생님이 과학적 방법론이 아니라 형이상학적 감흥을 갖고 말씀하시는 이 실험주의가 우리에게 또 다른 문제가 되지 않을지 걱정됩니다. 우리는 다른 종류의 식민화로 떨어지고 있다고 생각됩니다. 다시 말해, 나는 선생님의 발표가 보편성에 열려 있다는 점에서 중요하다고 생각하고 그 발표로부터 긍정적인 것들을 취할 수 있었습니다. 그러나 이 역사적 순간에 우리 볼리비아인들은 정신적으로 해방될 수 있는 능력을 가지지 않으면 안 됩니다. 즉 우리 자신의 고유한 이론화를 이끌어내야 합니다. 그렇지 않으면 우리는 과거에 마르크스주의가 빠진 것과 동일한 환상에 빠지게 될 것입니다.

아돌포 차베스, 〈볼리비아 원주민 조직 연맹〉CIDOB 의장 원주민 종족으로서 우리가 보기에 대의민주주의는 우리에게 많은 해를 끼쳤습니다. 우리가 판단하기에 대의민주주의는 지속 가능성이 없습니다. 주 정부들의 자치는 이미 원주민의 영토성을 독점하는 패러다임으로 나타나고 있습니다. 반면에 원주민의 영토적 자치는 우리 스스로 자연자원을 관리할 능력이 있고 그들(주 정부)과 함께 오늘날 독립행정구역을 유지할 만큼 동등하게 대의할 수준이 있음을 보여주고 있습니다. 왜냐하면 만약 지금처럼 수도와 각 주에서 우리에 대한 차별이 계속된다면 우리로서는 우리 원주민의 영토적 자치를 지키기 위해 직접 주민 투표를 하는 것 외에 다른 방법이 없기 때문입니다. 만약 오늘과 같은 대화가 보다 열린 참여의 장으로 확대될 수 없다면 도시 지역은 아주 커다란 실수를 저지르는 것이고 더욱이 전부 학문의 장에만 머문다면 더 심각한 실수를 범하는 것이 될 것입니다. 오늘날 볼리비아에서는 개인적 권리를 주장하는 사람이 집단적 권리를 주장하는 사람과 대화의 장에 앉는 것이 필요합니다. 우리가 볼리비아의 원주민 종족으로서 판단하기에, 그렇게 하는 것이 필요하다는 것입니다. 각 주의 수도도 있는 그대로 유지될 것이고 기존의 기업들도 그대로 있을 것이므로 그들은 아무것도 걱정할 것은 없습니다. 그들은 우리와 함께 그 공유된 체험을 강화해야 합니다. 왜냐하면 자연자원이 거기에 있기 때문입니다. 하지만 공격이 공격을 낳는 방식으로는 앞으로 전진할 수 없을 것이고 이것이 오늘날 이 나라의 현실이라고 생각합니다. 분명하게 내가 한 사례로서 강조하고 싶은 오늘 원주민의 자치에 대해서는 아무것도 설명되지 않았다는 사실입니다. 그래서 한 부문이 권력을 가지면 항상 다른 부문을 배제하고 싶어 합니다. 이것이 우리의 큰 의문입니다. 그리고 큰 대학들에서 미래의 전문가 집단을 이용하고 있습니다. 왜냐하면 우리에게 앞으로 올 사람들은 우리의 희망인데, 그러나 이런 일이 일어날 때마다 그들은 우리를 위협하기 때문입니다. 그리하여 우리의 생각을 거듭해서 밝히자면 대의민주주의는 우리를 위한 것이며 원주민 자치를 위한 것입니다. 그리고 만일 원주민 자치를 수용하기를 원하지 않는다면 우리는 포용적인 참여민주주의로 나아가야 할 것입니다. 거기에서 말뿐이 아닌 실제적인 공존의 과정을 이끌어야 할 것입니다.

참가자 선생님께서 신식민주의와 관련하여 말씀하신 것에 대해서입니다. 아무튼 스페인의 억압에서 벗어나고 국가의 정치적 헌법이 세워졌습니다. 현재 시점의 문제는 국가의 정치적 헌법이 출현한 이후 현재까지 법률이 항상 지배계급에 봉사했다는 사실입니다. 이제 볼리비아는 세계 수준에서 어떤 역할을 수행하고 있습니다. 현존 자본주의의 틀 내에서는 더 발전할 수 없는 원자재 생산국의 역할을 수행하는 경제를 가지고 있습니다. 그렇다면 지금 우리가 진행하고 있는 제헌의회는 그동안 근대국가의 시작에서부터 배제되어왔던 원주민을 포용하기를 원하는 것인데 이 제헌의회는 형식에 불과한 것은 아닐까요? 실제로는 그렇지 않으면서 "원주민이 포용되었다"는 것을 이야기하기 위한 형식주의로 변하는 것이 아닐까요? 왜냐하면 이것이 그동안의 많은 볼리비아 법률처럼 종잇장에 그치는 일이 있어서는 안 되고 반드시 주민들의 자기 결정의 과정을 거치지 않으면 안 된다고 믿기 때문입니다. 그동안의 볼리비아 법률들은 매우 아름답고 매우 좋지만 실제로 적용되지는 않는다고들 합니다.

　페르난도 가르세스　볼리비아에는 아주 흥미로운 상황이 있습니다. 그리고 1970년대부터 〈띠아와나꾸Tiawanaku 선언〉[13](원주민 종족들의 자기 결정에 대한 원주민의 선언)이 발표되었고, 자결성 또는 자치의 문제가 제기되었습니다. 적어도 삼십 년 전부터 정치적, 사회적 결정 등을 포함하여 자연자원의 통제, 운용 메커니즘과 자신의 고유의 제도를 이끌 수 있는 원주민의 자기 통치 권리가 협상 테이블에 올라와 있습니다. 이런 의미에서, 자치의 요구, 즉 오늘날 원주민 자치로 우리가 부를 수 있는 것은 최근 주 정부들이 제기하는 자치 요구들보다 훨씬 역사적으

---

13. [옮긴이] 2018년 7월 라빠스에 모인 볼리비아, 그리스, 중국, 이란, 페루, 이라크, 이집트, 이탈리아의 외교부와 문화부 장관들은 "현재의 고대문명"에 관한 공동 선언을 한다. 이 선언은 유엔과 유네스코의 인정을 받았다.

로 앞섭니다. 원주민 자치라는 주제는 처음 원주민 종족들에 의해 제기되었습니다. 하지만 볼리비아에서 서로 다른 지역에 자리 잡고 있는 다양한 지배 엘리트들이 자치에 대한 담론을 전유하는 과정을 우리가 보아왔습니다. 국가의 중앙정부 기구에 대해 제기되는 비판을 활용하는 방법을 이들은 매우 잘 알고 있었습니다. 그런데 이런 현상은 니카라과, 멕시코 그리고 그밖의 나라들에서 원주민 자치라는 기획을 지지해왔던 많은 이론가들에게 상당히 당황스러운 일입니다. 원주민 종족들이 제기한 자치의 개념을 엘리트 그룹이 실천적, 정치적, 이데올로기적, 담론적으로 전유하는 비슷한 사례들이 다른 나라에도 있나요? 다른 한편, 이런 일종의 비대칭적[규모에서 크게 차이가 나는] 자치를 생각하는 것이 가능하다고 보시나요? 다시 말해, 탈중앙화 경향을 특징으로 하는 주 정부의 자치와, 역사적 강도를 갖고 있을 뿐만 아니라 적극적 조치, 특정한 능력 및 자기통치의 메커니즘 등 고유한 특징을 띤 원주민 자치가 동일한 것이 아님을 어떻게 주장할 수 있나요? 현재 볼리비아의 제헌의회 과정에서 그것을 어떻게 생각할 수 있나요?

참가자 법다원주의의 입헌화라는 틀 안에서 나의 질문은 이렇습니다. 원주민의 공동체적 정의의 관습과 사용이 생명권과 같은 근본적 권리들과 어떻게 양립하도록 할 수 있는지요?

보아벤투라 드 소우자 산투스   이제 마지막 질문들에 대해서 답해보도록 하겠습니다. 우선 사립대학들에 대해서 질문해 주셨습니다. 대학들의 전면적 상업화라는 세계적인 과정이 진행되고 있습니다. 이 과정은 서비스의 자유화와 함께 진행되고 있습니다. WTO 제2라운드에서 교육 서비스의 자유화라는 의제가 제기되었습니다. 특히 대학교육이 그러합니다. 그리하여 대두되고 있는 아이디어는 글로벌 대학이 설립되어 사회학, 공학 등 어떤 것이든지 학기 과정, 학습 프로그램들에 특허가 부여되고 개발도상국의 대학에 판매된다는 것입니다. 각 나라에 가장 중요한 대학들이 글로벌 대학의 분교가 된다는 아이디어입니다. 이들 글로벌 대학은 기본적으로 미국의 대학 4~5곳, 영국의 대학 1~2곳, 호주 대학 1곳, 뉴질랜드 대학 1곳이 될 것입니다. 그리하여 대학의 상업화 과정이 진행되고 공립대학은 이 과정의 장애물일 뿐입니다. 공립대학은 역사를 가지고 있습니다. 공립대학은 오늘날 우리 대학인들의 비판을 받고 있습니다. 나는 1290년에 설립되어 700년이 넘는 역사를 가진 공립대학인 꼬임브라 대학교 소속입니다. 이 대학은 실제로 새로운 시대에 적응하지 않은 대학입니다. 그러나 이 대학은 모든 공립대학들과 매우 긴밀하게 연결되어있습니다. 특히 대륙의 공립대학들과 그렇습니다. 예를 들어, 멕시코 국립대학UNAM, 상파울루 국립대학 등과 같이 국가 발전의 기획과 함께하고 있습니다. 이 대학들은 자기 나라의 국가 기획에서 아주 중요합니다. 물론 이 국가 기획은 배제적이었습니다. 그리고 완전히 유럽중심적이었습니다. 원주민 공동체를 배제했습니다. 그러나 사회의 자본주의적 발전을 위한 엘리트들의 기획이었습니다. 신자유주의는 이미 자본주의적 국가 발전 기획에 대해 관심이 없습니다. 왜냐하면 현재의 기획은 글로벌하기 때문입니다. 따라서 국가 기획에 관심이 없고 따라서 엘리트들은 이미 공립대학에 대한 관심이 크지 않습니다. 오히려 대학을 시장에 연결시키는 것이 매우 중요합니다. 이런 일을 실제로 공립대학이 자신의 재정을 생성하기 위해 시간이 갈수록 하고 있습니다. 대학의 외연은 갈수록 시장과 연결되고 있습니다. 그러나 이것으로 충분하지 않습니다. 따라서 사립대학들이 만들어지고 있습니다. 갈수록 대학이 만들어지지만 연구는 하지 않고 있습니다. 왜냐하면 세계은행에 의하면 연구는 대여섯 개 정도의 글로벌 대학으로 집중될 것이기 때문입니다. 나머지 대학들은 관심이 없습니다. 현재 이 순간 세계은행은 연구를 돕기 위한 융자를 아프리카에 주지 않고 있습니다. 아프리카의 과학자들과 연구자들은 살기 위해 컨설팅 회사들을 통해 자기 자신을 '북의 연구재단 또는 비정부기구에 팔지 않으면 안 됩니다. 왜냐하면 연구를 위한 재정이 없기 때문입니다. 이것이 결국은 어떤 발상인가 하면 뛰어난 연구기관에서 진행된 연구 성과를 앞으로는 돈을 주고 사라는 것입니다. 이것이 지금 진행되고 있는 프로젝트입니다. 많은 모순을 안고 있는 프로젝트이지만 그러나 미래의 시장에서, 런던에서, 대학에 투자된 돈의 소득 창출 가능성이 세계적으로 가장 유력하게 될 것입니다. 나로서는 이런 일들이 현재 이 체계에서 진행되고 있다고 봅니다. 따라서 나는 공립대학을 방어해야 한다고, 지켜야 한다고 주장합니다. 이제 정말로 바뀌어야 합니다. 이제는 엘리트들의 지원이 없습니다. 아래에 있는 사람들과 연결되어야만 합니다. 사회운동 곁에, 사회의 문제들에 더 가까이 있어야 합니다. 특히 엘리트들의 비전이 아니라 아래에 있는 사람들의 비전을 가져야 합니다. 이를 위해서는 대학의 외연을 전복해야 합니다. 즉 '지식의 생태학'을 실천해야 합니다. 대학 안에 다른 지식을 가져와야 합니다. 또한 원주민, 농민, 도시의 지식들이 어떻게 말하는지, 어떻게 일을 하는지, 그들의 지혜는 무엇인지 등을 학생들에게 가르쳐야 합니다. 서구 과학은 지혜가 무엇인지 모릅니다. 그것을 배워야 합니다. 지식을 아는 법은 알지만 지혜로써 이해하는 법은 모릅니다.

'실험'에 대한 질문과 관련하여 나는 나의 포르투놀[포르투갈인인 자신의 스페인어 실력이 미숙하다는 의미]로 인해 그것을 잘 전달받지 못했다고 생각합니다. 아니면 질문하신 선생님이 내가 말한 것을 오해하신 것 같습니다. 내가 이야기한 실험주의는 역사적 유물론과 상관이 없습니다. 왜냐하면 이와 정반대로 아래로부터의 실험주의이기 때문입니다. 아니라면 복수국민성, 상호문화성, 탈식민성 같은 매우 광범한 범주를 가지기 때문입니다. 그러나 한 걸음씩 나아가기 위해, 그리고 역사적 과정은 매우 긴 것임을 감안하면 모든 것을 단 한 번에 이룰 수는 없습니다. 따라서 선생님이 이야기하신 역사적 유물론의 맥락과는 실험주의가 연관이 없습니다. 또한 나는 오직 과학적 관점에서부터 시작해야 한다고 주장하는 것이 아닙니다. 내가 제안하는 것은 '지식의 생태학'입니다. 과학적 지식과 비과학적 지식 사이의 대화입니다. 오늘날 우리는 비과학적 지식이 세계를 이해하는 데 근본적임을 알고 있습니다. 나는 원주민의 지식을 제대로 평가하지 않는 것이 어떤 난폭한 결과를 가져오는지를 보여주는 많은 예를 들 수 있습니다. 원주민의 지식은 항상 무시되어 왔습니다. 이곳의 예가 아니어도 좋다면 인도네시아의 예를 들어보겠습니다. 옛부터 그곳에서는 힌두교에서 호수의 여신인 데위 다누Dewi Danu를 모시는 사제들이 땅을 경작했습니다. 이 사제들은 쌀 재배지의 물 배급을 관리했었습니다. 그러다 녹색혁명이 당도했습니다. 공학자들은 "이런 것은 소용없다. 과학적으로 작업해야 한다."라고 말했습니다. 그러고는 모든 사제를 쫓아냈고 과학적 관개 시설을 만들었습니다. 그 결과 다음 해에 수확량이 50% 줄었고, 그다음 해에 또다시 50%가 줄었습니다. 즉 토지의 생산성이 크게 줄어들었습니다. 인도네시아 정부의 우려는 커졌고, 그들은 과학적 시스템을 버리기로 했으며, 사제들을 다시 불렀습니다. 그러자 다시 쌀 수확량이 상승했습니다. 30년이 지난 뒤에 3명의 MIT 젊은이가 그곳에 녹색혁명에 대한 연구를 하러 갔습니다. 새로운 과학적 근거를 갖춘 그들은 컴퓨터 모델을 활용한 분석을 했고, 사제들이 사용했던 관개 시설이 모든 가능한 과학적 기준에서 볼 때 가장 엄밀하고 정확한 것이었음을 밝혔습니다. 다시 말해 선조들이 사용하던 체계와 녹색혁명 체계가 양립불가능성을 드러낸 것은 나쁜 과학의 산물, 또는 결과였습니다. 따라서 '지식의 생태학'을 회복해야 합니다. 신식민주의에 대해서는 답변을 생략하겠습니다.

〈볼리비아 원주민 종족 연맹〉CIDOB 의장께서 말씀하신 모든 것에 동의합니다. 그것이 바로 내가 주장했던 것입니다. 내가 주장했던 것은 자치는 근원적인 것이고 영토적이고 자신의 고유한 민주주의 형식을 가지고 있다는 것입니다. 그래서 민주적 다양성, 민주주의의 다양성에 대해 말씀드렸던 것입니다. 상호문화적인 영토적 자치 단위에서는 민주주의 활용이 이중의 형식으로 이루어질 수 있습니다. 즉 한편에는 투표, 그리고 다른 한편에는 관습과 사용의 민주주의가 있을 수 있습니다. 이것이 가능하고 다른 곳에서도 이미 실현되었습니다. 근본적인 문제는 내가 주장한 바대로 자연자원 통제의 문제입니다. 나는 온힘을 다해 그것을 주장했습니다. 왜냐하면 그것이 중요한 문제이기 때문입니다.

네 번째로 제헌의회가 현 상황에서 어떤 의미가 있는지, 아닌지를 질문해주셨는데, 사실 볼리비아는 자본주의에 편입되어 있고 그렇다면 제헌의회가 동일한 과정 속에 원주민 자치를 삽입하는 결과를 가져오지 않겠느냐고 질문하셨습니다. 나의 답변은 '그렇기도 하고, 아니기도 하다'입니다. 제헌의회가 어떻게 될지 나는 모르겠습니다. 그러나 만일 제헌의회가 실제로 원주민의 근원적 자치에 대해서 강력한 생각을 밀고 나간다면 그렇게 될 것 같지 않습니다. 왜 그럴까요? 왜냐하면 자연자원의 통제가 자치에 근원적이고, 강력한 자체 개념이 관철된다면 그때부터 자원은 비자본주의적 논리, 지속가능성의 논리에 따라 운용될 것이기 때문입니다. 그렇게 된다면 앞으로 이 나라에서 발전될 경제 모델은 다른 것이 될 것입니다. 결코 신자유주의 자본주의가 아닐 것입니다. 이렇게 되지 않는다면 형식주의라는 당신의 말이 맞습니다. 따라서 제헌의회 투쟁은 아주 중요한 투쟁입니다.

이제 페르난도의 질문에 대한 답변입니다. 분명히 이는 볼리비아에서만 존재하는 것이 아닌 현상입니다. 다른 나라들에서도 일어납니다. 그리하여 덜 예민한 관찰자들에게 어떤 당혹감을 일으킵니다. 원주민 주민들의 근원적 요구인 자치의 요구가 어떻게 우파 엘리트들에 의해 흡수되고 선택될 수 있었는지? 내 생각에는 엘리트들은 통치하는 데 훈련되어있고 무엇이 자신들의 가능성인지를 잘 알기 때문입니다. 그들은 복수국민국가는 실제로 분권화되어야 한다는 것을 알았고 따라서 재빨리 자치의 깃발을 높이 들어 올렸던 것입니다. 나로서는 그들이 왜 이렇게 움직이는 것인지 분명합니다. 왜냐하면 그들은 그런 자치가 실제로 원주민 자치를 흡수할 수 있다는 것을 알고 있기 때문입니다. 이것이 이면에 숨겨진 논리입니다. 분권화의 논리 말입니다. 중앙 국가는 다수에 의해 통제될 수 있고 다른 형식의 다른 국가를 원하는 원주민 대통령이 대의민주주의에 의해 선출될 수 있음을 그들은 아는 것입니다. 물론 그들은 분권화를 원합니다. 그들은 자신들을 지키기 위해 자치체를 만들고 싶어 하는 것입니다. 따라서 우파의 자치는 공격적 방어라고 할 수 있습니다. 이런 자치는 이미 에콰도르에 있고 멕시코에서도 같습니다. 복수국민국가에서 분권화는 정당성 있는 요구입니다. 따라서 기득권 계급은 이를 선취합니다.

고려해야만 하는 것은 비대칭적 자치입니다. 다시 말해 한 가지 종류의 자치는 없습니다. 다양한 변주의 기하학이 있습니다. 원주민 자치, 근원적 자치가 있습니다. 그들은 자기결정권을 위해 싸워왔습니다. 그리고 결정적으로 지금 분열의 위협이 있는데 원주민들은 결코 분열되지 않았습니다. 자기 결정을 위한 그들의 투쟁에서 그들은 그들 나라들의 국경을 의심한 적이 없습니다. 따라서 그들이 수행하는 자기 결정을 위한 투쟁은 실로 놀라운 것입니다. 이 비대칭적 자치가 실제로 구현되도록 하는 것이 필요한 이유입니다.

법다원주의에서의 입헌주의라는 틀은 매우 복잡한 문제입니다. 왜냐하면 특히 공식 법률이 원주민에게 인권 교육을 할 수 있을 만큼의 도덕적 권위를 전혀 가지고 있지 못하기 때문입니다. 수백 년 동안 그들을 배제했고 차별했고 그들의 생명을 지키지 않았습니다. 왜 이제 와서 생명의 방어가 중요하다고 이야기하는 것인가요? 원주민들은 생명을 지킬 수 없는 존재들인가요? 원주민들보다 더 생명을 보호하는 데 열심인 존재들이 있는지요? 누가 생물다양성을 지켰습니까? 누가 그것을 만들었고 구성했고 지켰습니까? 만일 생물다양성이 유지되고 있다면 그것은 원주민 종족들 덕분입니다. 실제로 근대 과학은 그것을 파괴하고 있고 파괴하기 위한 과정을 만들었습니다.

6장

<볼리비아 원주민
종족 연맹> 회원 및
대표자들과의 만남

보아벤투라 드 소우자 산투스의 모두 발언

안녕하세요. 여기에서 여러분과 함께하게 되어 대단히 기쁩니다.

내가 볼리비아를 방문한 중요한 동기는 제헌의회 과정을 잘 알고 싶어서였습니다. 그리고 여러 방식으로 이 나라에서 원주민 운동과 공동체가 시작해온 모든 과정에 대한 나의 연대를 보여주고 강화하고 싶어서였습니다. 최근 몇 년을 언급하는 것입니다. 왜냐하면 여러분은 투쟁의 모든 과거를 가지고 있지만 최근 몇 년간 원주민 운동은 이 나라의 정치 구조에 근본적인 변화를 가져왔기 때문입니다. 어제 이야기했듯이 교황은 1537년에 원주민도 영혼을 가지고 있다고 말했습니다. 여러분 보십시오. 1537년에는 원주민에게 영혼이 있는지를 의심했었습니다. 그리고 2006년까지 오백 년이 지났습니다. 드디어 원주민 대통령이 모든 볼리비아인에 의해 선출되었습니다. 아주 훌륭한 역사적 과정입니다. 따라서 볼리비아는 국가의 재창설, 복수국민성의 창조를 만들어낸 많은 놀라운 정치적 과정들의 선두에 서 있습니다. 하지만 이 복수국민성은 단지 담론적인 것이 아니라 구체적이어야 합니다. 그리고 자연자원에 대한 구체적인 경제적, 정치적 통제를 의미하는 것이어야 합니다.

나의 산타끄루스 방문 일정이 제헌의회의 방문 일정과 우연히 겹쳤습니다. 그리하여 내가 본 것은 이 과정의 어려움을 이해하는 데 많은 도움이 되었습니다. 왜냐하면 이 과정을 전진시키는 데 관심이 없는 세력이 누구인지가 선명하게 드러났기 때문입니다. 실제로 그들은 새로운 헌법을 원하지 않고 있고 그것을 막기 위해 모든 일을 하고 있습니다. 게다가 민주주의적이지 않은 방식으로 사람들을 폭행하고 모욕하고 있습니다. 나는 자치위원회에서 만일 포르투갈이었다면 경찰이 즉시 개입했을 일들에 대해 들었습니다. 예를 들어, 일부 노래들은 에보 모랄레스를 "개새끼"라고 불렀습니다. 그런 말은 대통령에 대해 할 수 없는 것입니다. 내 나라라면 경찰이 즉시 개입할 것입니다. 왜냐하면 모든 이에 의해 선출된 국가의 상징인 대통령을 모욕한 것이기 때문입니다. 그렇습니다. 아주 적대적인 분위기입니다. 따라서 나는 그 위원회에 용감하게 있던 모든 동료들에게 여기서 인사하고 싶었습니다. 그들은 굉장히 어려운 상황임에도 제안을 했고 우파가 오늘날 하지 않는 두 가지 일을 하는 능력을 보여주었습니다. 하나는 최악의 조건에서도 도발하지 않고 평온을 유지했다는 점이고 다른 하나는 우파가 하지 않는 제안을 제출했다는 것입니다. 우파는 "자치, 자치, 자치"를 외칩니다. 그러나 아무것도 하지 않습니다. 아무 내용이 없습니다. 이것은 나에게, 나의 연구에 실제로 아주 강력한 교훈이었습니다. 그리고 또한 나는 여러분의 실무팀에 인사하고 싶었습니다. 그들은 멋진 사람들로, 문제를 아주 잘 알고 있고 매우 신중하게 분석하고 있고 여러분과 매우 연대적입니다. 그리하여 나는 여러분과 실무팀에 합류하고 싶습니다. 왜냐하면 나의 원주민 운동과의 연대는 오래전부터이지 지금 시작된 것이 아니기 때문입니다. 십몇 년 전에 나는 콜롬비아와 브라질 아마존의 띠꾸나스 종족의 원주민 운동과 일하기 시작했습니다. 실제로 오랜 과정이었습니다. 그러므로 나는 볼리비아 방문을 마치면서 여기서 여러분과 함께하지 않고 돌아가고 싶지 않았습니다. 여러분의 투쟁과 원하는 것을 쟁취하려는 결의에 대한 나의 연대를 표현하고 싶었습니다. 나는 지금 이 순간 이 과정에서 어떤 분석적 명료함, 분별력이 필요하다고 생각합니다. 다양한 방식의 연대를 추구해야 합니다. 겸허한 마음으로 이 자리에 여러분과 함께 있는 나는 제헌의회의 과정과 앞으로 있을 일들에 대해서 여러분과 연대합니다. 제헌의회의 과정이 모든 것을 해결하지는 못할 것입니다. 사실 원주민이 이 나라의 대통령으로 뽑히고 난후 우리는 이제 다른 역사적 과정의 시작점에 선 것입니다. 다시 500년의 세월이 걸려서는 안 된다고 생각합니다. 이번에는 더 짧을 것이고 다른 승리를 획득할 것입니다. 특히 영토의 통제와 근원적 자치에 있어서 그러할 것입니다. 하지만 매우 어려운 장입니다.

여러분들 중 일부는 회의 자리에 같이 있었고 어젯밤 나의 토론 장소에도 있었습니다. 어떻게 우파가 자치의 문제를 전유하였는지를 알 것입니다. 자치는 원주민 운동에서 유래한 깃발입니다. 이 본원성을 유지해야만 합니다. 원주민 자치는 제안되는 다른 자치들과 아무런 상관이 없다는 것을 드러내야 합니다. 이를 위해서 우리는 단합해야 합니다. 원주민 운동은 사실 다양합니다. 각자 내부에 고유의 문제를 가지고 있습니다. 나는 이 순간 우리 모두 힘을 합쳐야 한다고 생각합니다. 나는 어떤 차이들이 있는 것을 알고 있습니다. 나는 그것을 이미 보았습니다. 나는 작년에 〈안데스 원주민 조직 연합체〉가 창설되는 현장인 꾸스꼬에 있었습니다. 그곳에 아이마라, 케추아, 마푸체 등의 안데스 종족들이 모여 있었습니다. 그 구상은 이미 형성과정에 있던 아마존 지역의 연합을 위한 것이지만 더 중요한 것은 안데스 지역 국가들과의 연결을 위한 것이었습니다. 국가 수준과 대륙 전체 수준에서의 노력이 있었던 것입니다. 이 모든 노력에 대해서는 여러분은 나를 믿어도 좋습니다. 나는 여기에 여러분들 이야기를 듣고자 왔고 질문이 있으면 대답하겠습니다. 나는 여러분의 투쟁에 대해 조금 더 알고 싶습니다. 그리고 여러분은 혼자가 아니라고 말하고 싶습니다. 이 세계의 많은 사람들이 볼리비아를 바라보고 있습니다. 새로운 국가, 복수국민국가를 창설하려는 이 나라에 관해서 알고 있습니다. 복수국민국가는 복수국민성을 인정하며, 그로부터 문화적 정체성, 상호문화성, 탈식민성을 인정합니다. 여기서 독립과 함께 끝내지 못했던 식민주의를 마침내 끝장냅시다. 어제 영토성에 대한 회담들에서 인종주의와 식민주의를 드러내는 야비한 모습들을 보았습니다. 이것은 볼리비아를 탈식민화하는 과제가 우리의 손, 여러분의 손에 달려 있는 과제임을 말하는 것입니다. 그리하여 나는 그저 오늘 여러분에게 나의 연대를 보내고 싶고, 오늘 아침을 여러분과 함께하고 싶습니다.

페드로 누니의 질문[1]

우선 보아벤투라 동지에게 인사하고 싶습니다. 한 가지 질문을 하고 싶습니다. 이 순간 토론 과제로서 원주민의 자치라는 주제가 주어져 있습니다. 우리는 이것이 매우 중요한 주제라고 생각합니다. 특히 제헌의회의 한가운데에서 토론 중입니다. 까라야나los carayana 또는 까라이los karai라고 부르는 기득권층이 기획하는 자치가 있습니다. 그들은 자치를 기획하는 것을 일종의 선전술로 봅니다. 우리가 먼저 기획했고 〈공화국 법령 1257호〉로 구체화된 〈협약 169〉에 담는 성과를 이뤄냈습니다. 우리는 자치와 자유로운 자기 결정의 권리를 가지고 있습니다. 우리는 이 협약을 존중하고 있고 이는 반드시 이행되어야 합니다. 볼리비아만이 아니라 원주민 종족 형제가 있는 다른 나라에서도 마찬가지입니다. 이것이 우리가 우선 해결해야 할 문제입니다. 이런 의미에서 충돌이 있습니다. 우리는 이 주제에 대해 어떤 경험들이 있는지 알고 싶습니다. 그것을 알게 됨으로써 이

---

1. Pedro Nuni. 〈볼리비아 원주민 종족 연맹〉(CIDOB) 부의장.

주제를 더욱 풍부하게 하고 싶습니다. 또한 계속해서 제헌의회에서만이 아니라 가능한 경우 미디어에서도 이를 적극 추진하기 위해 더 많은 논점을 확보하기 위해서입니다. 나는 우리가 위대한 진보를 이루었다고 생각합니다. 우리는 국제적 차원에서 중요한 준거지가 되었습니다. 우리가 사례입니다. 원주민 종족으로서 우리는 앞으로 전진했고 계속해서 나아가야 한다고 믿습니다. 비록 내부적으로 문제가 있지만 그것을 극복해야 합니다.

보아벤투라 드 소우자 산투스의 답변

나는 제헌의회와 관련하여 실제로 많은 문제가 있다고 생각합니다. 제헌 과정이 협상 중에 있고 분명히 매우 복잡한 정치적 과정입니다. 따라서 여러분은 벌어지고 있는 협상의 형태에 대해서 더욱더 치밀한 관심을 기울여야 합니다. 그리고 운동들이 자치와 필요한 순간에 행동할 수 있는 완전한 자유를 유지할 수 있도록 해야 합니다. 여러분은 아주 강한 운동의 전통과 총회의 전통을 갖고 있고, 특히 후자는 여러분이 제헌권력을 잃지 않도록 해줄, 현재의 과정에서 매우 유익한 메커니즘입니다. 제헌권력이란 무엇입니까? 인민이 제안을 하고 투쟁을 해서 이 제안이 제헌의회에서 받아들여지도록 스스로 조직하는 것입니다. 헌법을 만들어낸다는 의미에서 제헌권력입니다. 그러나 일단 헌법이 만들어지면 인민의 권력이 어디에 있습니까? 따라서 여러분은 여러분의 운동과 작업이 제헌의회가 끝나고 새 헌법이 만들어진 뒤에도 계속되어야 한다는 것을 인식해야 합니다. 모든 열망이 한순간에 전부 구체화되길 기대해서는 안 됩니다. 왜냐하면 어려움이 있고 협상과 타협이 있기 때문입니다.

여러분은 제헌의회가 가능한 한 더 많이 전진하도록 투쟁해야 합니다. 여기서 나는 두 가지 중요한 문제가 있다고 생각합니다. 첫째는 영토적 문제, 자치의 문제입니다. 어제 나에게 질문하셨습니다. "처음으로 자치의 깃발을 든 것은 원주민 종족이었는데 이제 이 깃발은 우파와 함께하고 있다. 어떻게 이럴 수 있는가? 아주 이상한 일이다. 이런 일은 볼리비아에서만 그런가? 아니면 다른 나라들에서도 또한 그런가?" 나는 실제로 다른 나라들에서도 그렇다고 답했습니다. 예를 들어, 에콰도르, 멕시코에서 원주민의 요구들을 기득권 계급, 엘리트들이 전유했습니다. 어째서 이런 일이 일어났을까요? 나는 두 개의 이유 때문이라고 생각합니다. 첫째로 볼리비아의 경우에는 대통령이 원주민이기 때문입니다. 따라서 그는 기득권 계급에 믿음을 주는 사람이 아닙니다. 설사 에보가 기득권 계급에 매우 유리한 국가 공공정책을 펼치더라도 — 그것은 불가능합니다만 — 결코 이 나라의 끄리오요 기득권 계급의 신뢰를 얻을 수 없을 것입니다. 인종주의, 식민주의는 아직도 매우 강합니다. 그리고 대통령은 인종주의, 식민주의의 먹잇감입니다. 원주민 대통령이 선출되는 것을 본 기득권 계급은 중앙 권력을 약화시키는 것이 중요하다고 생각했을 것입니다. 따라서 지방 분권화를 원하는 것입니다.

둘째, 이 나라에는 원래 다른 분권화의 과정이 있었습니다. 그리고 자치에 유리한 분위기가 조성되었습니다. 그들은 그들의 권력과 미디어에 대한 영향력을 활용하여 즉시 이 깃발을 전유했습니다. 그렇게 해서 그들은 오늘날 자치의 깃발과 함께하고 있습니다. 하지만 이뿐만이 아닙니다. 원주민 운동도 그들의 깃발을 들고 있습니다. 오늘날 자치가 우파의 요구가 되고 있는 사실을 원주민 운동이 위협으로 받아들이지 않는 것이 매우 중요합니다. 왜냐하면 원주민 운동이 요구하는 자치는 기득권 계급이 제기하는 자치와 매우 다르기 때문입니다. 어떤 차이가 있을까요? 첫째로 예를 들어 보자면, 주 정부의 자치는 서구적, 행정적, 정치적 메커니즘에 의해서만 규제될 것입니다. 즉 대의민주주의, 투표 등을 말합니다. 원주민의 관습과 사용을 위한 공간은 없을 것입니다. 즉 원주민 문화에 속하지 않는 완전히 유럽중심적인 자치입니다. 다른 것입니다. 둘째, 이 자치는 경제적 권력을 정복하려고 합니다. 기득권적 자치의 중심 목표는 경제적 권력을 정복하는 것입니다. 왜일까요? 왜냐하면 광물자원, 자연자원, 생물다양성이 그 주들에 있기 때문입니다. 그들에게는 그것들이 원주민의 영토에 있다는 사실이 중요하지 않습니다. 왜냐하면 그들은 일단 자치가 이루어지면 원주민 영토에 있는 자연자원을 통제할 수 있다고 생각하기 때문입니다. 이제 그들은 이렇게 이야기할 것입니다. "우리는 자치정부다. 우리는 주를 가지고 있다. 여기서 우리가 명령한다. 원주민의 영토적 자치는 그들의 언어, 문화, 민속 등은 인정될 수 있다. 그러나 자연자원은 우리가 통제한다. 왜냐하면 우리는 자원을 통제하기 위한 입법적, 정치적 권능을 가지고 있기 때문이다."

이것이 여러분이 원하는 자치와 그들의 자치가 완전히 구별되는 두 개의 이유입니다. 첫째로, 원주민의 자치는 근원적입니다. 즉 볼리비아 국가가 존재하기 이전부터 존재했습니다. 국가가 그들에게 자치를 허용하는 것이 불필요합니다. 원주민으로서 당연히 자치할 수 있는 것입니다. 이것이 처음부터 회복시켜야 할 정치적 사실입니다. 따라서 원주민의 자치는 기득권 계급의 자치와 혼동될 수 없습니다.

두 번째로, 원주민의 영토적 자치는 서구적이고 식민적인 국가의 정치 행정 메커니즘의 지배와 통치를 받지 않습니다. 즉 다른 메커니즘을 가지고 있습니다. 다른 형식의 민주주의, 다른 방식의 숙고 ─ 추첨제(순번제), 합의제 ─ 를 지니고 있습니다. 다시 말해, 항상 변화 속에 있는, 조상 대대로 전해 내려온 직접민주주의의 다른 형식을 가지고 있는 것입니다. 원주민 운동은 운동입니다. 따라서 그 문화는 정태적이지 않습니다. 멈춰 있지 않습니다. 예를 들어, 관습과 사용이 여성들을 희생시킨다고 말합니다. 그것이 동일한 권력을 여성에게 주지 않는다는 점은 많은 맥락에서 사실입니다. 그러나 이것이 영원한 진리는 아니니다. 예를 들어, 다른 많은 나라들, 아프리카 나라들에서의 경험이 있습니다. 거기에서 여성들은 남성들과 동일한 권리를 가지기 위해 공동체 내부에서부터 투쟁했습니다. 따라서 젠더 위원회가 있고 여성에게 권리를 부여하기 위한 내부 투쟁이 있는 것입니다. 그러나 이는 또한 그 영토적 자치체가 비서구적 메커니즘으로 또는 다른 정부 형식으로 운영되고 있음을 의미합니다.

세 번째로, 원주민의 자치는 땅을 영토로 생각하는 개념을 가지고 있습니다. 이것은 어떤 의미인가요? 영토는 원주민의 문화적 정체성을 보증하는 것입니다. 영토가 없이는 원주민 운동도 원주민 문화도 없습니다. 영토는 땅이고 빠차마마이며, 빠차마마는 가장 성스러운 것입니다. 우리는 그것 없이 살 수 없습니다. 왜냐하면 만일 우리가 그것 없이 산다면 우리는 약해지고 불안할 것이기 때문입니다. 따라서 영토의 통제는 원주민 운동에, 그리고 영토적 자치에 가장 중요한 것입니다. 이것은 결국 갈등을 의미할 수 있습니다. 왜냐하면 기득권들이 원하는 것은 원주민 자치, 즉 각 주에 있는 지방적, 영토적 자치체가 주 단위의 자치체에 종속되는 것이고, 후자가 더 규모가 크기 때문입니다. 그들은 이야기합니다. "우리는 주 정부다. 여러분은 더 작은 단위다."

여기서 갈등이 옵니다. 여러분은 1밀리미터도 양보해서는 안 됩니다. 여기에서 원주민 자치는 근원적인 것이기 때문입니다. 그리하여 나는 여러분에게 한 가지 개념을 제안하고자 합니다. 만일 원주민 자치가 근원적이라면 적어도 그것은 주 차원의 자치와 같은 수준에 있어야만 합니다. 거기에 종속될 수는 없습니다. 원주민 자치는 주에게 영토 외부적입니다. 주 안에 있지만 주 정부에 속하지 않는 것입니다. 공동체와 나라에 속할 뿐입니다. 따라서 내 생각에 자연자원, 숲, 생물다양성, 근원적 지식 등을 통제하기 위한 주 차원의 자치가 존재할 수는 있지만, 그것이 결코 원주민 자치와 충돌할 수 없다는 그러한 개념을 만들어야만 합니다. 원주민의 영토적 자치체는 주 정부 자치체, 그리고 중앙국가와 동등한 관계를 맺어야 합니다. 완전한 자치를 누려야만 합니다. 물론 중간 수준에서 조직할 수는 있습니다. 그러나 여러분은 자연자원이 인민들이 살고 있는 지방의 영토에 있다는 것을 알고 있습니다. 따라서 우리는 우파의 자치가 원주민의 영토적 자치를 종속시킨다는 것을 결코 받아들일 수 없습니다. 원주민의 영토적 자치체는 법적으로 주에 속하지 않습니다. 주 정부와 중앙정부와 동등하게 관계할 수 있습니다. 특히 이익을 나누는 데 있어 그렇습니다. 이렇게 하지 않으면 안 됩니다. 왜냐하면 만일 다른 식으로, 기득권적 자치의 틀 안에서 약간의 자치성을 부여하는 것을 여러분이 수용한다면, 나는 그것은 재난으로 가는 길이라고 분명히 말씀드립니다. 조만간 그들은 어떤 지도자들을 매수할 것이고 지도자들을 타락시키고 투쟁을 무화시키기 위해 그리고 원주민 자치를 공허한 것으로 만들기 위해 무슨 일이든 할 것입니다. 이것이 바로 내가 비대칭적 자치라고 부르는 것입니다. 주 자치와 원주민 자치는 같은 것이 아닙니다. 자치를 하는 국가에 대해 이야기할 때도 오직 한 가지 형식의 자치만 있는 것은 아닙니다. 내 생각에는 바로 이것이 복수국민국가입니다. 어제 말했듯이 만일 한 가지 자치 형식만 존재한다면 복수국민성은 없습니다. 그럴 때는 모든 자치체가 하나의 국가를 위한 것이 되기 때문입니다. 복수국민성이 실제로 있는 곳에서 모든 고유의 원주민 종족은 자신의 고유한 자치를 가져야 합니다. 이것이 복수국민국가의 내용입니다. 제헌의회가 담론 수준에서는 복수국민성을 선언하지만 나중에 정치권력, 경제 권력과 관련한 구체적 조치들에서 복수국민성이 전혀 존중받지 못하게 될까 하는 것이 저의 두려움입니다. 그러므로 여러분은 첫째, 매우 신중하지 않으면 안 됩니다. 둘째 단단히 결속해야 합니다. 왜냐하면 우파는 여러분을 분열시키려고 시도할 것이기 때문입니다. 이것은 내가 보기에 이미 진행 중인 것 같습니다. 우파 기득권 계급은 이후 원주민이 원주민에 맞서 싸우는 일이 생기도록 여러분을 분열시킬 수 있습니다. 여러분은 아무리 어려워도 단합해야 합니다. 여러분은 매우 다른 종족들입니다. 고지대의 종족을 제외하더라도 34개의 종족들입니다. 이것은 이 세계에 있는 매우 거대한 다양성입니다. 여러분은 다양성 속에서도 차이들을 논의할 수 있는 수단을 가져야만 합니다. 이후 제헌의회에서 또는 엘리트 및 기득권 계급과 대화할 때 여러분은 항상 단합되어야 합니다. 왜냐하면 단합되지 않는 그 순간의 균열이 즉시 분열 공작에 이용될 것이기 때문입니다. 이것이 바로 자치의 문제에 대해 내가 여러분에게 말씀드리고 싶었던 것입니다.

나는 이 대화를 통해 나의 생각과 여러분의 생각을 서로 공유할 기회를 가질 수 있었던 것에 대해서 감사하고 싶었습니다. 아주 생산적이고 아주 흥미롭고 아주 중요한 이번 볼리비아 여행에서, 엘알토에서 진행한 원주민 지도자들과의 대화와 함께 이번 대화가 가장 소중했습니다. 나는 여러분의 초대를 받는 영광을 누렸고 그 점에 대해 너무나 감사드립니다. 다시 한번 감사합니다.

이 책은 2009년 볼리비아에서 복수국민국가에 대한 내용이
담긴 새로운 헌법이 제정되기 전 시기인 2007~2008년 제헌의회
당시의 학술대회 토론을 편집, 출판한 것이다. 따라서 볼리비아
가 첨예한 갈등, 분열, 긴장 속에 있던 때에 출간된 책인 것이다.
볼리비아를 더 잘 이해하기 위해 간략히 볼리비아 역사를 살펴
보면, 볼리비아는 1952년 혁명이 중요한 분기점이다. 혁명 주체
는 〈MNR〉이라는 약어로 불리는 민족주의 좌파 정당과 노동
조합이었다. 농지개혁도 어느 정도 진전되었고 자원의 국유화가
이루어졌다. 마르크스주의, 파시즘, 자유주의의 성격이 혼재되
어 있었고 원주민의 정치적 위상이 높아졌다. 그러나 인권 탄압
이 자행되었고 1964년까지 지속되었다. 이런 모호함은 혁명 주
체 중 한 명인 우고 에스텐소로가 1980년대에 권력을 잡으면서
신자유주의로 선회한 저간의 사정을 이해하게 한다. 1980년대
후반부터 신자유주의가 도입되어, 2000년의 물 전쟁을 거친 후
정치 지형이 바뀌었다. 그러다 2006년, 반신자유주의 기치를 내
건 에보 모랄레스가 권력을 쟁취한다. 에보 정부는 신자유주의
체제와 단절하고 천연가스를 비롯한 자원의 국유화를 실시했
으며, 가난한 원주민 대중의 문화를 유럽문화와 수평적으로 동

등하게 존중하는 탈식민, 상호문화성의 혁명을 수행하는 과정에 돌입했다.

"왜 라틴아메리카에는 '좌파'가 강할까?"라는 질문을 하곤한다. 특히 2000년대 첫 10년이 '좌파'의 전성기였다. 그런데 이때 '좌파'라는 표현은 마르크스주의를 가리키는 것이 아니다. 베네수엘라의 경우에 그렇고 볼리비아도 마찬가지다. 베네수엘라에서는 "21세기 사회주의"라는 표현 속에 좌파의 의미 맥락이 담겨있고, 볼리바이의 경우에는 "탈식민, 복수국민국가"라는 표현이 좌파가 그곳에서 무엇을 의미하는지를 보여준다. "복수국민국가"라는 표현은 "상호문화성"과 의미가 거의 같다. 상호문화성은 서구의 보편적 근대문화와, 그것과는 다른 500년의 유구한 역사를 가진 원주민 문화가 위계적, 서열적이지 않은 평등한 수평적 대화 관계를 맺는 것이다. 언뜻 보기에 상당히 유토피아적이다.

베네수엘라의 차베스 혁명은 이념적으로 애매한 부분이 많이 있었다. 하지만 그들이 지향한 것은 과도기를 거쳐 비자본주의 유토피아를 건설하려는 것이었지 소련 및 동구권에서 실험한 현실사회주의 또는 마르크스주의의 복구는 아니었다. 이에 대해 좌우에서 왜곡과 오해가 있는 상황이다. 볼리비아의 경우도 마찬가지다. 그렇다면 이들의 현실 변혁 방향성은 무엇인가? 한마디로 요약하면 '유럽/비유럽의 위계 서열적 차별성, 폭력성 (라틴아메리카 학자들은 이를 '식민성'으로 호명한다)과 단절하고 보다 평등한 권력관계로 세계체제를 전환하자는 것이다. 이는 세계체제의 차원에서 그렇다는 것이고 국내적으로는 경제 사회적 '배제'를 끝장내자는 것이다. 이것은 현재 한국 사회에도 그대로 적용될 수 있는 개념이다. 비정규직 하청 노동자들의 죽음이 일상화되어 있고 그 앞에서 무력한 우리 모습을 생각해보자. 이런 일들을 끝내야 하지 않겠는가?

이런 생각은 19세기 초반 라틴아메리카를 스페인으로부터 독립시킨 영웅 시몬 볼리바르의 생각이고 쿠바 독립의 아버지인 호세 마르티의 생각이기도 하다. 시몬 볼리바르를 우리는 독립운동 지도자로만 생각하기 쉬운데 그렇지 않다. 그는 탁월한 정치 사상가였다. 그의 사상적 핵심은 두 가지인데 하나는 유럽과 같은 자유민주주의 체제가 라틴아메리카와는 어딘가 잘 맞지 않는다는 것이다. 다른 하나는 라틴아메리카의 통합에 대한 생각이었다. 그리고 그는 라틴아메리카 고유의 가부장적 체제를 언급하였는데 이것을 독재체제를 옹호하는 것으로 오해하기 쉽다. 하지만 그는 원주민 문화에서 유래한, 군림하지 않고 통치하는 직접민주주의(주민 총회) 체제라는 이상을 의미했다. 누구보다 이런 볼리바르의 이상을 정확하게 이해했고 구체적으로 현실화하려 했던 사람이 차베스다.

이런 선구자들의 생각이 21세기 초반에 와서 구체화된 이유는 무엇 때문인가? 라틴아메리카 대중 가운데 가장 아래에 있는 '원주민'의 사회운동(대규모 시위)이 1990년에 아주 큰 규모로 에콰도르에서 폭발했기 때문이다. 그리고 라틴아메리카 나라들 중에서 가장 원주민의 힘이 강한 나라가 볼리비아다. 여기서 미국의 철학자인 주디스 버틀러의 이야기를 들어보자.

> 권력은 안정적이거나 정태적이지 않으며 일상생활 내부의 다양한 국면에서 개조된다. 권력은 상식에 대한 우리의 희미한 감각을 구성하며 한 문화의 지배적 인식소(에피스테메)로 위장된다. 나아가 사회변혁은 단지 어떤 대의를 지지하는 다수 대중을 결집한다고 일어나는 게 아니라 바로 일상의 사회적 관계들이 재절합되고 파격적인 또는 전복적인 실천들에 의해 새로운 개념적 지평이 열리는 방식을 통해 일어난다.[1]

위 인용문을 통해 라틴아메리카인은 두 가지 사회변혁의 조건을 충족하였음을 알 수 있다. 대중은 "파격적인 또는 전복적인 실천을" 했고 학자들은 "새로운 개념적 지평을" 열었다. 바로 '탈식민성' 담론이다. 그런데 우리에게는 이 이론이 매우 낯설다. 그 이유는 세계적으로 지적 담론의 장에서 헤게모니를 가지고 있지 못하기 때문이다. 우리의 학계는 미국의 학자인 임마누엘 월러스틴에게만 관심이 있다. 탈식민성 담론의 선구자는 페루의

---

1. 주디스 버틀러 외, 『우연성 헤게모니 보편성』, 박미선·박대진 옮김, 도서출판 b, 2009, 31쪽.

사회학자인 고 아니발 끼하노이다. 이 학자와 다른 동료 학자들의 주장은 사실 간단하다. 탈식민성은 국제정치적으로 유럽의 강대국에 비해 비유럽의 다른 국가들이 위계 서열적으로 차별을 거부하는 것을 의미하고 국내적으로 자본가/노동자, 남성/여성, 인간/자연 등 다양한 층위에서 위계적(식민적) 차별을 근절하자는 것이다. 그런데 추상적 의미가 강한 탈식민성을 국가와 사회를 개혁하는 구체적 통로로 만드는 것이 바로 대학 개혁이다. 이 책의 상당 부분이 대학 개혁의 철학과 방법론에 대한 지식인과 대중의 토론이 차지하고 있는 이유가 여기에 있다. 그런데 이 부분에서 대학교수 또는 전직 교육부 고위 관료였던 지식인들은 신자유주의를 둘러싸고 보아벤투라의 입장과 미묘한 차이를 보인다. 물론 구체적 맥락이 우리와 달라 우리의 대학 개혁에 바로 모든 논점을 도입할 수 있는 것은 아니다. 하지만 사회와 국가를 더 민주적으로 개혁하는 데 대학 개혁이 중요하다는 점에 대해서 이의를 제기할 사람은 없을 것이다.

특히 이 책에서 흥미로운 부분은 신자유주의가 대학에 파괴적인 영향을 끼쳤고 이를 통해 국가와 사회를 해체했음을 비판하는 부분이다. 일부 지식인들이 바로 그 신자유주의 정책 집행의 당사자로서 중언부언 변명하고 있는 부분도 그대로 실려 있다. 독자의 비판적 독해가 필요한 대목이다.

많은 사람들이 미셸 푸코는 알아도 아니발 끼하노는 모른다. 이런 의미에서 이 책의 출판은 아주 작게나마 우리가 가지고 있는 '보편적' 인식의 틀에 약간의 균열을 내는 것일 수 있기를 바란다.

저자인 보아벤투라 드 소우자 산투스 교수는 누구인가? 보아벤투라 드 소우자 산투스는 포르투갈의 법사회학자로, 포르투갈의 꼬임브라 대학교 교수다. 포르투갈에 대해 우리가 알고 있는 것은 포르투갈인들이 '파두'로 상징되는 어떤 상실, 슬픔, 갈망 또는 그리움의 정서(사우다지)를 강하게 가지고 있다는 것이다. 물론 에그타르트도 유명하다.

중요한 것은 포르투갈이 15, 16세기에는 세계사의 주인공이었으나 현재는 유럽의 반주변부로서 유럽중심주의적 근대성을 비판하기 좋은 위치에 있다는 점이다. 산투스는 라틴아메리카 사회운동의 전문가이고 예일대학교 법사회학 박사이다. 그는 엘리트 지식인의 관념적 분위기에 젖어있지 않고 항상 라틴아메리카의 소외되고 배제된 가난한 '대중'에게서 시선을 멀리하는 법이 없다. 즉 그의 담론의 첫 번째 중요한 성격은 '대중성'이 강하다는 점이다. 구체적 예를 들면 그는 2001년 브라질의 포르투 알레그레에서 시작된 세계사회포럼의 적극적 참여자이다.

산투스 교수의 저서는 아주 많다. 그중에서 특히 이 책 『사회해방과 국가의 재발명』은 학술 세미나에서 산투스가 구어적 표현으로 생생하게 자신의 생각을 표현하고 대중과 쉬운 말로 토론한 내용을 그대로 담고 있어 그의 새로운 개념들을 쉽게 이해할 수 있도록 돕는다.

그의 핵심 개념은 두 가지이다. 탈식민성과 상호문화성이다. 이 두 개념은 서로 연결되어있다. 위에서 언급했듯이 유럽문화와 원주민 문화 사이에는 아주 폭력적인 위계 서열이 존재해 왔다. 이를 깨트리자는 것이 탈식민성이고 이 둘 사이의 권력관계를 수평적인 대화 관계로 탈바꿈하자는 대안적인 생각이 상호문화성 개념이다. 이는 분명히 과정적이고 과도기적인 개념이다. 우리가 오랫동안 가져왔던 인식의 틀을 전환하여 수평적으로 상호 대화하자는 것이 현실적으로 쉽겠는가? 그러나 유토피아라고 치부하지 말고 현실 속에서 천천히 실행해보자는 과도기적 인식을 가지고 있는 것이다. 여기서 지적하고 싶은 것은 원주민 문화의 한계 중에 여성과 남성 사이의 위계 서열이 존재한다는 점이다. 이 문제는 해결해야 할 과제이다.

과거의 마르크스주의와 달리 현재의 맥락에서 좌파가 가져야 할 정책적으로 중요한 핵심은 '배제'에서 '포용'으로의 전환이라고 생각한다. 사실 누구든지 정치인은 이런 수사를 남발한다. 그러나 수사가 아니라 현실적 전환을 이루는 것은 쉽지 않다. 왜냐하면 포용의 형식은 논쟁의 규칙이 정해져 있지 않을 때 항상 배제의 형식이 될 수 있기 때문이다. 우리 사회가 매일 너무나 아프게 겪고 있는 문제이다. 적극적 조치 없이 탈식민성과 상호문화성은 없다. 결국 민주주의의 문제임을 알 수 있다.

산투스는 민주주의의 핵심적 가치가 '다양성'이라고 생각한다. 그런데 이 다양성을 현재 우리는 잃어가고 있는 중이라고 생

각한다. 과거 다양성이 살아있던 시대가 있었는데 바로 1960년
대였다. 그러나 1970년대 후반부터 신자유주의가 진행되면서
모든 다양성이 사라졌다. 이제는 민주주의는 대의민주주의만
을 의미하는 것처럼 여겨진다. 산투스에 따르면 다양성의 회복
은 탈식민성과 상호문화성의 절합으로 가능하다.

　탈식민성 담론 그룹의 선구자인 페루의 아니발 끼하노 못지
않게 산투스도 새로운 개념들을 제시하면서 근대성과 자본주
의를 비판하고 있다. 즉 산투스 담론의 두 번째 두드러진 특징
은 '창의성'이다. 근대성이 이미 폭력성, 식민성을 내부적으로 가
지고 있다는 주장이다. 산투스는 근대성의 핵심이 '이성'인데 그
것이 '타자'를 외면하는 "무감각한 이성"이라고 비판한다. 독창적
인 해석이다. 우리 사회에서 비정규직 하청노동자들이 거의 매
일 희생되는 상황에서도 국회에서 〈중대재해처벌법〉을 통과시
키는 것이 그토록 어려웠던 경험을 생각해 보면 우리 사회가 매
우 근대성(이성)이 앞서가는 '최첨단' 사회라는 것을 알 수 있다.
이런 현상은 한국 사회에 특히 1997년 신자유주의 체제가 도입
되면서 본격화되었다.

　보아벤투라의 창의성이 두드러지는 또 하나의 새로운 개념
은 "사회적 파시즘"이다. 과거의 히틀러처럼 국가가 중심이 되는
파시즘이 아니라 신자유주의 시대에는 사회 자체가 파시즘화,
즉 폭력화되어있고 파시즘의 주체는 미디어라는 주장이다. 그리
고 파시즘화하는 수단은 소비주의이다. 이런 산투스의 비판은

현재 한국 사회의 우울한 모습을 보아도 쉽게 이해가 된다.

따라서 산투스 사상의 특별한 점은 창의성과 대중성이 함께하고 있다는 점이다. 이런 산투스의 창의성과 대중성이 구체적으로 발현된 국가가 바로 볼리비아다. 볼리비아의 변혁 비전 또는 브랜드는 "복수국민국가"이다. 이 비전은 유럽 등 선진국의 '다문화주의'의 철학과 범주를 과감하게 뛰어넘는다. 즉 근대성과 자본주의의 비전을 허무는 것이다. 왜냐하면 우리 모두 알고 있다시피 근대국민국가는 통합된 '단일한' 국민을 전제하기 때문이다.

이 책의 원제는 '생각한다'Pensar라는 말로 시작한다. 라틴아메리카의 지식인과 대중은 일상생활에서 매우 창의적이다. 쉽게 이야기해서 가난해도 낙천적으로 행복하게 사는 방법을 창의적으로 알고 있다. 연대와 공동성 덕분이다. 우리도 물론 연대와 공동성이 강하다. 그런데 우리는 왠지 상층부를 선망, 모방하며 경쟁적으로 지향하는 것 같다. 좋은 점도 많지만 문제도 많은 것 같다. 그러나 라틴아메리카인들은 소위 유럽 선진국들이 살아가는 방식을 무조건 부러워하고 따르지 않는다. 그 이유는 라틴아메리카에는 원주민들에 의해 다른 문화, 다른 문명, 즉 다르게 생각하는 방식이 오랫동안 존재해 왔기 때문이다. 우리 사회는 지식인이나 대중이나 볼리비아 또는 라틴아메리카를 우습게 아는 경향이 강하다. 그 이유는 소위 경제성장의 수치를 근거로 한다. 그러나 그들은 우리가 가지지 못한 것을 가졌다. 즉 독특한 지식과 이론을 가지고 있다. 해방신학, 종속이론, 탈식민성 이론, 대안적 사회운동 등은 우리에게 없고 유럽인들에게도 없다. 유럽인들과는 다른 라틴아메리카인들의 특이점은 무엇일까? 다른 무엇보다도 유럽인들은 세상을 위계서열의 이분법(예를 들어 고대 그리스 시대부터 문명/야만, 엘리트/대중이라는 이분법이 존재했다)으로 바라보았다면 라틴아메리카인들은 그렇지 않다는 점이다.

이들은 유럽 문명의 가장 중요한 문제가 위계 서열적 차별성임을 인식하였다. 위에서 언급한 이론들의 핵심어도 위계 서열적 차별성 비판이고 근대성, 신자유주의, 자본주의를 비판하는 핵심어도 마찬가지다. 산투스의 창의성도 엘리트 개인의 것이 아니라 라틴아메리카 대중의 구체적 삶에서 배웠다는 겸손함을 내장하고 있다. 산투스 담론의 세 번째 특징인 겸손함은 사회 변혁을 바라보는 그의 시각에서 드러난다. 즉 변혁이 아무리 가치가 있어도 여러 이유에서 실험적이기 때문에 당연히 과도기적이라는 주장이다. 따라서 진보적 변혁에 대한 오만함과 자신감을 경계하는 것이다. 이런 진보에 대한 그의 시각은 마르크스적이라기보다 벤야민적이라고 할 수 있다. 미학적이고 종교적인 신념이 배후에 깔린 것이다. 그러므로 국가와 민주주의를 새롭게 재발명한다고 하지만 기존의 체제를 전면적으로 파괴하는 것이 아니라 기존의 흐름과의 중용적 균형을 중시한다. 따라서 자유민주주의, 자본주의의 한계를 비판하면서도 그것을 유지하면서 동시에 뛰어넘을 것을 강조한다. 얼핏 보면 애매하게 모순되고 충돌하는 것처럼 보이지만 그만큼 평화적 대화를 강조하는 것이다. 이런 에토스가 실제로 에콰도르 출신 좌파 철학자인 볼리바르 에체베리아에 의해 라틴아메리카 대중의 에토스, 즉 바로크 에토스로 해석되고 있다. 자본주의를 인정하면서도 동시에 기회만 있으면 이를 뛰어넘으려는 의지와 명랑한 자신감을 라틴아메리카 대중이 가지고 있다는 것이다. 이런 에토스가 현재 신자유주의 시대의 퇴조기에 더욱 필요하다고 라틴아메리카 학자들은 주장한다.

또한 이 책의 장점은 우리가 잘 모르는 볼리비아의 진보적 변혁과정에 대한 이해를 돕는다는 점이다. 에보 모랄레스의 집권 기간은 14년에 이르고 그 캐치프레이즈는 "볼리비아가 변화하는 과정"이었다. 그 과정이 얼마나 탄탄하고 광범하였는지는 2019년의 극우 쿠데타로 정권을 잃은 〈사회주의운동당〉이 2020년에 바로 권력을 재탈환한 것을 보더라도 알 수 있다. 그 성공의 핵심 비결은 집권 기간 이룩한 눈부신 경제발전과 국가발전 덕분이었다. 이것이 단순히 경제발전을 이룩해서 중요한 것이 아니라 라틴아메리카 국가들의 숙원인 국가발전 모델 또는 구조 자체를 변혁시켜가며 경제성장에 성공했기 때문이다. 이런 성과는 브라질, 아르헨티나, 베네수엘라도 이룩하지 못한 것이다. 우리는 라틴아메리카의 급진 변혁의 사례로 차베스 혁명만을 주목하는 경향이 크다. 그러나 볼리비아야말로 라틴아메리카의 급진적 변혁의 상징과 같은 나라다. 특히 에보 모랄레스 옆에서 부통령을 지냈던 알바로 가르시아 리네라는 볼리비아의 변혁 비전에 대한 라틴아메리카 최고 수준의 전문 학자이고 지식인이다. 중요한 저서를 집필한 엘리트이다. 이런 엘리트 지식인을 2인자로 임명한 에보의 안목 또는 리더십이 부럽다.

마지막으로 볼리비아인을 포함하여 라틴아메리카 대중에게는 아무리 현실이 억압적이고 고통스럽더라도 유토피아적 희망의 꿈을 버리지 않고, 구차하고 힘든 일상적 삶에서 인간적 행복을 공동체 안에서 함께 찾는 '비물질적이고 영성적인' 힘이 있다. 보아벤투라 자신도 책을 마무리하는 부분에서 신화를 중시하는 문화, 세계사회포럼, 해방신학, 대안적 사회운동 등이 모두 영성을 변혁적 힘의 엔진으로 가지고 있다고 지적하고 있다. 이 점을 우리 모두 곰곰이 생각해볼 가치가 있다.

2022년 11월
옮긴이 안태환

발표자

구스타보 로드리게스(Gustavo Rodríguez) : 볼리비아의 산시몬 대학교 경제과학과 사회학부의 학장이었고 2003년부터 2005년까지 고등교육부 차관을 역임했다.

기예르모 마리아까(Guillermo Mariaca) : 볼리비아의 라틴아메리카학, 라틴아메리카 문학 학자. 산안드레스 국립 대학교 명예교수.

세실리아 살라사르(Cecilia Salazar) : 볼리비아의 사회학자. 산안드레스 국립 대학교의 발전학 대학원(CIDES-UMSA) 학장.

페르난도 마요르가(Fernando Mayorga) : 볼리비아의 사회학자, 정치학자. 산시몬 국립대학교 교수.

펠릭스 빠치(Felix Patzi) : 볼리비아의 아이마라족 원주민 출신 사회학자. 에보 모랄레스 집권 초기 교육부 장관이었고 대표저서는 『반란과 굴복, 원주민 사회운동』이다.

호세 미르텐바움(Jose Mirtenbaum) : 볼리비아의 좌파 사회학자로 친 에보 성향이었다. 1977년부터 산안드레스 국립 대학교 교수로 재직했고 가브리엘 레네 모레노 자치 대학 건설에 참여했다.

모두 발언, 논평

루이스 타피아(Luis Tapia) : 볼리비아의 정치이론가. 산안드레스 국립 대학교 발전학 대학원(CIDES-UMSA)에 재직 중이다.

소개글

루르데스 몬떼로(Lourdes Montero) : 〈"그레고리아 아빠사" 여성 인권 증진 센터〉 대표였으며, 2022년 현재는 〈옥스팜〉 볼리비아의 프로그램 조직가이다.

질문자

페드로 누니(Pedro Nuni) : 볼리비아 베니 출신 전직 국회의원(친 에보의 MAS)이었고 원주민 운동 지도자이다.

토론자

삘라르 발렌시아(Pilar Valencia)

아돌포 멘도사(Adolfo Mendoza) : 볼리비아 코차밤바 출신 정치가(전직 상원의원)이었고 사회학자로 대학교수이다.

아돌포 차베스(Adolfo Chávez) : 〈볼리비아 원주민 조직 연맹〉(CIDOB) 의장.

이사벨 도밍게스 메네세스(Isabel Dominguez Meneses) : 〈"바르똘리나 시사" 볼리비아 원주민 여성 농민 연맹〉의 '새로운 국가 구조, 조직위원회 의장'이다.

페르난도 가르세스(Fernando Garcés)